中国朝鮮族の
言語使用と意識

髙木丈也

くろしお出版

カバー写真

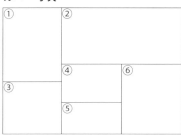

1. 集安市 調査風景（2016 年 9 月 8 日）*
2. 延吉市 延辺大学 壁レリーフ（2016 年 9 月 10 日）
3. 尚志市 朝鮮族中学校 校門（2018 年 5 月 4 日）
4. 延吉市 西市場（2016 年 8 月 29 日）
5. 集安市 農村風景（2016 年 9 月 7 日）
6. 斉斉哈爾市 民家（2018 年 5 月 6 日）

　　　　　　　　　　　　　　　＊1 は易麗秋氏撮影

・本書掲載の写真は原則筆者が撮影したものであり、その限りでない場合は撮影者を注記した。
・キャプションに併記された年月日は、撮影された日付を示す。

推薦の言葉
――本書の意義について――

　本書は、中国に住む朝鮮族（中国朝鮮族）が使用する朝鮮語を対象としている。中国朝鮮族の朝鮮語は、中国における少数民族の言語、朝鮮語の地域的な一変種、中国に移り住んだ人々の移民言語、など様々な姿を持っている。本書は、談話資料やアンケート調査資料を詳細に分析することにより、中国朝鮮族の朝鮮語の持つ様々な姿を整理し、その全体像を示そうとする大変意欲的な研究である。

　筆者自らも述べているが、様々な世代、地域の使用言語を調べ、さらに言語使用意識についての調査も行い、中国朝鮮族の言語の全体像に迫ろうとした研究はこれまでになかった。調べたいと考えた研究者はいたかもしれないが（実は私も調べたいと思った一人である）、調べるためには様々な知識と能力が必要である。中国朝鮮族の多くは19世紀末から20世紀初めにかけて、朝鮮半島のいくつかの地域から中国東北部に移り住んだ。そのため、彼らの朝鮮語には以前居住していた地域の方言の特徴が残っており、それに中国語の影響が加わり、さらに近年は韓国で使用されている言葉（韓国語）の影響も受けるようになっている。つまり、彼らの言語を調べ正確な分析を行うためには、方言も含めた朝鮮語の知識と言語能力、そして中国語に関する知識と言語能力が必要なのである。こういう調査は研究チームを組織して行うしかないだろうと考えていたが、驚くべきことに、その調査を一人だけで、なおかつ朝鮮語や中国語のネイティブでもない若き研究者が行ったのである。筆者である髙木氏がこの研究をなし得たのは、彼が調査に必要な知識と能力を身につけていたからであり、研究の成果とともに、彼のこれまでの研鑽に拍手を送りたい。

髙木氏の研究の特徴は、中国朝鮮族の朝鮮語の姿を記述言語学的な観点と社会言語学的な観点、双方から明らかにしようとした点である。彼はいくつかの地域で各年代の談話資料を収集し、その資料をもとに地域ごとの朝鮮語の特徴、年代間の変化を明らかにした。特に、咸鏡道方言、平安道方言、慶尚道方言という基盤となる方言が異なる地域で、同じような調査を行ったことは高く評価すべき点である。ともすれば、こういう調査は方言的な特徴のみに分析の関心が行きがちであるが、その地域の言語の特徴を全体的に把握しようとする姿勢もまた評価したい。方言形式を含む朝鮮語である上、さらに中国語も混じった談話資料の分析には大変な労力が必要であったであろうが、談話資料をもとにしたことがこの研究の信頼性を高めている。

　また、言語意識調査を併せて行ったことにより、朝鮮族における朝鮮語の位置づけや将来の展望をより明確に把握することができ、朝鮮語そのものだけでなく、それを取り巻く状況も含めた全体像を示すに至っている。数年の間にこれだけの調査を行ったことについても驚嘆せざるを得ない。バイタリティー溢れる髙木氏だからこそできたのあろう。

　本書の意義は、朝鮮語学に留まらず、いろいろな分野に貢献するものである。記述的研究におけるデータと分析は、言語接触による言語の変化を考える上で、貴重なものになるであろうし、社会言語学的研究は、少数言語、あるいは移民言語の変化を捉える上で、重要な指摘となろう。しかし、これで研究が完成したわけではない。対象とする話者の数や地域を増やせば、より厚みのある分析となろうし、経年的な調査を行えば変化の実態を明確に示すことができるであろう。筆者にはさらなる研究の進展を期待したい。

2019 年 6 月 30 日
東京大学大学院総合文化研究科教授　生越直樹

目　次

推薦の言葉——本書の意義について——　　生越直樹 i

　図表目次 xi

序　章　中国朝鮮語研究への招待 1

　0.1.　研究背景 1

　0.2.　研究の前提 5

　　0.2.1.　言語名 5

　　0.2.2.　変種名 6

【言語使用編】

第 1 章　延辺朝鮮語における終止形語尾の社会言語学的考察 11

　1.1.　はじめに 11

　1.2.　先行研究 12

　1.3.　研究の枠組み 17

　　1.3.1.　待遇法体系 17

　　1.3.2.　調査の概要 19

　　1.3.3.　文字化の方法 21

　1.4.　分析 22

　　1.4.1.　上称の終止形語尾 23

　　　1.4.1.1.　-ㅁ다/습다、-ㅁ가/습가? 25

1.4.1.2. -ㅂ데다/습데다......26　　　1.4.1.3. -꾸마/스꾸마......26

1.4.1.4. -ㅁ두/습두?......27

1.4.2. 中称の終止形語尾 28

1.4.2.1. -오/소......28　　　1.4.2.2. -ㅂ데/습데......31

1.4.3. 略待上称の終止形語尾 32

1.4.4. 下称の終止形語尾 33

1.4.4.1. -다......34　　　1.4.4.2. -재......35

1.4.4.3. -니?、-야?......36　　　1.4.4.4. -아/어?......38

1.4.4.5. -는/(으)ㄴ매......39

1.4.5. 略待の終止形語尾 39

1.4.5.1. -지.....41　　　1.4.5.2. -아/어.....42　　　1.4.5.3. -지무.....42

1.4.6. 親疎関係、話者の属性による待遇法の出現 43

1.5. 小結 46

第2章　延辺朝鮮語の終止形語尾 -재に関する一考察 49

2.1. はじめに 49

2.2. 先行研究 49

2.2.1. -재 50

2.2.2. -잖아(요) 50

2.3. 研究の枠組み 52

2.3.1. 終止形語尾としての -재の形成 53

2.3.2. 調査の概要 54

2.4. 分析 54

2.4.1. 結合規則 54

2.4.1.1. 用言との結合 .....54　　　2.4.1.2. 接尾辞との結合 55

2.4.2. 使用域 56

2.4.3. 意味機能 56

目　次　v

　　　　2.4.3.1.　確認、同調要求 .....57　　　2.4.3.2.　話題誘導 59

　　　　2.4.3.3.　反論、忠告 .....61　　　2.4.3.4.　理由、根拠 62

　　　　2.4.3.5.　状況 63

　2.5.　小結 64

第3章　遼寧省朝鮮語における友人談話の発話形式
——基層方言との関係という観点から——.......................................67

　3.1.　はじめに 67

　3.2.　先行研究 68

　　3.2.1.　平安道方言 68

　　3.2.2.　中国朝鮮語 69

　3.3.　研究の枠組み 74

　3.4.　分析 76

　　3.4.1.　平安道方言を保持した形式 77

　　　　3.4.1.1.　終止形語尾 .....77　　　3.4.1.2.　活用形 82

　　3.4.2.　遼寧省朝鮮語に特徴的な形式 86

　　　　3.4.2.1.　終止形語尾 .....86　　　3.4.2.2.　活用形 88

　3.5.　小結 92

第4章　遼寧省朝鮮語における中老年層談話の発話形式
——終止形語尾の出現に注目して——...97

　4.1.　はじめに 97

　4.2.　研究の枠組み 98

　4.3.　分析 100

　　4.3.1.　中称の終止形語尾 101

　　　　4.3.1.1.　-오/소......102　　　4.3.1.2.　-다우......103

　　　　4.3.1.3.　-우다/수다......104　　　4.3.1.4.　-무다/스무다......105

　　　　4.3.1.5.　-자요......105　　　4.3.1.6.　-(으)라요......106

4.3.2. 略待上称の終止形語尾 106

4.3.2.1. ‐아요/어요/이요......107　　4.3.2.2. ‐디요, 지요......107

4.3.3. 下称の終止形語尾 107

4.3.3.1. ‐다......108　　4.3.3.2. ‐안/언?、‐간?、‐던?......109

4.3.3.3. ‐네?, ‐니?......110　　4.3.3.4. ‐가?......110

4.3.3.5. ‐(으)라......111　　4.3.3.6. ‐(으)라우......111

4.3.4. 略待の終止形語尾 111

4.3.4.1. ‐아/어......112　　4.3.4.2. ‐디, ‐지......112

4.4. 終止形語尾の使用 113

4.4.1. 中称・平叙形 113

4.4.2. 中称・命令形 114

4.4.3. 中称・勧誘形 115

4.4.4. 下称・疑問形 115

4.5. 小結 116

第5章　ハイブリッド言語としての黒龍江省朝鮮語 119

5.1. はじめに 119

5.2. 先行研究 120

5.2.1. 黒龍江省朝鮮語 120

5.2.2. 言語接触 122

5.3. 研究の枠組み 123

5.4. 分析 125

5.4.1. 慶尚道方言 125

5.4.1.1. 音韻 ......125　　5.4.1.2. 語彙 ......127　　5.4.1.3. 文法 128

5.4.2. 中国朝鮮語 131

5.4.2.1. 語彙 131

5.4.3. 韓国語 132

目 次 vii

5.4.3.1.　音韻 ......133　　　5.4.3.2.　語彙 ......133　　　5.4.3.3.　文法 134

　　5.4.4.　朝鮮語の他方言 135

　　　5.4.4.1.　音韻 ......136　　　5.4.4.2.　語彙 ......136　　　5.4.4.3.　文法 137

　　5.4.5.　漢語 138

　　　5.4.5.1.　音韻 ......138　　　5.4.5.2.　語彙 ......139　　　5.4.5.3.　文法 141

　　5.4.6.　誤用 141

　　5.4.7.　コード・スイッチング 143

　　　5.4.7.1.　文脈的要因 ......143　　　5.4.7.2.　統語的要因 147

　5.5.　小結 150

第6章　黒龍江省朝鮮語における中老年層談話の発話形式
——基層方言の出現に注目して—— 153

　6.1.　はじめに 153

　6.2.　研究の枠組み 154

　6.3.　分析 155

　　6.3.1.　音韻 155

　　6.3.2.　語彙 156

　　6.3.3.　文法 157

　6.4.　小結 160

第7章　中国朝鮮語話者と韓国語話者の接触場面における談話の特徴
....163

　7.1.　はじめに 163

　7.2.　先行研究 164

　7.3.　研究の枠組み 166

　7.4.　分析 167

　　7.4.1.　中国朝鮮語の使用 167

7.4.1.1. 語彙 ......168　　　7.4.1.2. 文法 170

7.4.2. 相互作用／談話展開上の特徴 174

7.4.2.1. 韓国語への適応 ......175　　　7.4.2.2. 朝鮮語能力の欠如 178

7.5. 小結 180

第8章　中国朝鮮族高校生の朝鮮語書きことばに関する一考察 183

8.1. はじめに 183

8.2. 研究の枠組み 183

8.2.1. 誤用と特徴 183

8.2.2. 調査の概要 184

8.3. 分析 185

8.3.1. 誤用分析 186

8.3.1.1. 変種的誤用 186

8.3.1.2. 韓国語からの影響による誤用 192

8.3.2. 特徴分析 194

8.3.2.1. 変種的特徴 195

8.3.2.2. 漢語からの影響による特徴 196

8.4. 小結 199

【言語意識編】

第9章　中国朝鮮族 第4、5世代の言語使用と意識
——主に吉林省の高校における質問紙調査の結果から—— 203

9.1. はじめに 203

9.2. 先行研究 203

9.3. 研究の枠組み 205

目　次　ix

9.4.　分析 207

　　9.4.1.　言語使用 207

　　9.4.2.　言語意識 214

　　　　9.4.2.1.　言語全般に対する意識 214

　　　　9.4.2.2.　朝鮮語に対する意識 219

　　　　9.4.2.3.　韓国語に対する意識 224

9.5.　小結 228

第10章　遼寧省朝鮮語話者の言語使用と意識
　　　　──瀋陽市朝鮮族高校における質問紙調査の結果から── 231

10.1.　はじめに 231

10.2.　先行研究 231

10.3.　研究の枠組み 232

10.4.　分析 233

　　10.4.1.　言語意識 233

　　　　10.4.1.1.　朝鮮語に対する意識 233

　　　　10.4.1.2.　韓国語に対する意識 235

　　　　10.4.1.3.　朝鮮語と韓国語に対する意識 238

　　10.4.2.　言語使用と言語使用に対する意識 239

10.5.　小結 242

第11章　黒龍江省朝鮮語話者の言語使用と意識
　　　　──哈爾浜市朝鮮族中学校、高校における質問紙調査の結果から──.......243

11.1.　はじめに 243

11.2.　研究の枠組み 243

11.3.　分析 245

　　11.3.1.　言語使用 245

　　11.3.2.　言語意識 248

　　　　11.3.2.1.　言語全般に対する意識 248

　　　　11.3.2.2.　朝鮮語と韓国語に対する意識 251

　11.4.　小結 253

第12章　在外朝鮮族の言語使用と意識
──北京市、広東省、京畿道在住者の比較から── 255

　12.1.　はじめに 255

　12.2.　先行研究 256

　　　12.2.1.　中国国内 256

　　　12.2.2.　韓国国内 257

　12.3.　研究の枠組み 258

　12.4.　分析 259

　　　12.4.1.　言語環境 259

　　　12.4.2.　言語使用 264

　　　12.4.3.　言語意識 268

　12.5.　小結 273

終　章　結論 277

　参考文献一覧 287

　初出一覧 305

終わりに 309

【付録】　　1 周辺地域の地図 ......315　　　2 質問紙調査票 318

　日本語索引 325

　朝鮮語索引 330

図表目次

【言語使用編】

序章

【表 0-0】本書における分析の流れ 4

【表 0-1】主要先行研究における中国朝鮮語の変種呼称 7

第 1 章

【表 1-1】先行研究における終止形語尾とその待遇法等級 14

【表 1-2】先行研究における待遇法等級 17

【表 1-3】本書における待遇法等級 19

【表 1-4】談話採録調査の枠組み 20

【表 1-5】談話の文字化で使用する主な記号 21

【表 1-6】終止形語尾の形式ごとの出現数、生起比率 22

【表 1-7】終止形語尾の待遇法等級ごとの出現数、生起比率 23

【表 1-8】上称の終止形語尾の出現数、生起比率 24

【表 1-9】中称の終止形語尾の出現数、生起比率 28

【表 1-10】親疎関係による –오の実現形態 29

【表 1-11】略待上称の終止形語尾の出現数、生起比率 33

【表 1-12】下称の終止形語尾の出現数、生起比率 34

【表 1-13】延辺朝鮮語における –니?、–야?、–냐? の使用様相 37

【表 1-14】略待の終止形語尾の出現数、生起比率 40

【表 1-15】親疎関係、年代、性別による待遇法等級の使用分布 43

【表 1-16】カイ二乗統計値、p 値 44

第 2 章

【表 2-1】場面、属性による -재の出現様相 56

【表 2-2】-재の意味機能別の出現様相 57

第 3 章

【表 3-1】先行研究における終止形語尾 72

【表 3-2】談話採録調査の枠組み 75

【図 3-1】平安道方言を保持した形式の出現分布 92

【図 3-2】遼寧省朝鮮語に特徴的な形式の出現分布 93

[付表 3-1] 終止形語尾の待遇法等級ごとの出現数、生起比率 94

[付表 3-2] 終止形語尾の形式ごとの出現数、生起比率 94

[付表 3-3] 接続形語尾の形式ごとの出現数、生起比率 94

[付表 3-4] 連体形語尾の形式ごとの出現数、生起比率 95

第 4 章

【表 4-1】談話採録調査の枠組み 99

【表 4-2】終止形語尾の形式ごとの出現数、生起比率 100

【表 4-3】終止形語尾の待遇法等級ごとの出現数、生起比率 101

【表 4-4】中称の終止形語尾の出現数 102

【表 4-5】-오/소の実現形態ごとの出現数 102

【表 4-6】略待上称の終止形語尾の出現数 106

【表 4-7】下称の終止形語尾の出現数 108

【表 4-8】略待の終止形語尾の出現数 112

【表 4-9】中称・平叙形の語尾 113

【表 4-10】中称・命令形の語尾 114

図表目次　xiii

【表4-11】中称・勧誘形の語尾 115

【表4-12】下称・疑問形の語尾 115

第5章

【表5-1】談話採録調査の枠組み 124

第6章

【表6-1】談話採録調査の枠組み 154

第7章

【表7-1】談話採録調査の枠組み 167

第8章

【表8-1】調査地点 185

【表8-2】コンサルタントの情報 185

【表8-3】漢語から音訳された朝鮮語（名詞）.....................................198

【表8-4】漢語から音訳された朝鮮語（動詞、形容詞）....................198

【言語意識編】

第9章

【表9-1】各都市における調査地点 206

【表9-2】被験者の情報 207

【表9-3】出身小学校、中学校 208

【表9-4】居住地区における朝鮮族人口 209

【表9-5】対話者による使用言語（変種）...210

【表9-6】混合語における使用言語（変種）の割合 211

【表9-7】言語（変種）別1日あたりのテレビ平均視聴時間 213

【表9-8】技能領域別朝鮮語能力の自己評価 214

【表9-9】技能領域別漢語能力の自己評価 216

【表 9-10】最も優勢だと考える言語 (変種) 218

【表 9-11】今後最も重要な言語 (変種) 218

【表 9-12】基層方言に対する知識 219

【表 9-13】子供への (中国) 朝鮮語教育 221

【表 9-14】朝鮮語のイメージ 222

【表 9-15】テレビ以外の韓国語との接触 224

【表 9-16】無意識な韓国語の使用 224

【表 9-17】理解が難しい韓国語 225

【表 9-18】韓国語のイメージ 226

第 10 章

【表 10-1】被験者の情報 233

【表 10-2】基層方言に対する知識 234

【表 10-3】上下世代の朝鮮語との差異 234

【表 10-4】延辺朝鮮語との差異 235

【表 10-5】無意識な韓国語の使用 235

【表 10-6】言語 (変種) 別 1 日あたりのテレビ平均視聴時間 236

【表 10-7】テレビ以外の韓国語との接触 236

【表 10-8】聞き取りが困難な韓国語 237

【表 10-9】積極的に韓国語を学ぶ必要性 238

【表 10-10】朝鮮語のイメージ 239

【表 10-11】韓国語のイメージ 239

【表 10-12】技能領域別最も自信のある言語 (変種) 240

【表 10-13】最も耳に心地よい言語 (変種) 240

【表 10-14】最も上手でなければならない言語 (変種) 241

【表10-15】対話者による使用言語（変種）..241

第11章

【表11-1】被験者の情報..244

【表11-2】出身小学校、中学校..244

【表11-3】対話者による使用言語（変種）..245

【表11-4】場面による使用言語（変種）（1）..247

【表11-5】場面による使用言語（変種）（2）..248

【表11-6】技能領域別使いやすい言語（変種）..249

【表11-7】言語（変種）への各種意識..250

【表11-8】朝鮮語への意識..251

【表11-9】朝鮮語教育への意識..252

【表11-10】韓国（語）や朝鮮半島への意識..252

第12章

【表12-1】調査の概要と被験者の情報..259

【表12-2】在住年数、在住予定年数（平均値）..260

【表12-3】出身小学校、中学校..261

【表12-4】職業..263

【表12-5】対話者による使用言語（変種）..264

【表12-6】言語別のテレビ放送視聴程度..267

【表12-7】領域別言語（変種）能力への自己評価（4段階の平均値）..........................268

【表12-8】聞いて理解するのが難しい韓国語..269

【表12-9】母語だと思う言語（変種）..270

【表12-10】今後重要な言語（変種）..271

【表12-11】子供への朝鮮語教育..272

序　章

中国朝鮮語研究への招待

0.1.　研究背景

　中国東北地方（吉林省、遼寧省、黒龍江省）には、日常の言語生活において朝鮮語を使用する人々が多く居住している。彼らは中国における少数民族政策で「朝鮮族」と規定される民族で、主に 19 世紀中葉から 1940 年代にかけて貧困や戦乱、日本による支配などを理由に朝鮮半島から移住した人々の末裔である[1]。国務院人口普査办公室 他（2012）（『中国 2010 年人口普査資料』（中国 第 6 回人口センサス））によると、朝鮮族は中国全体で約 183 万の人口を有しており、朝鮮半島以外における朝鮮語話者数としては、在米コリアンに次いで 2 番目に多い人口規模となっている[2]。

1　朝鮮半島から中国への移住史を言語学的見地から扱ったものとしては、북경대학 조선문화연구소（1995）、전학석（2005）、宮下尚子（2007）、김광수（2014b）などがある。このうち、전학석（2005）では、朝鮮半島から中国への移住史は、(1) 元王朝末期から明王朝初期、(2) 明王朝末期から清王朝初期、(3) 清王朝末期から 1940 年代までの 3 つの時期に分けることができるとしている。ただし、(1)、(2) の時期に移住した人々の末裔は、大部分が中国内の他民族に同化しており、少なくとも朝鮮語を話すことはできない。よって、共時態としての中国朝鮮語の方言分布を分析する際に重要な移住時期は、(3) ということになる。

2　在米コリアンとはアメリカ合衆国に居住する朝鮮民族（圧倒的、大多数が韓国からの移民）を指し、2017 年における総人口は約 249 万人である（외교부（2017））。ところで、朝鮮族の集住地域である吉林省、黒龍江省、遼寧省は、併せて「東北 3 省」と称されることがある。国務院人口普査办公室 他（2012）によると、東北 3 省における朝鮮族の人口

2 序　章　中国朝鮮語研究への招待

　現在、朝鮮族は移住から4、5世代目を迎え、1、2世の数が急速に減少しているばかりか、3世以降においても国内外への人口移動や漢族、韓国人との同化が進んでおり、その生活環境が大きく変化している。こうした変化は、例えば延辺朝鮮族自治州における朝鮮族の人口比率がこの60年で4割以下にまで落ち込んだという事実からもわかるように深刻な人口減少を招いており[3]、今後、コミュニティの縮小は免れない趨勢にある。また、このような人口減少は、さらに農村の生活基盤の崩壊や民族教育機会の喪失といった社会的制度の変化をも招来しており、それらは複合的に作用し合いながら、社会構成員の民族意識やアイデンティティ（identity）形成にも少なからぬ影響を与えていると予想される[4]。

　このような時代の大きな転換点にあって、朝鮮族社会の現状をより具体的に把握し、その変容方向性を多方面から考察することは、学界においても緊急の課題となっている。しかし、その一方で近年の研究動向をみてみると、社会学や歴史学、文化人類学といった枠組みにおける研究が比較的多く発表されている反面、言語学の枠組み、とりわけ言語の使用という観点から朝鮮族を扱った論考は、量・質ともに依然として不十分であるのが現状である[5]。

は、吉林省（1,040,167人）、黒龍江省（327,806人）遼寧省（239,537人）の順である。

3　延辺朝鮮族自治州（연변조선족자치주, 延边朝鲜族自治州［yánbiān cháoxiǎnzú zìzhìzhōu］）は、1952年9月3日に成立した中国国内における唯一の朝鮮族自治州。延吉（연길）、龍井（룡정）、和龍（화룡）、琿春（훈춘）、図們（도문）、敦化（돈화）の6つの市と汪清（왕청）、安図（안도）の2つの県から成り、吉林省の総面積の4分の1を占める。自治州内では、教育、放送、新聞、看板など社会の多方面で朝鮮語が使用される。同自治州における朝鮮族の人口比率は、1953年の段階では70.5%であったが、2010年には36.7%にまで低下している（国務院人口普査办公室 他（2012））。なお、2016年における自治州の総人口は約215万人で、このうち朝鮮族の人口は約78万人である（延边州政府（2016））。黄有福（2012）によると、「延辺」という名称は女真語で山羊を表す「叶吉」（＞延吉）に端を発しており、その歴史は明代にまで遡るという。

4　髙全恵星、柏崎千佳子（2007: 325）には、「中国のコリアン社会は、一世紀にわたる歴史をもつが、ここ一〇年の変化の大きさと深さは、それ以前の時期全体さえしのぐほどである」との記述が、World Korean（2013）には、「…노력을 게을리 한다면 조선족 사회의 와해는 생각보다 더 빨리 진척될 것」（…努力を怠った場合、朝鮮族社会の瓦解は予想より早く訪れるだろう（筆者訳））との記述がある。

5　新中国成立以降、中国朝鮮語の言語調査（方言調査）は、1963年、1982年、1983年

社会が個人により構成され、その個人の民族意識やアイデンティティ形成の
最大の拠り所となるのがまさに「言語」であることを考えた時、縮小を続け
る朝鮮族社会の変容方向性を捉えるためには、朝鮮族の言語、そして話者そ
れ自体の存在様相に対する理解が絶対的に不可欠である。1世紀以上に渡っ
て継承されてきた中国朝鮮語は、現在どのような変化の過程にあり、今後ど
こに向かっていくのだろうか。さらには同時代の朝鮮族は、目下の社会変化
をいかに受容し、民族アイデンティティを維持しているのだろうか——本書
では、このような一種の切迫した問いに答えるために、筆者が2014年以
降、単身、朝鮮族の居住地域を精力的に巡り、独自に展開してきた調査の結
果をもとに考察を行なっていく。

　本書の本論部分は、次ページの【表0-0】に示すように全12章から構成
されており、その内容は第1章から第8章の【言語使用編】、第9章から第
12章までの【言語意識編】に大分される。

の3回に渡って行なわれた。このうち1982年に中国科学院民族研究所と東北3省朝鮮語
文事業協議小組事務室が共同で実施した調査結果は、宣徳五 他編（1985）として発表さ
れており、これによると当時の中国朝鮮語の諸方言は、基本的には朝鮮半島の方言を反映
したものであったとしている（この他に1983年の調査成果を併せた報告書として중국조
선어실태조사보고 집필조（1985）がある）。ただし、その後、80年代以降には大規模な言
語調査が行なわれた記録はなく、강용택（2017）も指摘するように（話しことばとしての）
中国朝鮮語は、その研究成果があまりに少なく研究範囲も狭いため、体系的な研究、比較
方言論的な研究、地理言語学的な研究、計画的なコーパス（corpus）構築が行なわれてい
ない。2019年現在、中国朝鮮語に関連する学会には、以下のようなものがある（やはり
同方言の談話を扱った研究はごく少数である）。
　　 – 한국방언학회［韓国方言学会］2004年発足（http://sokodia.or.kr/）
　　 – 중국조선어학회［中国朝鮮語学会］1981年発足
　　 – 중국한국(조선)어교육연구학회［中国韓国（朝鮮）語教育研究学会］2002年発足
　なお、社会学や文化人類学における朝鮮族研究は比較的盛んに行なわれており、例えば
以下の学会が中心的な役割を果たしている。
　　 – 재외한인학회［在外韓人学会］1988年発足（http://homepy.korean.net/~aska/www/）
　　 – 국제고려학회［国際高麗学会］1990年発足（http://www.isks.org/）
　　 – 조선족연구학회［朝鮮族研究学会］2007年発足（http://www.askcj.net/）

【表0-0】本書における分析の流れ（調査地は主要な地点を示す）

		【言語使用編】			【言語意識編】	
吉林省 (咸鏡道方言)	第1章 第2章	延吉市	［都市部］	第9章	延吉市、長白市 長春市、通化市	［都市部＋ 農村部］
	第8章	延吉市、長白市 長春市、通化市	［都市部＋ 農村部］			
遼寧省 (平安道方言)	第3章	瀋陽市 (和平区)	［都市部］	第10章	瀋陽市	［都市部］
	第4章	本渓市、 丹東市	［農村部］			
黒龍江省 (慶尚道方言)	第5章	尚志市	［都市部］	第11章	哈爾浜市	［都市部］
	第6章	斉斉哈爾市	［農村部］			
その他	第7章	ソウル市 (永登浦区)	［再移住地］	第12章	北京市、広東省、 京畿道	［再移住地］

　まず【言語使用編】では、筆者が2014年以降、朝鮮族の集住地域や散在地域[6]、あるいはソウルにおける朝鮮族の集住地域で行なってきた方言談話資料（一部、書きことば資料）を主に形態論的観点から分析する。第1章、第2章では吉林省（延辺朝鮮族自治州）、第3章、第4章では遼寧省、第5章、第6章では黒龍江省で採録した談話資料を分析し、基層となる朝鮮半島の方言がどの程度保存されているか、さらには漢語（中国語）や韓国語（ソウル方言）といった他言語、他変種（language variety）をどのように受容し、言語使用を行なっているかについて社会言語学的に分析することで、共時態としての朝鮮族の言語存在様式をマクロに把握することを目指す。また、第7章では韓国ソウルで採録した談話をもとに中国朝鮮語話者と韓国語（ソウル方言）話者の接触場面における言語使用について、第8章では主に吉林省の朝鮮族高校生の書きことばの使用状況について分析を行なう。さらに【言語意識編】では、2015年以降に筆者が中国朝鮮語話者を対象に実施した質問紙調査について分析を行なう。第9章では主に吉林省、第10章では遼寧省、第11章では黒龍江省に居住する朝鮮語話者、その中でも特に若い世代の言語意識を分析する。また、第12章では北京、広東省、韓国ソウル郊外（京畿道）といった東北3省以外の地域に居住する朝鮮族の言語意識を分析する。

6　散在地域とは、少数民族の非集住地域を指す。

一連の考察を通して、彼らが多様な言語、あるいは変種の中で自らの言葉を
どのように位置づけ、日常の生活を営んでいるのかを解明することを目指す。

　中国朝鮮族の言語に関する研究は、これまでにも国内外の方言学者によっ
て、いくらかの研究の蓄積があるが、いずれも特定地域における伝統方言の
記述という側面が強く、多様な世代、広範な地域を扱い、さらには言語使用
と意識の関係までを取り入れた研究はそう多くなかった。本書の分析によ
り、これまでみえてこなかった共時態としての中国朝鮮語、朝鮮族の実像に
ついて広範囲かつ、深層的な記述が可能になることはもちろん、言語とアイ
デンティティ、ディアスポラ（diaspora、διασπορά）社会における言語とい
った研究に新たな視点を提供することも可能になると考える。

0.2.　研究の前提

0.2.1.　言語名
　本書では、言語使用や意識を分析するに際して、多様な言語名、変種名を
用いる必要がある。これらについては、便宜上、以下のような名称を用い、
区別することにする。

(1)　　朝鮮語
　　　　朝鮮民族の言語の総称。
(2)　　中国朝鮮語[7]
　　　　中国で主に朝鮮族により使用されている（朝鮮語の）言語変種の総
　　　　称。現行の書きことばの規範は、『조선말규범집』（朝鮮語規範集、
　　　　중국조선어사정위원회（2016））。

7　中国朝鮮語について、千惠蘭（2005: 57）には「中国において学校教育などで教えられ
ている標準朝鮮語」との定義が、김광수（2014a: 115）には「世界の朝鮮語（韓国語）の
一種で、世界の朝鮮語（韓国語）と共通性を持つとともに特殊性も持っている」（筆者
訳）との記述がある。なお、本書では文脈によりその意味が明確な時には、冗長になるこ
とを避けるために、便宜上、中国朝鮮語を単に「朝鮮語」と称することがある。

6　序　章　中国朝鮮語研究への招待

- (3)　韓国語
  韓国で主に韓国人により使用されている（朝鮮語の）言語変種の総称。ただし、本書では多くの場合、ソウルにおいて使用されている変種（ソウル方言[8]）を指す。現行の書きことばの規範は、『표준어규정』（標準語規定、문교부（1988））。

- (4)　漢語
  中国で漢族をはじめとする中国人によって使用される言語の総称。日本で一般に「中国語」と称される中国の第1公用語。

- (5)　混合語
  朝鮮語と漢語によるコード・スイッチング（code-switching）、あるいはコード・ミクシング（code-mixing）[9] を伴う言語（使用形態）。

0.2.2.　変種名

　本書の分析対象となる朝鮮族の言語、即ち中国朝鮮語は、朝鮮半島で使用される朝鮮語を基層としたものである。その具体的変種は、移住世代の出身地、移住後の中国国内における移動経緯など様々な要因の影響を受けるが、一般に吉林省 延辺、長白、黒龍江省 牡丹江、および合江（牡丹江に隣接する地域）には咸鏡道方言を、遼寧省 丹東、撫順、瀋陽、営口、鉄嶺、吉林省 通化（長白を除く）には平安道方言を、吉林省 長春、吉林、四平、黒龍江省 松花江（哈爾浜）、綏化、合江（牡丹江に隣接しない地域）には慶尚道方言を基層とする話者が多いとされている（宣徳五 他（1985）、북경대학 조선문화연구소（1995））[10]。

8　ソウル方言は大韓民国の標準語のもとになっている変種であることから、本書では「標準語」という意味でこの術語が代替されることがある（すなわち、必ずしもソウル方言＝ソウル地方における伝統的な方言という意味で使用するとは限らない）。

9　Nishimura（1997）では、コード・ミクシングとの術語を使用せずにコード・スイッチングの下位分類として、付加切り替え（tag-switching）、文間切り替え（inter-sentential switching）、文中切り替え（intra-sentential switching）を設定している。このうち本書におけるコード・ミクシングに該当するのは、最後者である。

10　本章脚注1でみたように、現在の朝鮮族について分析する際に重要となる朝鮮半島から中国への移住史は清王朝末期にまで遡る。この頃の移住者は、主に평안도（平安道）자성

0.2. 研究の前提　7

　このように変種的多様性をみせる中国朝鮮語であるが、既存の研究におけるその変種の呼称方法は、【表 0-1】に示すように研究者によって様々である。

【表 0-1】主要先行研究における中国朝鮮語の変種呼称[11]

変種分類	例	主要論考
○○지역어 1 ○○地域語 1	초산지역어、의주지역어 楚山地域語、義州地域語	정의향(2008a)、김홍실(2009)、최명옥(2011)、이금화(2014, 2015)
○○지역어 2 ○○地域語 2	연변지역(조선)어、서해지방말 延辺地域(朝鮮)語、西海地方語	중국조선어실태조사보고 집필조(1985)、고홍희(2011)、오선화(2015)
○○방언 1 ○○方言 1	함경도방언、서북방언、륙진방언 咸鏡道方言、西北方言、六鎮方言	북경대학 조선문화연구소(1995)、전학석(1996)、정의향(2008b)、곽충구(2014)
○○방언 2 ○○方言 2	연변방언、료녕방언 延辺方言、遼寧方言	박경래(2003)、전영남(2004)、정향란(2010)、오춘희(2015)、리윤규(2017a)

　表をみると、既存の研究における中国朝鮮語の変種呼称は、大きく「○○지역어」(○○地域語)と「○○방언」(○○方言)の 2 系統に分かれることがわかるだろう。また、これらはそれぞれ朝鮮半島における行政区画名、あるいは方言区画 (dialect division) 名を冠した「1」と、中国における行政区画名を冠した「2」に分かれるが、このうち「1」のような名称が使用されるのは、当該の研究が主に中国朝鮮語話者を被験者としていながらも、実際には朝鮮半島における言語変種(基層方言)を記述することに大きな関心を

(慈城)、만포 (満浦)、초산 (楚山)、벽동 (碧潼)、창성 (昌城)、의주 (義州) からは鴨緑江以北の集安、通化、興京、桓仁、寛甸、安東に、함경도 (咸鏡道) 혜산 (恵山) からは長白に、함경도 (咸鏡道) 무산 (茂山)、온성 (穏城)、종성 (鍾城)、회령 (会寧)、경원 (慶源)、경흥 (慶興) からは豆満江 (図們江) 以北に、함경도 (咸鏡道) の一部地域からは黒竜江省 茂源、遼河、虎林、宝清、密山、東寧、寧安、海林、穆棱などに移住するのが一般的であった (金光洙 (2015))。ただし、1910 年の日韓併合や 1937 年の集団移植、あるいはその後の朝鮮族の再移住などを経て、居住地域、方言区画は変形、融合を重ねている。

11　この他に최명옥 (2000)、방채암 (2008) では「延辺地域の韓国語」、이병근 외 (2003) では「中国瀋陽朝鮮語」、김홍실 (2007a) では「中国柳河地域平安道方言」といった名称が採用されている。

8 序　章　中国朝鮮語研究への招待

置いているからである[12]。また、「2」の中には「延辺方言」や「遼寧方言」など中国における行政区画名を冠した方言名が使用されるものがあるが、このような術語の使用には一定の注意を要する。河須崎英之（2013）も指摘するように、中国朝鮮語にあってはその基層方言の多様性や言語接触などにより「○○方言」と呼べるほど地域ごとに固定された明確な区分が学術上、存在しているとは言いにくいからである[13]。

　以上のような状況を踏まえつつ、伝統的な方言研究というよりは、共時態としての中国朝鮮語がいかなる言語使用をみせるかを記述することに最大の関心を持つ本書では、あくまでも当該地域において使用されている共時態としての言語変種（の総体）に対して「延辺朝鮮語」、「遼寧省朝鮮語」のように（調査）地名・言語名を冠した名称を用いることにする。

12　朝鮮語方言学で一般に用いられる方言区画名は、以下のとおりである（なお、ソウル方言は、中部方言の中でも京畿道方言に属する）。
　　1）동북방언［東北方言］…함경도방언［咸鏡道方言］、량（양）강도방언［両江道方言］
　　2）서북방언［西北方言］…평안도방언［平安道方言］、자강도방언［慈江道方言］
　　3）중부방언［中部方言］…황해도방언［黄海道方言］、강원도방언［江原道方言］
　　　　　　　　　　　　　　경기도방언［京畿道方言］、충청도방언［忠清道方言］
　　4）동남방언［東南方言］…경상도방언［慶尚道方言］
　　5）서남방언［西南方言］…전라도방언［全羅道方言］
　　6）제주방언［済州方言］…제주도방언［済州島方言］

13　例えば、忠清道方言は吉林省 図們市 涼水鎮 亭岩村に、全羅道方言は吉林省 安図県 三道郷 南道村に、京畿道方言は吉林省 通化市 柳河県 五星地方などにそれぞれ方言の島を形成しているが（김청룡（2017）、리윤규（2017b））、いずれも話者人口が極めて少なく、中国朝鮮語の1変種として同定することは難しい。こうした方言の島が形成されるのは、20世紀前半に朝鮮半島の当該地域から上記の地域に集団移住が行なわれたこととの関係が深い（김청룡（2017））。このように中国朝鮮語の分析においては、その前提として話者（あるいは先祖）の移動経路を把握することが極めて重要である。

【言語使用編】

第1章

延辺朝鮮語における
終止形語尾の社会言語学的考察

1.1. はじめに

　本章と次章では、中国朝鮮語の中でも最大の話者人口を持つ吉林省 延辺朝鮮族自治州における朝鮮語（以下、延辺朝鮮語）の言語的特徴について分析を行なう。延辺朝鮮語については、菅野裕臣（1982）、중국조선어실태조사보고 집필조（1985）、문창덕（1990）、렴광호（1990）、梅田博之（1993）、북경대학 조선문화연구소（1995）、전학석（1996, 1998）、최명옥 외（2002）、곽충구 외（2008）、방채암（2008）、정향란（2010）、고홍희（2011）、김선희（2013）、김순희（2014）、남명옥（2014）、柴公也（2015）、오선화（2015）、高木丈也（2015c, 2016bc, 2017ab, 2018ade）などいくつかの研究が存在しており、その実態が一部、解明されつつある。しかし、一連の論考をみてみると、その多くは助詞や語尾について形態・統語論的観点から記述するに留まっており、当該形式が実際の談話場面においてどのように使用されているかを社会言語学的観点から分析したものは、そう多くない。そこで、本章ではこうした状況に鑑み、延辺朝鮮語の談話における終止形語尾の使用様相を親疎関係や話者の属性といった社会言語学的要因から分析することにする[1]。本

1　韓国で종결어미（終結語尾）、中国や北朝鮮で맺음토（－吐）、종결토（終結吐）と呼ばれる文法範疇を本書では以降、「終止形語尾」と呼ぶことにする（中国や北朝鮮で用い

12 第 1 章 延辺朝鮮語における終止形語尾の社会言語学的考察

章の分析により同変種における終止形語尾の使用域（register）が明らかに
なるのみならず、終止形語尾と待遇法の関係の一端が解明されることが期待
される。

1.2. 先行研究

　本章では、既存の研究における延辺朝鮮語の終止形語尾の記述を概観して
おくことにする。なお、ここで分析する延辺朝鮮語は、主に東北方言（咸鏡
道方言）を基層とする変種であるため（宣徳五他（1985）、북경대학 조선
문화연구소（1995））、ここでは同方言に関する論考も併せてみることにす
る[2]。

　곽충구（1998）は、東北・西北方言を概説した論文で、その中では六鎮方
言[3]、平安方言、黄海方言とともに咸鏡方言の終結語尾について記述してい
る。同論文では、상대경어법（相対敬語法）を【존대】（尊待）、【평대】（平
待）、【하대】（下待）の 3 等級に分類したうえで、それらに該当する終結語
尾を〈서술법、의문법、명령법、청유법〉（叙述法、疑問法、命令法、請誘
法）に分けて記述している。

　이기갑（2003）は、東北方言を概説した論文である。同論文では、상대높
임법（相対敬語法）を【아주높임】、【예사높임】、【아주낮춤】、【반말】（パン
マル）の 4 等級[4]に分類したうえで、それらに該当する씨끝（語尾）を〈서술、

られる「토」（吐）とは、体言に後接する助詞や用言に後接する語尾、接尾辞など付属的
な文法要素の総称である）。なお、本章が終止形語尾に注目するのは、終止形は文を終止
させるだけではなく、待遇法や疑問／叙述、法（mood）といった要素が融合しており
（菅野裕臣（1988））、談話展開に大きな影響を持つためである。

2　以降、本書で参考文献について言及する際に使用する言語・方言・変種区画名、話者
名、民族名、地名、文法上の術語、形態素の表記などは、基本的に当該論文におけるもの
に従うことにする。

3　咸鏡北道北部に位置する온성（穏城）、종성（鍾城）、회령（会寧）、경원（慶源）、경
흥（慶興）、부령（富寧）といった地域で使用される変種の総称。

4　아주높임、예사높임、아주낮춤（この他に예사낮춤）は韓国の国語学で使用される術語で、
本文中では対訳を示していないが、それぞれ합니다、하오、한다（하네）で待遇される等級

물음、명령、청유〉（叙述、疑問、命令、請誘）に分けて記述している。

방채암（2008）は、質問紙調査、および追跡録音調査をもとに延辺地域の韓国語[5]の終結語尾を分析した論文である。同論文では、상대높임법（相対敬語法）を【합소체】（ハプソ体）、【하오체】（ハオ体）、【하게체】（ハゲ体）、【해라체】（ヘラ体）の4等級に分類したうえで、それらに該当する終結語尾を〈서술형、의문형、명령형、청유형、감탄형〉（叙述形、疑問形、命令形、請誘形、感嘆形）に分けて記述している。

고홍희（2011）は、録音調査、質問紙調査をもとに延辺地域朝鮮語の疑問法について分析した研究書である。同書では、상대경어법（相対敬語法）を【합소체】（ハプショ体）、【하오체】（ハオ体）、【반말체】（パンマル体）、【해라체】（ヘラ体）の4等級に分類したうえで、それらに該当する終結語尾を〈평서문、의문문、명령문、청유문〉（平叙文、疑問文、命令文、請誘文）に分けて記述している。

これら4つの論考において、共通して記述のある主要な終止形語尾を平叙形、疑問形、命令形、勧誘形ごとにその待遇法等級[6]とともに示すと、次ページの【表1-1】のようになる。

表をみると、先行研究にみられる延辺朝鮮語の終止形語尾は、平叙形11種、疑問形15種、命令形6種、勧誘形8種、計40種があり、このうち平叙形9種、疑問形11種、命令形5種、勧誘形7種、計32種の語尾は、基層方言である東北方言（咸鏡道方言）を保持したものであることがわかる[7]。ま

を指す。

5　同論文が、최명옥（2000）に従って採用している名称である。

6　本書では、韓国で존대법（尊待法）、청자대우（聴者待遇）、상대높임법（相対−）、中国や北朝鮮で말차림、계칭（階称）と呼ばれる範疇については、「待遇法」と呼ぶことにする。こうした韓国、北朝鮮、中国における文法範疇の名称の差異については、최윤갑 외（1994）、강은국（2009）、김성희（2009）などを参照。

7　咸鏡道方言の終止形語尾に関する記述は、調査、研究上の各種制約から体系的なものを見出すのが困難な状況にあり、語尾の形態項目についても複数の論文を相互補完的に参照する必要がある。こうした理由から、本文中における基層方言としての咸鏡道方言の形態数は、一連の研究の中でも比較的多くの語尾を取り上げている곽충구（1998）、および이

14 第 1 章　延辺朝鮮語における終止形語尾の社会言語学的考察

た、具体的形式に着目すると、特に平叙形、疑問形では、방채암（2008）で
いう【하오체】以上の等級において、-ㅂ/습-や-ㅁ/合-を含む語尾（-ㅂ네/
습네類、-ㅁ다/合다など）が多く確認されているほか、目撃法-더-を含む
語尾（-ㅂ데다/습데다、-ㅂ더구마/습더구마など）も比較的多く現れている[8]。
さらに-오/소はいずれの論考においても確認されており、広範囲な使用が
予想される。

【表 1-1】先行研究における終止形語尾とその待遇法等級[9]

		東北(咸鏡道)方言		延辺朝鮮語	
		곽충구(1998)	이기갑(2003)	방채암(2008)	고홍희(2011)
平叙形	-ㅂ/습네다類	존대	아주높임	—	—
	-오/소다類	존대	아주높임	—	—
	-ㅁ/合다	존대	—	합소체	합쇼체
	-ㅂ/습데다	—	아주높임	합소체	합쇼체
	-ㅂ/습더구마	—	—	합소체	합쇼체
	-으/스꾸마	—	—	합소체	합쇼체
	-오/소類	평대	예사높임	하오체	하오체
	-ㅂ/습네類	평대	예사높임	하오체	하오체
	-지비	평대	반말	—	—
	-ㅁ/合	평대/하대	예사높임	—	—
	-ㅂ/습지	—	예사높임	합소체	—
	-ㅂ/습데	—	예사높임	하오체	하오체
	-다類	하대	아주낮춤	해라체	해라체
	-더라	—	아주낮춤	해라체	해라체
	-지	—	아주낮춤	하게체	반말체

기갑（2003）の和集合により算出している。

8　-ㅂ/습-のうち、-ㅂ네/습네-を含むものに関しては、論考によっては、-ㅂ메/습메、
-ㅂ니/습니、-ㅁ메/合메、-ㅁ네/合네-など多様な表記が認められる。ただし、これらは이
현희（1982）、정인호（2011）でも述べられているように、いずれも通時的には-습ᄂᆞ닛-
＞-습ᄂᆞ닛-＞-슴너（ㄴ）잇-＞-슴넷（넷）-＞-슴네（니）-という変化に由来するものであ
る（なお、小倉進平（1932）によると、平安道方言では、-ㅁ마/合마-という疑問形語尾
が確認されるとしている）。

9　形態素表記を統一するために、異形態については、/で表すことにする。

		東北(咸鏡道)方言		延辺朝鮮語	
		곽충구(1998)	이기갑(2003)	방채암(2008)	고홍희(2011)
疑問形	-오/소다? 類	존대	아주높임	—	—
	-ㅁ/슴다?	존대	—	합소체	—
	-ㅂ/습데까?	—	아주높임	합소체	합쇼체
	-ㅂ/습니까?	—	아주높임	합소체	—
	-ㅁ/슴두?	—	—	합소체	합쇼체
	-ㅁ/슴까?	—	—	합소체	합쇼체
	-ㅂ/습떤두?類	—	—	합소체	합쇼체
	-오/소? 類	평대	예사높임	하오체	하오체
	-ㅂ/습네? 類	평대	예사높임	하오체	
	-지비?	평대	반말	—	—
	-ㅂ/습데?	—	예사높임	하오체	하오체
	-ㅂ/습지?	—	예사높임	합소체	
	-ㄴ/는가?	—	예사높임	해라체	반말체
	-니?	하대	아주낮춤	해라체	해라체
	-(느)냐?	하대	—	—	해라체
	-지?	—	아주낮춤	하게체	반말체
	-야?	—	—	해라체	해라체
命令形	-ㅂ/습소(세)	존대	아주높임	합소체	합쇼체
	-ㅂ/습지類	존대	예서높임	합소체	
	-십/읍소	—	—	합소체	합쇼체
	-오/소類	평대	예사높임	하오체	하오체
	-ㅂ/습게	평대	예서높임	—	
	-아/어라	하대	아주낮춤	해라체	해라체
	-지	—	아주낮춤/반말	하게체	반말체
勧誘形	-ㅂ/습세다	존대	아주높임	합소체	
	-겝소		아주높임	합소체	
	-깁소		—	합소체	합쇼체
	-기오	평대	예사높임	하오체	하오체
	-ㅂ/습세	평대		하오체	
	-오/소類	—	예사높임	하오체	
	-자	하대	아주낮춤	해라체	해라체
	-지	—	아주낮춤	하게체	반말체

　さらに待遇法の等級についてみると、概ね【존대】(곽충구(1998))、【아
주높임】(이기갑(2003))、【합소체】(방채암(2008))、【합쇼체】(고홍희

（2011））が対応関係にあること、また、【평대】（곽충구（1998））、【예사높임】（이기갑（2003））、【하오체】（방채암（2008）、고홍희（2011））が対応関係にあること、さらに【하대】（곽충구（1998））、【아주낮춤】（이기갑（2003））、【해라체】（방채암（2008）、고홍희（2011））がそれぞれ対応関係にあることがわかる。ただし、その一方で −지、−ㅂ지/습지、−ㄴ가/는가? などは上記の対応関係に合致しないことも確認される。−지는이기갑（2003）で【아주낮춤】に分類されているが、방채암（2008）、고홍희（2011）では最も待遇法等級の低い【해라체】ではなく、それぞれ【하게체】、【반말체】に分類されている。また、−ㅂ지/습지는이기갑（2003）では【예사높임】に分類されているが、방채암（2008）では最も待遇法等級の高い【합소체】に分類されている。さらに −ㄴ가/는가? は이기갑（2003）では【예사높임】であるのに対し、방채암（2008）では【해라체】、고홍희（2011）では【반말체】とその待遇法等級は低く設定されている。

　以上、先行研究における延辺朝鮮語、咸鏡道方言における終止形語尾の記述を概観した[10]。既存の研究をみると、방채암（2008）、고홍희（2011）などは実際の談話の音声資料を用いており、より言語事実に即した記述が行なわれているといえるが、その談話採録の枠組みについては十分な検討がなされておらず、世代、場面による言語使用の差異についても分析がされたとは言いにくい。また、방채암（2008）は2008年、고홍희（2011）は2003年時点での言語使用を記録したものであり、変化の著しい中国朝鮮語にあって、その間の言語変化に対する分析も必要であると考える。本章ではこうした点を踏まえ、当地域に特徴的な終止形語尾が同時代の延辺朝鮮語においてどの程度、出現するのか、さらには、それらの語尾がいかなる話者、親疎関係の談話の中で使用されるのかを待遇法との関係を視野に入れて分析することにする。

10　この他にも中国における咸鏡道方言、延辺朝鮮語に関する初期の研究として중국조선어실태조사보고 집필조（1985）、북경대학 조선문화연구소（1995）、전학석（1996, 1998）などがある。これらは言語資料としては有用であるものの、その記述においては、いずれも終止形語尾と待遇法の関係が必ずしも明確に示されていないため、本章においては詳述を避け、分析の過程で必要に応じて参照することにする。

1.3.　研究の枠組み

1.3.1.　待遇法体系

　地域方言としての延辺朝鮮語（中国朝鮮語）に関する文法記述は、主に1980年代以降に中国人研究者によって行なわれた一連の調査、研究にその端を発する。それら初期の論考をみると、同変種の待遇法に関する記述は、以下の【表1-2】に示すように術語こそ異なるものの、一様に3等級分類を基本とするものが多く、こうした分類法は以降の研究にも一部、引き継がれていくこととなった。

【表1-2】先行研究における待遇法等級[11]

高 ←　　　待遇程度　　　→ 低			主要論考
【높임】	【같음】	【낮춤】	동북3성 《조선어문법》 편찬소조(1983)、 중국조선어실태조사보고 집필조(1985)
【존대】	【대등】	【하대】	연변대학 조선어계 조선어교연조 외(1972)、 김덕모(1994)、전학석(1996)
【존대】	【평대】	【하대】	정향란(2010)
【예예체】	【야야체】	【응응체】	왕한석(1996)、박경래(2003)、김선희(2013)

　このように初期の研究の多くが3等級分類を採用したのは、김병제（1959, 1965, 1975）、한인국（1964）、한영순（1967）、김영황（1982）など、北朝鮮における方言研究（特に東北方言に関するもの）の影響を受けたためだと

11　【예예체】（イェイェ体）、【야야체】（ヤヤ体）、【응응체】（ウンウン体）という名称は、待遇法等級の対立を持つ예、야、응に由来するもので、分析地域においては、これらが使用される等級により待遇することを「예예한다」、「야야한다」、「응응한다」などと言う（왕한석（1996）、오선화（2015））。この예、야、응を전학석（1996）では感動詞とみているが、実際には「별로 없어가지구, 예」（あまりなくてですね）、「너무 하더라, 예」（あんまりだったんですよ）（전영남（2004）（筆者訳））のように文節末の様々な位置に現れて使用されるため、日本語の間投助詞的な性格を帯びているとみることも可能であろう（なお、곽충구（2014）によると、六鎮方言では、これに対応するものとして、예、냐、야、웅、엉、응があるという）。ところで、待遇法等級の命名方法は、【表1-2】にあげたものの他にも待遇の対象となりうる聴者により分類した【영수체】（ヨンス（人名）体）、【아저씨체】（おじさん体）、【할아버지체】（おじいさん体）（최명옥（2015））なども存在する。

18 第 1 章　延辺朝鮮語における終止形語尾の社会言語学的考察

思われる[12]。しかし、髙木丈也（2015c）でも述べたことがあるように、移住第 5 世代を擁する同時代の延辺朝鮮語においては、すでに基層方言とは異なる言語現象が多く確認されており[13]、例えば、平叙文、疑問文、命令文、勧誘文を問わず -아/어（いわゆる【해体】）が多く出現するなど、3 等級体系を採用した場合、精緻な言語記述が困難になることが想定される[14]。そこで本書では、こうした現状に鑑み、談話における実現形態としての言語形式を幅広く記述するという観点から、従来の 3 等級に【해요体】、【해体】にあたる 2 等級を加え、延辺朝鮮語の待遇法に 5 等級を設定する。具体的には日本の朝鮮語学において広く使用される術語を用い、以下のように定めることにする。

12　中国朝鮮語の一大研究拠点である延辺大学における朝鮮語教育、研究は、1949 年 3 月 20 日の開校以降、特にその草創期には北朝鮮の文法理論の影響を強く受けた。例えば、学部講義用に編纂された『조선어문법（등사본）』（朝鮮語文法（謄写本）、리세룡 외（1956））は『조선어문법』（朝鮮語文法、조선어문연구회（1949））、『조선어문법』（朝鮮語文法、김수경（1955））などを踏まえたものであったほか、『현대조선어』（現代朝鮮語、방장춘 외（1963, 1964））もやはり『조선어문법（1）』（朝鮮語文法（1）、조선사회과학원（1960））、『현대조선어』（現代朝鮮語、김일성종합대학（1961, 1962））などを踏まえたものである。なお、これら中国で刊行された文法書における계칭（待遇法）体系は、【表1-2】にみるような分析変種に関する記述とは異なり、いずれも 5 等級（존대－하오－하게－해라－반말）となっているが、それは主に平壌方言を中心とした文法記述、あるいは方言学としてではなく学校教育用としての規範的な文法記述を志向していたことによる。ところで、延辺大学において編纂された上記文法書は、近年、延辺大学出版社から『현대조선어문법론』（現代朝鮮語文法論、김광수 외（2013））、『현대조선어』（現代朝鮮語、강미화 외（2015））として影印本が出版されている。

13　2018 年 12 月 27 日に慶應義塾大学 湘南藤沢キャンパス（SFC）で実施された東京大学 生越直樹氏による講演「在日コリアン民族学校生徒の言語生活」の中でも在日コリアンの言語（民族語としての朝鮮語）は、移住第 3 世代目で大きく変質するという趣旨の言及があった。

14　こうした理由から、例えば 1.2. でみた방채암（2008）や고홍희（2011）では、新たに【하게体（하게체）】や【반말体（반말체）】を加え、4 等級による設定を試みている。なお、初期の研究において -아/어に関する記述が見当たらないことが、即ち当地域において当該形式が存在しなかったことを意味するものではないが、少なくとも既存の延辺朝鮮語研究においては、実際の言語使用の総体というよりは、方言形として特殊な形式にその焦点が当てられていたことは事実である。

【表 1-3】本書における待遇法等級

← 低	待遇程度	高 →
【下称】	【中称】	【上称】
	【略待上称】	
【略待】		

　このうち【上称】は –ㅂ니다/습니다（합니다）、【中称】は –오/소（하오）、
【下称】は –ㄴ다/는다（한다）、【略待上称】は –아요/어요（해요）、【略待】
は –아/어（해）により待遇される等級である[15]。

1.3.2.　調査の概要

　本章では、2016 年 3 月に延辺朝鮮族自治州の州都 延吉市[16] で筆者が独自
に採録した談話の音声・文字化資料、および全てのコンサルタント[17] に実施
した質問紙、インタビューによるフォローアップ調査（follow-up 調査）の結果

15　【上称】、【中称】、【下称】という術語は河野六郎（1955）に、【略待上称】、【略待】と
いう術語は梅田博之（1972）による。なお、【略待】の認定に関しては、形態論的にはゴ
영근（1974）のいう요통합 가능형（요統合可能形）を一義的な基準とする（例えば –는
가?、–던가? は、–요との結合が可能であるとの理由から、略待に分類することになる）。また、
略待に限らず方言形における待遇法等級の認定に関しては、母語話者へのフォローアップ
調査の結果や先行研究における記述を参照することにする。例えば、略待は「対等・目下
の相手に遍く使用が可能で、一部、目上の相手にも使用が可能な形式」、下称は「目下・
対等の相手に遍く使用が可能な形式（目上の相手に使用が可能な形式は含めない）」とい
った基準を設定する。

16　延吉市（연길시, 延吉市 [yánjíshì]）は、吉林省東部に位置する延辺朝鮮族自治州の州都。
市の総面積は 1,748㎢ で 6 つの街道と 4 つの鎮を管轄する。2018 年時点における総人口は
54.1 万人で、そのうち朝鮮族が 30.8 万人（約 57%）を占める（延吉市人民政府（2018））。
2015 年に長琿都市間鉄道（高速鉄道）が開通してからは、吉林省の省都である長春や隣
接する遼寧省や黒龍江省とのアクセスが大幅に改善されたほか、延吉空港からはソウルと
の間に毎日定期便が数本、就航している。なお、本書における調査地域の地図は、巻末の
【付録 1】にまとめて示すことにする。

17　本書の【言語使用編】では、談話採録調査への協力者（談話参与者）をコンサルタン
ト（consultant）と称することにする。これは近年の言語学研究における慣例に従ってい
る側面もあるが、調査協力者への敬意を示す表現でもある。なお、韓国の国語学研究、と
りわけ方言学研究ではコンサルタントに対して、제보자（提報者）という術語が用いられ
ることが多い。

20　第1章　延辺朝鮮語における終止形語尾の社会言語学的考察

を分析対象とする。談話採録調査の枠組みとコンサルタントの情報は以下に示すとおりで、各談話は参与者の性別、年代、親疎関係という社会言語学的要因を考慮したうえで設定された2者間談話（計18談話）となっている[18]。

【表1-4】談話採録調査の枠組み

		初対面談話（疎）			友人談話（親）			
	談話名	話者名	年齢	性別	談話名	話者名	年齢	性別
10代	Y1	YN1	18	男性	Y10	YN19	18	男性
		YN2	18	男性		YN20	18	男性
	Y2	YN3	18	女性	Y11	YN21	18	女性
		YN4	18	女性		YN22	18	女性
	Y3	YN5	18	男性	Y12	YN23	18	男性
		YN6	18	女性		YN24	18	女性
40代	Y4	YN7	45	男性	Y13	YN25	45	男性
		YN8	45	男性		YN26	44	男性
	Y5	YN9	45	女性	Y14	YN27	45	女性
		YN10	44	女性		YN28	45	女性
	Y6	YN11	44	男性	Y15	YN29	45	男性
		YN12	45	女性		YN30	44	女性
60代	Y7	YN13	64	男性	Y16	YN31	60	男性
		YN14	60	男性		YN32	60	男性
	Y8	YN15	65	女性	Y17	YN33	58	女性
		YN16	65	女性		YN34	58	女性
	Y9	YN17	64	男性	Y18	YN35	60	男性
		YN18	60	女性		YN36	60	女性

18　年代については、便宜上、10代、40代、60代としているが、より正確には、それぞれ18歳、44-45歳、58-65歳である（いずれも調査時点における満年齢による）。なお、本調査では各年代内で若干の年齢差があるが、年齢が比較的近いことから、とりあえずは考慮しないこととする。また、本調査において採録した談話は、諸般の制約により同年代同士の談話のみに限定した。年代差のある話者同士の会話については、後続の研究において分析を予定している。ところで、分析地域の言語使用の複雑さを考えたとき、話者の言語環境（例えば、家族（特に保護者）の言語変種、漢族との交際の程度、韓国への渡航経験など）による言語使用への影響に関しても詳細に分析をする必要があると考えるが、これについても本調査では諸般の事情により全員について把握できなかった。そのため主たる分析対象とはせず、今後の課題としたい。

1.3.3. 文字化の方法

　文字化する範囲と時間は、各談話とも談話開始から 20 分 00 秒とした（総文字化時数：360 分）。話しことば資料の分析をする本書の第 1 章〜第 7 章では、音声資料の文字化にあたっては、宇佐美まゆみ（2007）の「改訂版：基本的な文字化の原則」の枠組みを援用し、基本的には中国朝鮮語の正書法、あるいは方言表記の慣例に則って転写することとする[19]。なお、本書では金珍娥（2004a, 2004b, 2013）の説を踏まえ、あいづち発話も独立した発話文として扱い、文字化する。談話の文字化で使用する主な記号は以下のとおりである。

【表 1-5】談話の文字化で使用する主な記号

記号	意味
．	発話文の終了　（非疑問文）
？．	〃　　　　　　（疑問文）
…．(三点リーダー)	中途終了発話文（非疑問文）
…？．(三点リーダー)	〃　　　　　　（疑問文）
［↑］［→］［↓］	イントネーション
〈発話文〉|<| 【.	実質的発話の重複、割り込み（先行発話）
】】〈発話文〉|>|.	〃　　　　　　（後続発話）
〈웃음〉	笑いの挿入
…(xxxx.)….	対話者によるあいづち発話の重複、割り込み

（宇佐美まゆみ（2007）による）

19　내 것（私のもの）や할 수 있다（することができる）などの形式名詞や해 보다（してみる）などの補助用言のように、（執筆過程において通用していた）中国朝鮮語の正書法では分かち書きをしない場合であっても、本書では見易さの便宜を図って分かち書きをしているところがある。なお、本書で扱う談話資料の文字化は、全て調査地域で生え抜きの中国朝鮮語の母語話者に依頼していることを明らかにしておく（ただし、本書では話しことばの中でも咸鏡道方言、平安道方言、慶尚道方言など多様な変種を扱うため、-씨- ⇔ -껐-、-었/었- ⇔ -앗/엇- など、その転写方法には一部、揺れがみられる場合がある。こうした場合は、基本的には当該変種の表記における慣例に従って書き表すことにする。また、中国朝鮮語話者と韓国語話者の接触場面談話を分析する第 7 章の文字化資料は、韓国語話者と中国朝鮮語話者の双方による確認を行なっている）。

1.4. 分析

　本章では、延辺朝鮮語の談話に現れる終止形語尾の具体的分析を行なう。本調査で採録された談話の総発話文数は 8,285 発話で、このうち文末に終止形語尾が現れた発話は 4,649 発話（56.1%）、終止形語尾が現れない発話は 3,636 発話（43.9%）であった[20]。ここでは、まず、分析に先立って、談話全体において確認された終止形語尾をその待遇法等級、出現数、生起比率とともにみておこう。

【表 1-6】終止形語尾の形式ごとの出現数、生起比率[21]

語尾	等級	出現数（比率）	語尾	等級	出現数（比率）	語尾	等級	出現数（比率）
①-다	下称	1,014 (21.8)	⑪-는가?	略待	115 (2.5)	㉑-나?	略待	26 (0.6)
②-지	略待	559 (12.0)	⑫-더라	下称	111 (2.4)	㉒-ㅂ데다	上称	26 (0.6)
③-오/소	中称	388 (8.3)	⑬-는구나	下称	95 (2.0)	㉓-꾸마	上称	25 (0.5)
④-재	下称	370 (8)	⑭-아라/어라	下称	63 (1.4)	㉔-ㄹ게	略待	24 (0.5)
⑤-ㅁ다	上称	352 (7.6)	⑮-아/어?	下称	51 (1.1)	㉕-ㅂ데	中称	23 (0.5)
⑥-아/어	略待	341 (7.3)	⑯-는매	下称	41 (0.9)	㉖-ㅁ두?	上称	22 (0.5)
⑦-지무	略待	262 (5.6)	⑰-던가?	略待	31 (0.7)	㉗-ㄹ가?	略待	19 (0.4)
⑧-니?	下称	233 (5.0)	⑱-개?	下称	30 (0.6)	㉘-네	略待	18 (0.4)
⑨-야?	下称	146 (3.1)	⑲-대?	下称	29 (0.6)	㉙-지 말라	下称	14 (0.3)
⑩-ㅁ가?	上称	115 (2.5)	⑳-지	下称	28 (0.6)	㉚-래?	下称	12 (0.3)

20　文末に終止形語尾が現れない発話の内訳は、間投詞が 1,204 例（33.1%）、漢語が 66 例（1.8%）、それ以外の中途終了発話文（髙木丈也（2012, 2013ab, 2014, 2015ab））が 2,366 例（65.1%）であった。

21　本章以降、【言語使用編】で提示する表中の数値の単位は、特に断りがない限り「出現数（比率）」である。なお、表中において形態を示す際には紙面の関係上、異形態を全て記すことができないため、代表的形式に限って提示することにする。

㉛ -죠	略上	11 (0.2)	㊱ -ㅂ던두?	上称	5 (0.1)	㊶ -더러고요	略上	1 (0.0)
㉜ -ㅁ니다	上称	10 (0.2)	㊲ -ㅁ니가?	上称	2 (0.0)	㊷ -ㄹ가요?	略上	1 (0.0)
㉝ -는구만	**下称**	10 (0.2)	㊳ -ㅂ더구마	上称	2 (0.0)	㊸ -ㄹ게요	略上	1 (0.0)
㉞ -기쇼	上称	9 (0.2)	㊴ -ㅂ데가?	上称	2 (0.0)	㊹ -지마	*略待*	1 (0.0)
㉟ -아/어요	略上	9 (0.2)	㊵ -거든	*略待*	2 (0.0)	合計		4,649 (100)

　表をみると、談話全体では計44種の終止形語尾の出現が確認されたことがわかる。ただし、そのうち100回以上出現している語尾は、上位12種（計4,006発話）に限られており、それらが全体の9割弱を占めていることが確認される。なお、各待遇法等級の生起比率をみると、以下のようであった。

【表1-7】終止形語尾の待遇法等級ごとの出現数、生起比率

下称	2,247 (48.3)
略待	1,398 (30.1)
上称	570 (12.3)
中称	411 (8.8)
略待上称	23 (0.5)
合計	4,649 (100)

　表をみてわかるように談話全体としては、下称の終止形語尾が最も多く出現することが確認された。また、従前の延辺朝鮮語に関する研究では多く記述されてこなかった略待も約3割と高い生起比率をみせていること、略待上称は全く出現しないわけではないが、その生起比率は極めて低いことも確認される。以下では具体的な終止形語尾の出現を上称、中称、略待上称、下称、略待の順にみていくことにする。

1.4.1. 上称の終止形語尾

　本節では、上称の終止形語尾について分析する。談話全体における上称の終止形語尾の出現状況は、以下のとおりである。

24 第1章 延辺朝鮮語における終止形語尾の社会言語学的考察

【表1-8】上称の終止形語尾の出現数、生起比率[22]

	親疎関係		年代			性別		合計
	親	疎	10代	40代	60代	男	女	
-ㅁ다	4 (1.1)	348 (98.9)	61 (17.3)	149 (42.3)	142 (40.3)	97 (27.6)	255 (72.4)	352 (61.8)
-ㅁ가?	3 (2.6)	112 (97.4)	3 (2.6)	60 (52.2)	52 (45.2)	18 (15.7)	97 (84.3)	115 (20.2)
-ㅂ데다		26 (100)	1 (3.8)	14 (53.8)	11 (42.3)	1 (3.8)	25 (96.2)	26 (4.6)
-꾸마		25 (100)			25 (100)	25 (100)		25 (4.4)
-ㅁ두?	2 (9.1)	20 (90.9)		2 (9.1)	20 (90.9)	22 (100)		22 (3.9)
-ㅁ니다		10 (100)			10 (100)		10 (100)	10 (1.8)
-기쇼	2 (22.2)	7 (77.8)	5 (55.6)		4 (44.4)	6 (66.7)	3 (33.3)	9 (1.6)
-ㅂ던두?	2 (40.0)	3 (60.0)			5 (100)	4 (80.0)	1 (20.0)	5 (0.9)
-ㅁ니가?		2 (100)			2 (100)		2 (100)	2 (0.4)
-ㅂ더구마		2 (100)			2 (100)	2 (100)		2 (0.4)
-ㅂ데가?		2 (100)		1 (50.0)	1 (50.0)	1 (50.0)	1 (50.0)	2 (0.4)
合計	13 (2.3)	557 (97.7)	70 (12.3)	226 (39.6)	274 (48.1)	176 (30.9)	394 (69.1)	570 (100)

　表をみると、上称の終止形語尾は計11種が確認されており、その生起比率は -ㅁ다/습다、-ㅁ가/습가? で全体の約8割を占めていることがわかる。また、比率は下がるものの -ㅂ데다/습데다、-꾸마/스꾸마、-ㅁ두/습두?、-기쇼といった当地域に特徴的な形式も主に年代の高い話者により使用されていることがわかる。以下では、主に出現が多かった語尾について、その使用様相を分析することにする。

22　以降に示す表において、該当項目の出現が1つもなかった場合は、空欄により示すことにする。

1.4.1.1. -ㅁ다/슴다、-ㅁ가/슴가?

　-ㅁ다/슴다は上称・平叙形[23]、-ㅁ가/슴가? [ㅁ까/슴까] は上称・疑問形の終止形語尾である。いずれも咸鏡道方言（東北方言）に基層をおく語尾で（황대화（1998）、김영황（2013））、-ㅁ니다(가)/슴니다(가)の니脱落形である。-ㅁ다(가)は母音／ㄹ語幹用言（ㄹ脱落）に、-슴다(가)は子音語幹用言に結合し[24]、接尾辞とは -앗/엇-、-갓-、-쟎/쟤-[25] との共起が可能である。これらの語尾は、いずれも親疎関係では疎、性別では女性の話者によって使用されることが多く、多くの変種において上称の語尾が主に男性によって用いられることとは対照的である。また、年代ごとにみると10代でその使用が少ないが、これはこの年代のコンサルタントが同じ学年の高校生同士であったことに起因するものである。以下に示す［例1-1］は -슴다の用例であるが、ここで잇슴다は잇슴니다に比べ若干、非格式的な印象を与える表現となっている。なお、-ㅁ니다(가)/슴니다(가)（順行同化（progressive assimilation）が起こった -ㅁ미다(가)/슴미다(가)を含む）は、本調査でも用例が確認されたが、その出現数が極めて少なかったことから、当地域における上称の語尾は -ㅁ다(가)/슴다(가)がより支配的であると言ってよさそうである。

　［例1-1］（疎／40代／女性）[26]

　YN9：칠중으느 거보다 야칸데 올라갈때느 점수 차이 이점나 삼점 차이 **잇슴다**.

23　まれに上昇調のイントネーション（intonation）を伴い、疑問形として使用されることもある。なお、【表1-1】でみた東北方言（咸鏡道方言）に関する先行研究にみられる上称の終止形語尾 -오다/소다? も平叙文、疑問文でともに使われるようである（ただし、本調査では、当語尾の使用は確認されなかった）。

24　-ㅁ가/슴가? は、［ㅇ까/슴까］により実現することもある。

25　-쟎/쟤- は、延辺朝鮮語で使用される確認の意を表す接尾辞である。この接尾辞については 1.4.4.2. で言及するほか、第2章で詳細に分析する。

26　1.3. で述べたとおり、本書では談話の文字化にあたって「基本的な文字化の原則」（宇佐美まゆみ（2007））を採用しているが、以降で具体的な用例を提示する際には、便宜的にその中から発話者と発話内容に関わる部分のみを抽出し、当該項目で注目する文末形式を**ボールド（網掛け）**で示すことにする。なお、提示にあたっては、談話場面や発話者に関わる情報、日本語訳もともに示す（この日本語訳は原文の理解を助けるために付したもので、基本的には直訳調になっている）。

（訳）YN9：7中はそれより厳しくないですけれど、上がる時には、点数の差、2点か3点、点数の差**あります**。

1.4.1.2. **-ㅂ데다/습데다**

-ㅂ데다/습데다は上称・平叙形（過去回想）の終止形語尾で、-ㅂ데다は母音／ㄹ語幹用言（ㄹ脱落）に、-습데다は子音語幹用言に結合する。接尾辞とは -았/었-、-갰-、-쟁/재- などとの共起が可能である。実際の談話では、親疎関係では疎、年代では40代以上、性別では女性の話者によって使用されることが多い。この語尾は、-습-（謙譲）＋-더-（目撃）＋-이-（恭遜）＋-다が融合（fusion）[27]した形で、本調査では疑問形である -ㅂ데가/습데가? の出現も確認された。

［例1-2］（疎／40代／女性）

YN10：语文으느 아라듯기 어떤거 좀 바쁘다메 **이랩데다.**

（訳）YN10：国語は聞き取るのが、あるもの（は）ちょっと難しいと**言っていましたよ**。

1.4.1.3. **-꾸마/스꾸마**

-꾸마/스꾸마は、上称・平叙形の終止形語尾である。-꾸마は母音／ㄹ語幹用言（ㄹ脱落）に、-스꾸마は子音語幹用言に結合し、接尾辞とは -았/었-、-갰-、-쟁/재- などとの共起が可能である。この語尾は、한영순（1974）では感嘆の終止形語尾 -구만のㄴ脱落形の一部が濃音化したものであるとみているが、当地域において -ㅂ더꾸마/습더꾸마という語尾が存在することを考えたとき、むしろ -습-（謙譲）＋-구마の融合形であるとみるのが妥当であろう[28]。なお、この語尾は実際の談話においては、親疎関係では疎、年

27　融合について안명철（1990: 125）には「특정한 문법적 환경에서 두 난어 이상이 줄어서 한 단어로 됨과 동시에 문법적, 의미론적 기능에 변화가 발생하는 현상」（特定の文法的環境において2単語以上が縮約して1単語になると同時に文法的、意味論的機能に変化が生じる現象（筆者訳））、이지양（1998: 30）には「연결형에서 완전한 단어（full word）에 음절 수 줄이기가 일어나 의존 요소로 재구조화되는 현상」（連結形で完全な単語（full word）に音節数減少が起こり、依存要素として再構造化する現象（筆者訳））との定義がみられる。

28　-ㅂ더꾸마/습더꾸마は、-ㅂ꾸마/습꾸마と目撃法 -더- が共起した終止形語尾である。この形式は、1.4.1.2. でみた目撃法が融合した形式 -ㅂ데다/습데다とは異なり、男性の話者に

代では 60 代以上、性別では男性の話者によって使用されることが多いが、1.2. でみた곽충구 (1998)、이기갑 (2003) に記述がみられないことからもわかるように、咸鏡道方言（東北方言）ではなく、六鎮方言における上称の終止形語尾である。このように同時代の延辺朝鮮語においては、老年層を中心に咸鏡道方言のみならず、一部、六鎮方言の語形を使用する話者も存在する。以下の［例 1-3］は -꾸마の用例であるが、ここで좋-스꾸마は좋습다 (-습다) に比べ、やや親しさを込めた語尾として使用されている。

　　［例 1-3］（疎／60 代／男性）[29]

　YN13：나가서드 활동하는데 활동이나 쓱- 하구 도라드러오므 무슨 로실
　　　　한 마래 **좋-스꾸마**.

　　（訳）YN13：外でも活動するんですが、活動でもさっとして戻ってくると、
　　　　　　何か正直な話、**気持ちいいんですよ**。

1.4.1.4.　-ㅁ두/슴두?

　-ㅁ두/슴두? は、上称・疑問形の終止形語尾である。-ㅁ두? は母音／ㄹ語幹用言（ㄹ脱落）に、-슴두? は子音語幹用言に結合し、接尾辞とは -앗/엇-、-갯-、-쟁/재- などとの共起が可能である。この語尾は、황대화 (1998) では、-읍-[30] + -는동 > -음는동 > -음동（둥）> -ㅁ둥 > -ㅁ두という過程を経て変化したものであるとみており、親疎関係では疎、年代では 60 代以上、性別では男性の話者によって使用されることが多い[31]。なお、この語尾

___

よって使用されることが多い（곽충구 (2014) では、六鎮方言の -ㅂ데다/습데다は、-ㅂ더구마/습더구마に比べ使用頻度が低いとしているが、本調査においては、むしろ前者の使用がより多く確認された）。なお、-구마は황대화 (1998) も指摘するように、-구만の非強調形である（ㄴが添加されることで強調の意を帯びる）。

29　本用例にみられる활도이나（活動でも）は、本来は활동이나であるが、전학석 (1996) も指摘しているように、延辺朝鮮語では、母音と母音に挟まれた音節末子音ㅇ/ŋ/ が脱落するという音韻現象が生じるため、上記のような形により現れている（전학석 (1996: 130) では、영웅 [jəŋuŋ > jəuŋ]（英雄）、동이 [toŋi > toi]（水がめ）といった用例が提示されている）。

30　-읍-（謙譲）の異形態（allomorph）。

31　本調査では、-ㅁ두/슴두? が、-더-（目撃）と共起した -ㅂ던두/습던두? の出現も確認された（全て 60 代の話者による）。

は 1.4.1.3. でみた -꾸마/스꾸마とともに六鎮方言における上称の代表的終止形語尾であるが、当語尾を使用する話者は、やはり平叙形においても -꾸마/스꾸마を使用するという相関関係がみられた[32]。

［例1-4］（疎／60代／男性）

YN13：개까 올해 육십 어티케 **댓습두**?.

　（訳）YN13：だから、今年六十いくつに**なったんですか**？

1.4.2. 中称の終止形語尾

　本節では、中称の終止形語尾について分析する。談話全体における中称の終止形語尾の出現状況は、以下のとおりである。

【表1-9】中称の終止形語尾の出現数、生起比率

	親疎関係		年代			性別		合計
	親	疎	10代	40代	60代	男	女	
-소	80 (20.6)	308 (79.4)		314 (80.9)	74 (19.1)	339 (87.4)	49 (12.6)	388 (94.4)
-ㅂ데	16 (69.6)	7 (30.4)		7 (30.4)	16 (69.6)	10 (43.5)	13 (56.5)	23 (5.6)
合計	96 (23.4)	315 (76.6)		321 (78.1)	90 (21.9)	349 (84.9)	62 (15.1)	411 (100)

　表をみると、中称の終止形語尾は40代以上の話者の談話で -오/소と -ㅂ데/습데の2種が確認されているが、全体の9割強は -오/소により現れていることがわかる。以下では、これら2つの語尾について、その使用様相を分析することにする。

1.4.2.1. -오/소

　-오/소は中称・平叙形、疑問形、命令形、勧誘形の終止形語尾で、実現されるイントネーションによって意味が弁別される。-오は母音／ㄹ語幹用言

32　리윤규（2017a）によると、このような六鎮方言を基層にした語尾は、もともと延辺朝鮮語では使用されていなかったが、六鎮方言話者が延辺地域に移動、定住したことで、使用が拡大したという。

（ㄹ脱落）に、－소は子音語幹用言に結合し、接尾辞とは －앗/엇－、－갓－、－쟇/재－ などとの共起が可能である。また、実際の談話においては親疎関係では疎、年代では 40 代、性別では男性の話者による使用が多く、1.4.1.1. でみた上称・平叙形、疑問形の終止形語尾 －ㅁ다(가)/습다(가) が女性によって多く使用されていたこととは対照的である[33]。

　なお、母音／ㄹ語幹用言に結合する －오は、指定詞 －이다や接尾辞 －쟇/재－ と共起した場合、同化が起こり［요］により実現することがあるほか、用言全般との結合において［우］になることもある[34]。このような －오の実現形態の選択に関しては、音韻論的環境の他に親疎関係の影響を受けることも多いようである。以下は、計 281 例が確認された －오の実現形態の分布である。

【表 1-10】親疎関係による －오の実現形態

	友人談話 （親）	初対面談話 （疎）
［오］	6(13.0)	11(4.7)
［요］	24(52.1)	177(75.3)
［우］	16(34.8)	47(20.0)
合計	46(100)	235(100)

33　千惠蘭（2005: 66）では、延辺朝鮮語의하오体について「（聞き手との年齢差にかかわらず）目上・目下及び対等関係の人に対して、話し手の世代を問わず頻繁に用いられる」としているが、【表1-9】をみると、本調査でも －오/소は、初対面談話（疎）だけでなく友人談話（親）においても使用されていることがわかり、非格式体における使用域も持つことが確認される。なお、同論文によると、1998 年当時は初対面の同年代話者に対し中称語尾を使用するとの内省を示した 10 代話者が 57.1％ 存在したというが、本調査では 10 代による使用が 1 例も確認されなかった。このことからこの 20 年ほどで若年層における中称の使用が極端に縮小したことがわかる。

34　この［우］は、咸鏡南道の大部分の地域、咸鏡北道、両江道全域において確認される形であるため（김병제（1988））、基層方言の特徴を留めたものであるとみられる。なお、모르다（知らない、わからない）など、語幹末母音が一である用言である場合は、모루<모르우のように語幹末の一と －우が同化することもある。ところで、한진건（2003）では六鎮方言、리윤규（2017b）では吉林省 琿春県回龍峰地方においては －소が［수］により実現することがあるとの記述があるが、本調査においては確認されなかった。

この表をみると、［오］は友人談話（親）、初対面談話（疎）を問わず、むしろ表記通りに実現することの方が少ないことがわかる。一方で［요］は、初対面談話（疎）で圧倒的に高い出現数、生起比率をみせており、格式的場面で選好されやすいことが確認される。

ところで、최명옥（1975）によると、中称語尾 -오/소は、-ᄉᆞ외＞-쇠＞-소という過程を経て文法化（grammaticalisation）したもので、中期朝鮮語、近代朝鮮語においては[35]、目上、目下の話者に使用可能な汎用性の高い語尾であったが、現代韓国語においては、その使用は縮小の一途を辿っているという。李翊燮 他（2004）では、こうした理由として（1）略待語尾にその使用域を取って代わられたこと、(2) 敬語法の体系を単純化しようとする趨勢にあること、(3) 中称語尾がある種の権威主義を有すること、をあげているが、本章が分析対象とする延辺朝鮮語においては、そもそも伝統的に略待（や等称[36]）が存在していなかったため、こうした変化が起こることなく、依然として -오/소がその命脈を保っている状態にある。延辺朝鮮語における -오/소の使用域については、고홍희（2011）では同時代の韓国語にもみられる（1）丁重に待遇すべき目下の人に対して使用する場合の他に、(2) 目下の話者が（年齢差がさほど大きくない）目上の話者に対して使用する場合、(3) 成人以上の話者が同年代同士の会話で使用する場合があるとしているが、本調査では、このうち（3）の用法が（主に疎の場面において）確認された。

［例 1-5］（疎／ 40 代／男性）

YN11：내 일료나레 羽毛球 칠라가느라 **정시 업소**.

（訳）YN11：私、日曜日にバドミントンしに行くのにとても忙しいんです。

なお、中称の終止形語尾 -오/소は、主に命令形において尊敬を表す接尾辞

35　河野六郎（1979）の分類により、中期朝鮮語は訓民正音創製から豊臣秀吉の朝鮮侵略までの時期（15 世紀中葉～16 世紀末）を、近代朝鮮語は豊臣秀吉の朝鮮侵略以降の時期（16 世紀末以降）を指す（近代朝鮮語は、おおよそ 20 世紀前半までとみることが一般的である）。

36　等称とは、하네により待遇される等級を指す。전학석（1996）や최화（2012）も参照。なお、韓国の国語学における等称（예사낮춤, 하게体）は、待遇法等級上、中称（예사높임, 하오体）より 1 つ下、下称（아주낮춤, 해라体）より 1 つ上の等級に位置する。

-(으)시-と共起した -(으)시오、あるいはそれが縮約した -(으)쇼という形をとることがある。この形式の使用域について、방채암（2008）や김선희（2013）では一般の中称の語尾と同列で扱っているが、오춘희（2015）では以下の調査結果（父母に対する言語使用を問うた質問紙調査への回答）を根拠として、その実際の使用域は中称ではなく上称とみるのが妥当だとしている。

　［例 1-6］

　（a）（女 37 歳→부모에게（父母に））아침 **잡수쇼**.

　　　　　　　　　　　　　　　　　（朝ご飯、召し上がって下さい）

　（b）（男 49 歳→부모에게（父母に））바브 **잡수시오**.

　　　　　　　　　　　　　　　　　（ご飯を召し上がって下さい）

　（c）（女 42 歳→부모에게（父母に））이쪼그로 **오시오**.

　　　　　　　　　　　　　　　　　（こちらにおいで下さい）

　　　　　　　　　　　　　（오춘희（2015: 164 抜粋（筆者訳）））

　本調査では -(으)쇼の出現が 4 例確認されており、話者へのフォローアップ調査によると、この語尾は上称の命令形語尾 -(으)십시오よりは待遇の度合いが低く、中称の命令形語尾 -오/소よりは待遇の度合いが高い場合に使用されるとの内省が示された。即ち、当語尾は形態上は中称であっても、その使用域は中称と上称の中間に位置するものとみることができる。以下は、初対面談話の例である。

　［例 1-7］（疎／ 60 代／女性）

　YN16：지그믄 펴나난 얘기르 **하쇼**.

　（訳）YN16：今は、楽に話を**なさって下さい**。

1.4.2.2. -ㅂ데/습데

　-ㅂ데/습데は中称・平叙形、疑問形（過去回想）の終止形語尾で、実現されるイントネーションによって意味が弁別される[37]。-ㅂ데は母音／ㄹ語幹用言（ㄹ脱落）に、-습데は子音語幹用言に結合し、接尾辞とは -앗/엇-、-갯-、-쟀/쟤- などとの共起が可能である。親疎関係では親、年代では 60 代の話者

37　韓国語の -ㅂ디다/습디다、-더군요、-더라고요（〜ていましたよ）、-ㅂ디까/습디까?、-던가요?、-던지요?（〜ていましたか）ほどの意を表す。

32 第 1 章 延辺朝鮮語における終止形語尾の社会言語学的考察

によって使用されることが多い。なお、この語尾の生成に関しては、이기갑
（1997）では上称の終止形語尾 -ㅂ데다/습데다から -다が脱落したものとみ
ているのに対し、황대화（1998）では、-습-（謙譲）＋ -더-（目撃）＋ -이다
の融合形であるとみており[38]、その見解は研究者により一致していない。ま
た、최명옥 외（2002）や정향란（2010）、최명옥（2015）など韓国で発表さ
れた諸論考では、-ㅂ데に対し -읍데という媒介母音（bridging vowel）を
有する基底形を設定しているが、これは髙木丈也（2015c）でも指摘したこ
とがあるように、用言にこの語尾が結合する際に語幹末母音がやや長母音化
するためである。ただし、この -으- は語幹末母音に完全に順行同化するた
め、実現形の聴覚印象としては［하압떼］（＜하- ＋ -읍데）のように認識さ
れる[39]。

　［例 1-8］（親／ 60 代／男性）
　YN35：그래, 도대체 **어떻습데**?.
　　（訳）YN35：そう、一体<u>どうでした</u>って？

1.4.3. 略待上称の終止形語尾

　本節では、略待上称の終止形語尾について分析する。談話全体における略
待上称の終止形語尾の出現状況は、以下のとおりである。

38　-다脱落形と考えた場合、接尾辞には文終止機能を持つことができないとの理由による。
なお、황대화（1998: 233）では -이다が融合した終止形として、この他にも -데をあげ、「그
친구가 그때 그렇게 말하데」（その友達があの時そう言っていましたよ（筆者訳））などの例
を提示している。-ㅂ데/습데は、김일성종합대학출판사（1977）にも -데に比べて対者へ
の丁重さを加える機能を持つとの記述がみられる。

39　これを長母音（long vowel）とみるかは研究者によっても意見が分かれるところであ
るが、フォローアップ調査によると、母語話者はこれを長母音として認識する傾向が強い
ようである。なお、共時態としての中国朝鮮語の記述を志向する本書では、他の語尾と表
記を統一するために、基底形を上記のとおり、-ㅂ데/습데として設定することにする。

【表 1-11】略待上称の終止形語尾の出現数、生起比率

	親疎関係		年代			性別		合計
	親	疎	10代	40代	60代	男	女	
-죠		11(100)			11(100)		11(100)	11(47.8)
-아/어요	1(11.1)	8(88.9)	1(11.1)	1(11.1)	7(77.8)	1(11.1)	8(88.9)	9(39.1)
-더러고요		1(100)			1(100)		1(100)	1(4.3)
-ㄹ가요		1(100)			1(100)		1(100)	1(4.3)
-ㄹ게요		1(100)		1(100)		1(100)		1(4.3)
合計	1(4.3)	22(95.7)	1(4.3)	2(8.7)	20(87.0)	2(8.7)	21(91.3)	23(100)

　表をみると、略待上称の終止形語尾は計5種が確認されているが、いずれの形式も談話全体としては極めて少ない出現を示していることがわかる。また、-죠、-아요/어요ともにその大部分は、韓国渡航経験が比較的多いYN15、YN16の発話に現れていたことから、延辺朝鮮語（の話者同士の談話）における略待上称の使用は、ほとんどないとみてよいだろう。

1.4.4.　下称の終止形語尾

　本節では、下称の終止形語尾について分析する。談話全体における下称の終止形語尾の出現状況は、次ページの【表 1-12】のとおりである。

　下称は、【表 1-7】でみたように5つの待遇法等級の中で最も高い生起比率をみせるものであるが、次ページの表により下位分類の種類をみても、やはり他の等級より多い計15種の形式が確認されたことがわかる。なお、これらの語尾は、全体としては主に10代の話者による生起比率が高く、具体的には -다、-니?、-더라、-는구나、-아라/어라、-자といった他方言でも確認される形式と、-재、-야?、-아/어?、-는/(으)ㄴ매、-개?、-대?といった延辺朝鮮語に特徴的な形式に分けられる。以下では、主に出現が多かった語尾について、その使用様相を分析することにする。

34　第 1 章　延辺朝鮮語における終止形語尾の社会言語学的考察

【表 1-12】下称の終止形語尾の出現数、生起比率

	親疎関係		年代			性別		合計
	親	疎	10 代	40 代	60 代	男	女	
-다	760 (75.0)	254 (25.0)	631 (62.2)	222 (21.9)	161 (15.9)	496 (48.9)	518 (51.1)	1,014 (45.1)
-재	241 (65.1)	129 (34.9)	233 (63.0)	112 (30.2)	25 (6.8)	212 (57.3)	158 (42.7)	370 (16.5)
-니?	173 (74.2)	60 (25.8)	165 (70.8)	45 (19.3)	23 (9.9)	123 (52.8)	110 (47.2)	233 (10.4)
-야?	114 (78.1)	32 (21.9)	93 (63.7)	21 (14.4)	32 (21.9)	89 (61.0)	57 (39.0)	146 (6.5)
-더라	101 (91.0)	10 (9.0)	47 (42.3)	41 (36.9)	23 (20.7)	76 (68.5)	35 (31.5)	111 (4.9)
-는구나	49 (51.6)	46 (48.4)	28 (29.5)	33 (34.7)	34 (35.8)	55 (57.9)	40 (42.1)	95 (4.2)
-아라/어라	51 (81.0)	12 (19.0)	46 (73.0)	13 (20.6)	4 (6.3)	31 (49.2)	32 (50.8)	63 (2.8)
-아/어?	22 (43.1)	29 (56.9)	46 (90.2)	4 (7.8)	1 (2.0)	33 (64.7)	18 (35.3)	51 (2.3)
-는매	34 (82.9)	7 (17.1)	32 (78.0)	5 (12.2)	4 (9.8)	28 (68.3)	13 (31.7)	41 (1.8)
-개?	15 (50.0)	15 (50.0)	22 (73.3)	2 (6.7)	6 (20.0)	16 (53.3)	14 (46.7)	30 (1.3)
-대?	19 (65.5)	10 (34.5)	6 (20.7)	17 (58.6)	6 (20.7)	19 (65.5)	10 (34.5)	29 (1.3)
-자	18 (64.3)	10 (35.7)	22 (78.6)	2 (7.1)	4 (14.3)	17 (60.7)	11 (39.3)	28 (1.3)
-지 말라	13 (92.9)	1 (7.1)	13 (92.9)	1 (7.1)		10 (71.4)	4 (28.6)	14 (0.6)
-래?	10 (83.3)	2 (16.7)	4 (33.3)	4 (33.3)	4 (33.3)	6 (50.0)	6 (50.0)	12 (0.5)
-는구만	5 (50.0)	5 (50.0)		7 (70.0)	3 (30.0)	5 (50.0)	5 (50.0)	10 (0.4)
合計	1,625 (72.3)	622 (27.7)	1,388 (61.8)	529 (23.5)	330 (14.7)	1,216 (54.1)	1,031 (45.9)	2,247 (100)

1.4.4.1.　-다

　-다は、下称・平叙形の終止形語尾である。動詞の場合、母音／ㄹ語幹用言（ㄹ脱落）には -ㄴ다が、子音語幹用言には -는다が結合し、形容詞、存在詞、指定詞の語幹には -다が結合する。接尾辞とは -았/엇-、-갯- などとの共起が可能である。この語尾は全ての終止形語尾の中で最も多い出現をみ

せており、親疎関係では親、年代では10代の話者によって使用されること
が多い。なお、このように10代における出現数が多いのは、以下の［例1-9］
のように延辺朝鮮語における10代の話者（学生）は、初対面においても下
称の終止形語尾を多用する傾向が強いということによる。

　［例1-9］YN5（疎／10代／男性）、YN6（疎／10代／女性）

　YN5：그냥 딱 본나레 놀게 **생겟다**.

　YN6：내 **아이 논다**. 그러케 **아이 논다**.

　YN5：아, 딱 놀게 **생겟다**.

　YN6：어, 모르는데 내 나가 **아이논다**.

　　（訳）YN5：ただぱっとみた時には、遊んでいるように<u>みえるよ</u>。

　　　　YN6：私、<u>遊んでいないよ</u>。そんなに<u>遊んでいないよ</u>。

　　　　YN5：あ、まさに遊んでいるように<u>みえるよ</u>。

　　　　YN6：あ、わからないけれど、私、私<u>遊んでいないよ</u>。

1.4.4.2. -재

　-재は、下称・平叙形、疑問形の終止形語尾である。語幹の種類を問わず
結合し、接尾辞とは -앗/엇- などとの共起が可能である。この語尾は接尾辞
-쟎/재- と下称・疑問形の終止形語尾 -니?、-야? 類が融合したもので[40]、全
体としては -지 않니?（〜ではないのか）ほどの意味を表す。親疎関係では
親、年代では10代、性別では男性の話者によって使用されることが多い
（下称の語尾であるが、疎における出現も一定数、確認される）。なお、この
語尾は特に40代以下の話者の発話では、存在詞 잇-（ある）と結合した
「〜 잇재」という形で使用されることが多く、談話全体における出現数では、
全370の用例中、77例（20.8%）を占めた。これは、韓国語における「있잖

40　接尾辞 -쟎/재-（その他にも -재잉/재이- で現れることも）は、오선화（2015）が示
すとおり、-지 아니하- ＞ -지 아닝-（縮約）＞ -지 애닝-（ウムラウト）＞ -재닝-（統合）
＞ -재잉-（脱落）＞ -쟎-（縮約）＞ -재-（脱落）という過程を経て変化したものである。
なお、この -쟎/재- が終止形語尾と結合することにより、-재 の他にも、-잼다、-잼가（以
上、上称）、-재오、-쟎소（以上、中称）、-재이야、-재야、-재니（以上、下称）などの文
末形式が形成される（ここにみられる -재/재이- は、本来は -쟎/재잉- であるが、ㄴ、ㅁ、ㅇ
で始まる語尾類が後接した際に、音節末の ㅎ が脱落するという特徴により形成されたもの
である。即ち、-쟎- と -재-、-재잉- と -재이- は、共時的には異形態である）。

36 第1章 延辺朝鮮語における終止形語尾の社会言語学的考察

아」のように談話標識（discourse marker）化したもので、確認をするように
話題提示をすることで発話者が談話における主導権を行使する表現である[41]。

　［例1-10］（親／10代／男性）
　YN20：바라, 일등부터 오등 清華, 北 大 **나누재**. 딱딱딱 갠다메 육등부터 십
　　　　 등 复旦, 人大 뚝뚝뚝 **나누재**.
　（訳）YN20：ほら、1位から5位は清華大学、北京大学に**分けるでしょう**。
　　　　　　　 ぱっぱっと、それから6位から10位は復旦大学、人民大学にぱ
　　　　　　　 っぱっと**分けるでしょう**。

　なお、延辺朝鮮語においては、この‐재のように接尾辞類と下称・疑問形
の終止形語尾（‐니?、‐야? 類）の融合によって生成される語尾が多く存在
する。本調査で採録した談話においても‐개?（＜‐갯‐ ＋ ‐니?、‐야? 類）、
‐대?（＜‐더‐ ＋ ‐니? 、‐야? 類）、‐래?（＜‐라‐ ＋ ‐니? 、‐야? 類）、‐아/
어?（＜‐앗/엇‐ ＋ ‐니?、‐야? 類）[42] などが現れており、いずれも末尾に‐ㅐ
を持つという特徴が確認された。

1.4.4.3.　‐니?、‐야?

　‐니?、‐야? は、いずれも下称・疑問形の終止形語尾である。このうち
‐야? は他の多くの方言において実現する‐냐? のㄴ脱落形である。これらの
語尾は、いずれも親疎関係では親、年代では10代、（‐야の場合）性別では
男性の話者によって使用されることが多い。なお、本調査では‐냐? の出現
は確認されなかったが、고홍희（2011）における記述を参照しながら、
‐니?、‐야?、‐냐?[43] の特徴を用言、接尾辞との結合、使用する話者の年代と
いう観点から整理すると、以下のようになる。

41　終止形語尾‐재については、第2章で詳細に分析する。談話標識化した「〜잇재」の
用法については、2.4.3.2. を参照。

42　この語尾については、1.4.4.4. を参照。

43　当地域で‐니?、‐냐? は、子音語幹用言に結合する際に媒介母音‐으‐ を伴わないのが
普通であるため、項目名にもそれを挿入して提示していない。

【表 1-13】 延辺朝鮮語における-니?、-야?、-냐? の使用様相

		-니?	-야?	-냐?
用言+	母音語幹	-니	-야	-냐
	ㄹ語幹	-니 (ㄹ脱落)	-야 (ㄹ脱落)	-냐 (ㄹ脱落)
	子音語幹	-니	-야 ※限定的	-냐
接尾辞+	-았/었-	○	×	○
	-더-	○	×	○
	-겠-	○	×	○
	-잫(재일)-	○	○	○
話者の世代		10 ~ 60 代	10 ~ 60 代	老年層

　表をみると、-니?、-야?、-냐? は、いずれも語幹の種類を問わず結合
し、ㄹ語幹用言ではㄹが脱落することがわかる。なお、このうち -야? に関
しては、子音語幹用言との結合に制限があり、語幹末がㅎで終わる用言との
み共起が可能であることが確認された[44]。また、接尾辞との結合について
は、-니? と -냐? は、いずれの接尾辞とも結合が可能であるのに対し、
-야? は -잫(재일)- とのみ共起が可能であるという違いをみせる。さらに本
調査では -니?、-야? は、幅広い年代の話者による使用が確認された一方で
（特に10代の話者によって多く使用される）、-냐? はその使用が1例も確認
されなかった。フォローアップ調査によると、このような出現差がみられる
のは、-냐? は老年層の話者が目下の相手に対して使用するという厳しい制
約を持つ語尾であるためで、10代や20代といった若年層の話者によっても
使用されうる韓国語とは大きな違いをみせている。
　これら3つの語尾のうち、延辺朝鮮語の談話全体において最も多く使用さ
れている語尾は -니? である。これは、上掲の表をみてもわかるように用言
や接尾辞との結合の自由度が高いこと、話者の年代制約が少ないことがその
主要因だといえる。
　ところで、-야? は前述のとおり -냐? のㄴ脱落形であるが、これは延辺朝
鮮語では、語中において子音ㄴが母音ㅑ、ㅕ、ㅛ、ㅠ、ㅣの初声となった場

44　本調査では、ㅎ変格用言と結合した用例のみが確認され、어떠야?（<어떻- + -야）、
그러야?（<그렇- + -야）といった活用形をみせた。

合に脱落することがあるという音韻規則による[45]。なお、母音体言に接続する -야? は、(1) 下称・疑問形 -야? (< -이- + -냐?：指定詞語幹、および下称語尾の∟脱落形) と、(2) 略待・疑問形 -야? (< -이- + -어?：指定詞語幹＋略待語尾の縮約形) が同形になるため、形態論上の区別が困難になる。フォローアップ調査によりこの判別に関する内省を問うたところ、多くの母語話者は両者を異なる形態として厳密には区別していないようであった。これは即ち、この形態は多くの場合（少なくとも意識のレベルにおいては）、下称と略待がほぼ並行した使用域を持つことを意味する。

　［例 1-11］（親／ 10 代／男性）

　YN19：**삼팔저리재야**?.

　　（訳）YN19：三八節[46]じゃない？

1.4.4.4.　-아/어 ?

　-아/어? は、下称・疑問形の終止形語尾である。この形式は韓国語に多くみられる略待の語尾と形態こそ同じであるが、고홍희 (2011) が示すように「-앗/엇-（過去）＋ -니?、-야? 類」の融合形である[47]。この語尾は年代では10 代、性別では男性の話者によって使用されることが多い。

　［例 1-12］YN5（疎／ 10 代／男性）、YN6（疎／ 10 代／女性）

　YN5：백둥아네 **드러바**?.

　YN6：못드러 밧다.

45　전학석 (1996: 130) では、그냥 [kuɲjaŋ > kuɪjaŋ]（何となく）、청년 [ʨʰʌŋɲjʌn > ʨʰʌɪjʌn]（青年）といった用例を提示している。ただし、本調査では -니 が -이 で出現する例は確認されなかった。

46　三八節とは、国際婦人デー（3 月 8 日）のことを指す。漢語での正式名称は、国際労动妇女节。

47　최명옥 (2011) では、平安北道 雲田地域語（西北方言）における下称・疑問形の終止形語尾 -안? について、-앗/엇-（過去）と -네?、-니?、-냐? 類（頭子音に∟を持つ下称・疑問形の終止形語尾）が融合して生成されたものであるとみており、この生成過程を /-앗⌐∟v/ - → /-앋∟v/ - → /-안∟v/ - → /-안∟/ → /-안/ (v = 母音素。接尾辞の形態素表記は、최명옥 (2011: 223) による) のように想定しているが、延辺朝鮮語の -아/어? は、ここからさらに -∟ が脱落したものであるとみることができる。ただし、この語尾は -앗/엇- から音節末子音が脱落したなど、その他の過程を経て生成された可能性も排除できないため、今後さらなる分析を要する。

YN5：**못드러바**?.

　（訳）YN5：100 位以内に**入ったことある**？

　　　　YN6：入ったことないよ。

　　　　YN5：**入ったことないの**？

1.4.4.5.　-는/(으)ㄴ매

　-는/(으)ㄴ매は、下称・平叙形の終止形語尾である。-는/(으)ㄴ-の部分
は、動詞、形容詞、指定詞の現在連体形の結合規則に準じ、接尾辞とは -앗
/엇-、-갯- などとの共起が可能である。この語尾は当地域で独自に発達し
た語尾で、오선화（2015）によると、-는/(으)ㄴ 모양이-（～ようだ）が、
-는/(으)ㄴ 모양이->-는/(으)ㄴ 모이-（脱落）>-는/(으)ㄴ 매-（縮約）
>-는/(으)ㄴ매（切断、融合）という過程を経て終止形語尾化したもので
ある。親疎関係では親、年代では 10 代、性別では男性の話者によって使用
されることが多い。なお、この語尾は以下の例のように語用論的に皮肉や嫌
味を含意することがあり、それは신현숙（2013）、오선화（2015）でも指摘
されているように「모양이-」（lit. 模様だ）が潜在的に持つ距離感や無関心
といった意味が現れたものであると思われる。

　［例 1-13］（親／ 10 代／男性）

　YN23：개 내보구 아- 머이랏등가?. **您是在北京居住吗하는매**. 개 不是不是
　　　　이랏짐.

　　（訳）YN23：それで私にあー、何て言ってたかな？　**あなたは北京に住んで
　　　　　　　　いますか、って言うんだよ**。それで、違いますって言ったんだ
　　　　　　　　よ。

1.4.5.　略待の終止形語尾

　本節では、略待の終止形語尾について分析する。談話全体における略待の
終止形語尾の出現状況は、以下のとおりである。

40　第1章　延辺朝鮮語における終止形語尾の社会言語学的考察

【表1-14】略待の終止形語尾の出現数、生起比率

	親疎関係		年代			性別		合計
	親	疎	10代	40代	60代	男	女	
-지	276 (49.4)	283 (50.6)	145 (25.9)	248 (44.4)	166 (29.7)	298 (53.3)	261 (46.7)	559 (40.0)
-아/어	246 (72.1)	95 (27.9)	56 (16.4)	180 (52.8)	105 (30.8)	215 (63.0)	126 (37.0)	341 (24.4)
-지무	112 (42.7)	150 (57.3)	97 (37.0)	66 (25.2)	99 (37.8)	121 (46.2)	141 (53.8)	262 (18.7)
-는가?	67 (58.3)	48 (41.7)	21 (18.3)	50 (43.5)	44 (38.3)	75 (65.2)	40 (34.8)	115 (8.2)
-던가?	20 (64.5)	11 (35.5)	12 (38.7)	12 (38.7)	7 (22.6)	16 (51.6)	15 (48.4)	31 (2.2)
-나?	9 (34.6)	17 (65.4)	17 (65.4)	5 (19.2)	4 (15.4)	13 (50.0)	13 (50.0)	26 (1.9)
-ㄹ게	11 (45.8)	13 (54.2)	14 (58.3)	10 (41.7)		14 (58.3)	10 (41.7)	24 (1.7)
-ㄹ가?	12 (63.2)	7 (36.8)	11 (57.9)	4 (21.1)	4 (21.1)	9 (47.4)	10 (52.6)	19 (1.4)
-네	10 (55.6)	8 (44.4)	2 (11.1)	11 (61.1)	5 (27.8)	6 (33.3)	12 (66.6)	18 (1.3)
-거든	1 (50.0)	1 (50.0)			2 (100)	1 (50.0)	1 (50.0)	2 (0.1)
-지마	1 (100)		1 (100)			1 (100)		1 (0.1)
合計	765 (54.7)	633 (45.3)	376 (26.9)	586 (41.9)	436 (31.2)	769 (55.0)	629 (45.0)	1,398 (100)

　略待は、【表1-7】でみたように5つの待遇法等級の中で2番目に高い生起比率をみせるものであるが、上掲の表により下位分類の種類をみると、計11種の形式が確認されたことがわかる。具体的形式としては、その大半は-지、-아/어、-는/(으)ㄴ가?、-던가? といった他方言にも確認される形式であるが、-지무のように延辺朝鮮語に特徴的な形式も現れている。なお、本来、略待が存在しないとされてきた延辺朝鮮語（東北方言）においてそれが確認される要因としては、大きく2つが考えられる。1つは、学校教育による北朝鮮の標準語（平壌文化語）の浸透である。これは60代の話者にあって、-지や-아/어、-는/(으)ㄴ가? などが確認されることからもわかるように、比較的古い段階から受けてきた影響であると思われる。また、2つめ

としては、韓国との人的往来や文化接触の拡大による韓国語（ソウル方言）の浸透が考えられる。これは、この20年ほどにおける影響で[48]、10代における -나?、-(으)ㄹ게、-(으)ㄹ가?（-(으)ㄹ까?）などの使用が特徴的である。ただし、延辺朝鮮語における略待は、初対面談話（疎）における出現も一定数みられ、独自の使用域を獲得していることも予想される。以下では、出現が多かった語尾について、その使用様相を分析することにする。

1.4.5.1. -지

-지は略待・平叙形、疑問形、命令形、勧誘形の終止形語尾で、実現されるイントネーションによって意味が弁別される。この語尾は韓国語における同形式と同様に語幹の種類を問わず結合することができ、接尾辞とは -앗/엇-、-갯-、-쟁/재- などとの共起が可能である。年代では、40代の話者によって使用されることが多い。なお、韓国語における -지は略待を代表する語尾として主に対等、あるいは目下の話者に対して使用されるが、延辺朝鮮語における同語尾は友人談話（親）のみならず、初対面談話（疎）でも同程度の出現数をみせており、より広い使用域を獲得している。このように格式的場面で使用される -지は、親しさを表出するための方略として使用されるものである。［例1-14］は、初対面談話（疎）の用例であるが、ここでは上称、中称の語尾により会話が展開する中、突如、略待の語尾 -지が現れて、情報を伝達したり、対話者に同意を求めていることがわかる。このように広い使用域を持つ -지を방채암（2008）では【하게체】に分類しているが、1.4.2.1. でも述べたとおり、もともと延辺朝鮮語には等称が存在しなかったため、本書ではこれを略待の語尾として扱うことにする[49]。

48　中韓国交修交は、1992年8月24日。

49　［例1-14］の「그러캇지, 예?」（YN10）にみられるように、文末に예を挿入することによって丁寧さを表す例も確認された。なお、本調査では咸鏡道方言に現れる終止形語尾 -지비の使用は1例も確認されなかったが、筆者が2017年9月に吉林省 白山市で出会った60代・女性の話者は、初対面の筆者（30代・男性）にこの語尾を使用していた。また、황대화（1998）では東北方言には -ㅂ지/습지、六鎮方言には -ㅂ디/습디という語尾が存在し、これらには -ㅂ/습- が含まれていることから、같음、높임の2つの等級にわたって使用が可能であるとしているが、この語尾も本調査では確認されなかった。

42 第 1 章 延辺朝鮮語における終止形語尾の社会言語学的考察

[例 1-14] YN9（疎／ 40 代／女性）、YN10（疎／ 40 代／女性）

YN9 : 우리 애드 语文이 그냥 야캣습다.

YN10 : 수학, 수하기라메 영어라메느 이럽는데….

YN9 : 좀 **힘드러하지**.

YN10 : 语文으느 아라듯기 어떤거 좀 바쁘다메 이랩데다.

YN9 : 에, 우리 애두 그땐 노픈 점수느 못맛던데 지그므느 좀 나사짐다.

YN10 : 그 시가이 가무 窍门이 좀 생기구 **그러캣지**, 예?.

（訳）YN9 : うちの子も国語がまぁ弱かったです。

YN10 : 数学、数学とか英語とかは、問題ないのに…。

YN9 : ちょっと**大変そうですよね**。

YN10 : 国語は聞き取るのが、あるものはちょっと難しいと言っていましたよ。

YN9 : ええ、うちの子もその時はいい点数は取れなかったですが、今は少し良くなりました。

YN10 : その、時間が経ったら、コツをつかんで（だから）**そうなんでしょうね**？

1.4.5.2.　-아/어

-아/어は略待・平叙形、疑問形、命令形、勧誘形の終止形語尾で、実現されるイントネーションによって意味が弁別される。この語尾は、親疎関係では親、年代では 40 代、性別では男性の話者によって使用されることが多い。

[例 1-15]（親／ 40 代／男性）

YN29 : 저녀그, 저녀그느 어쨋든, 응, 串으 머그무 내 어쨋든 마이 **머거**.

（訳）YN29 : 晩ご飯を、晩ご飯はとにかく、うん、串を食べたら、俺とにかくたくさん**食べるよ**。

1.4.5.3.　-지무

-지무は略待・平叙形、疑問形、命令形の終止形語尾で、実現されるイントネーションによって意味が弁別される。語幹の種類を問わず結合し、接尾辞とは -앗-/엇-、-갯-、-쟁- などとの共起が可能である。この語尾は当地域で独自に発達した語尾で、-지, 뭐が融合したものであると思われる。話者によっては、[지므]、[지문]、[짐] のように実現することもある。なお、

1.4.5.1. でみた -지は、親疎ともに同程度、使用されることが確認されたが、
-지무に関しては、どちらかというと疎の場面で使用されることが多い。

［例 1-16］（疎／ 60 代／女性）

YN18：백성드르느 또 환녕하구 정부기과네 사람드리 공무원드리 찬성 아
이하는 사람드리 **만치므**, 예?.

（訳）YN18：一般人はまた歓迎して、政府機関の人達、公務員達は賛成しな
い人が**多いでしょうね**？

1.4.6.　親疎関係、話者の属性による待遇法の出現

1.4.1. から 1.4.5. では、延辺朝鮮語の談話に現れる終止形語尾を待遇法等級
ごとに概観してきた。本節では以上の分析を踏まえて、親疎関係や話者の年
代、性別という社会言語学的要因が待遇法等級の出現にどのような影響を与
えているかを分析することにする。以下の【表 1-15】は、【表 1-8、1-9、
1-11、1-12、1-14】をもとに親疎関係、年代、性別による待遇法等級の使用
分布を示したもので、【表 1-16】は、【表 1-15】をもとにカイ二乗統計値、p
値を算出したものである。

【表 1-15】親疎関係、年代、性別による待遇法等級の使用分布

等級 （形態数）	親疎関係		年代			性別		合計
	親	疎	10 代	40 代	60 代	男	女	
下称 (15)	1,625 (65.0)	622 (28.9)	1,388 (75.6)	529 (31.8)	330 (28.7)	1,216 (48.4)	1,031 (48.2)	2,247 (48.3)
略待 (11)	765 (30.6)	633 (29.5)	376 (20.5)	586 (35.2)	436 (37.9)	769 (30.6)	629 (29.4)	1,398 (30.1)
上称 (11)	13 (0.5)	557 (25.9)	70 (3.8)	226 (13.6)	274 (23.8)	176 (7.0)	394 (18.4)	570 (12.3)
中称 (2)	96 (3.8)	315 (14.7)	0 (0.0)	321 (19.3)	90 (7.8)	349 (13.9)	62 (2.9)	411 (8.8)
略待上称 (5)	1 (0.0)	22 (1.0)	1 (0.1)	2 (0.1)	20 (1.7)	2 (0.1)	21 (1.0)	23 (0.5)
合計	2,500 (100)	2,149 (100)	1,835 (100)	1,664 (100)	1,150 (100)	2,512 (100)	2,137 (100)	4,649 (100)

44　第 1 章　延辺朝鮮語における終止形語尾の社会言語学的考察

【表 1-16】カイ二乗統計値、p 値

親疎関係	カイ二乗統計値	自由度	p 値
下称	600.18	1	.000
略待	0.67	1	.414
上称	690.65	1	.000
中称	166.47	1	.000
略待上称	20.76	1	.000

年代	カイ二乗統計値	自由度	p 値
下称	907.87	2	.000
略待	134.68	2	.000
上称	267.37	2	.000
中称	404.91	2	.000
略待上称	48.14	2	.000

性別	カイ二乗統計値	自由度	p 値
下称	0.01	1	.936
略待	0.71	1	.400
上称	139.19	1	.000
中称	171.76	1	.000
略待上称	17.34	1	.000

　まず、親疎関係について【表 1-16】をみてみると、下称、上称、中称において有意差を示していることがわかる[50]。【表 1-15】をみると、下称の終止形語尾は親の場面で、上称、中称の終止形語尾は疎の場面で相対的に高い生起比率を示しており、他の多くの方言と共通した特徴を示していることが確認される。一方で、略待においては有意差をみせておらず、親疎という場面差がその使用に影響を与えないことがわかるが、このような結果を示すのは、分析変種においては -지や -지무といった語尾が友人談話（親）のみならず、初対面談話（疎）においても使用されうるという特徴と関係が深い。ところで、本調査の分析においては上述の結果と相反して、下称の語尾が疎の場面で出現したり、中称の語尾が親の場面で出現するという用例も一定数得られた。これは、-다（下称）や -오/소（中称）など他方言とは異なる使

50　略待上称は出現数が少ないため、本節では分析対象から除外する。

1.4. 分析　45

用域を持つ語尾が存在することによるものである。

　また、年代について【表1-16】をみると、下称、略待、上称、中称、全ての等級において有意差を示していることがわかる。【表1-15】をみると、下称の終止形語尾は10代の発話で、略待の終止形語尾は40代、60代の発話で、上称の終止形語尾は60代の発話で、中称の終止形語尾は40代の発話で高い生起比率を示していることがわかるが、このうち下称の終止形語尾が10代の発話で多いのは、当該の年代で-다や-재の使用が多いこととの関係が深い。ところで、中称の終止形語尾は40代の発話において多く出現しているのに対し、60代の発話においてはその使用が相対的に少なくなっているが、これは60代にあっては六鎮方言を基層とする上称の語尾を使用する話者が存在したことが1つの要因となっている。なお、年代による各等級の生起比率をみると、10代は40代、60代と比べ、その分布範囲が狭くなっている（偏っている）ことがわかる。このことは、例えば10代における中称語尾の生起比率が0％であることをみてもわかるように、分析変種の終止形語尾の体系が大きく変容していることを示すものである。

　最後に性別について【表1-16】をみると、上称、中称において有意差を示していることがわかる。【表1-15】をみると、上称の終止形語尾は女性の発話で、中称の終止形語尾は男性の発話で高い生起比率を示していることがわかるが、これは当該の性別で-ㅁ다(가)/습다(가)（上称）、-오/소（中称）の使用が多いこととの関係が深い。なお、上称、中称の語尾は、若年層においては多く使用されないことを鑑みたとき、性別による言語使用の差は、老年層ほど大きく、若年層においては縮小の方向に向かっているということもわかる。

　以上のように、延辺朝鮮語の待遇法等級は、談話全体としては概ね4等級に分布しており、その下位分類としての終止形語尾は、親疎関係、年代、性別といった社会言語学的要因により異なる使用域、出現様相をみせることが確認された。

46 第 1 章　延辺朝鮮語における終止形語尾の社会言語学的考察

1.5.　小結

　本章では、延辺朝鮮語の談話における終止形語尾の使用様相について、親疎関係や話者の属性といった社会言語学的観点から分析を行なった。分析の結果、明らかになったことは、以下の 4 点に要約される。

　1 点目としては、延辺朝鮮語における待遇法等級は、談話全体としては概ね 4 等級に分布しており、下称、略待の使用が多いことが確認された。これは、–다や–지といった形式が友人談話（親）のみならず、初対面談話（疎）においても使用されうるという分析変種の特徴を反映したものである。また、本調査では中称語尾は 40 代を下限として 10 代話者の発話においては確認されておらず、10 代においては 40 代、60 代と比べ、待遇法の分布範囲が狭くなっていることもわかった。

　2 点目としては、延辺朝鮮語の終止形語尾には、他方言にはみられない融合、脱落により生成された形式が多いことが確認された。具体的には、以下のような形式である。

(1)　【–습–（謙譲）】＋【–더–（目撃）】＋【終止形語尾】の融合形
　　　–ㅂ데다/습데다（上称）、–ㅂ딘두/습딘두?（上称）、–ㅂ데/습데（中称）

(2)　【–습–（謙譲）】＋【終止形語尾】の融合形
　　　–꾸마/스꾸마（上称）、–ㅁ두/습두?（上称）

(3)　【接尾辞】＋【–니?、–야? 類】の融合形
　　　–재　（<–쟳/재–＋–니?、–야? 類）（下称）
　　　–개?　（<–갯–＋–니?、–야? 類）（下称）
　　　–대?　（<–더–＋–니?、–야? 類）（下称）
　　　–래?　（<–라–＋–니?、–야? 類）（下称）
　　　–아/어?　（<–앗/엇–＋–니?、–야? 類）（下称）

(4)　その他の融合形
　　　–는/(으)ㄴ매（下称）、–지무（略待）

(5)　脱落形
　　　–ㅁ다/습다（上称）、–ㅁ가/습가?（上称）

このうち -습- の融合形（(1)、(2)）は 40 代以上の談話で、「接尾辞 + -니?、-야? 類」の融合形（(3)）は 10 代の談話で多く使用されることが確認された。なお、-는/(으)ㄴ매や -지무といった形式（(4)）は、基層方言の記述には、みられないもので、分析地域において独自に発達した語尾であると思われる。

　3 点目としては、共時態としての延辺朝鮮語では、基層方言である咸鏡道方言のほか 60 代以上の談話においては六鎮方言に起源を持つ語尾も使用されていること、さらには（特に 40 代の談話においては）韓国語の影響も散見されることが確認された。韓国語の影響は主に略待において確認され、略待上称における使用は極めて少ないことも確認された。

　4 点目としては、延辺朝鮮語においては、形態は同じであっても他の多くの方言とは異なる使用域を持つ語尾が存在することが確認された。-다や -지のほか -아/어?（下称）、-냐? などがその例であるが、こうした語尾は親疎関係や話者の属性といった点において、他方言とは異なる出現をみせることがわかった。

　このように同時代の延辺朝鮮語の談話にみられる終止形語尾は、基層方言のそれを一部、維持しながらも他変種の影響も受け、独自の使用域を持つ語尾体系を構築していることが確認された。

第2章

延辺朝鮮語の終止形語尾 –재に関する一考察

2.1. はじめに

第1章では、延辺朝鮮語の談話における終止形語尾の使用様相について、親疎関係や話者の属性といった社会言語学的観点から分析を行なった。その結果、延辺朝鮮語では他方言にはみられない融合、脱落により生成された形式が多いことが確認されたが、その中でも特に【接尾辞】+【–니?、–야?類】の融合形は、–재（< –잲/재– + –니?、–야?類）、–개?（< –갯– + –니?、–야?類）、–대?（< –더– + –니?、–야? 類）、–래?（< –라 + –니?、–야? 類）、–아/어?（< –앗/엇– + –니?、–야? 類）など多様な語尾が使用されていることが確認された。こうした語尾に関する詳細な分析もまた共時態としての延辺朝鮮語の記述において必要なものとなるが、先行研究をみると、当該変種に特徴的な語尾について、その意味・機能を深く分析した論考は依然として少ないことがわかる。そこで本章では、上記の終止形語尾のうち–재を取り上げ、その使用様相を分析してみようと思う。本章の分析により、延辺朝鮮語に特徴的な終止形語尾が他変種との比較においていかなる普遍性と特殊性を持つのかが、明らかになるものと期待される。

2.2. 先行研究

本章では、先行研究における–재に関する記述をみる。–재について分析

50 第２章　延辺朝鮮語の終止形語尾 -재に関する一考察

するに際しては、中部方言における類似表現 -잖아(요)[1] に関する研究を参
照することも有用であると思われるため、ここでは両者を併せてみておくこ
とにする。

2.2.1. -재

まずは、-재を扱った論考についてみてみよう。

고홍희 (2011) は、延辺地域朝鮮語の疑問法について分析した研究書であ
る。同書では、-재는 해라体の疑問形語尾で、話者がある状況や事実につい
て「そうだろう」と考えることを対話者に確認する際に用いられるとしてい
る。また、同地域語では -재니、-재나、-재냐、-재이야といった形式も用
いられており、話者の年代や対話者の年代、関係により使い分けられている
と指摘している。

오선화 (2015) は、延辺地域語の -재の形成過程、先行要素との結合、意
味機能などについて分析した研究書である[2]。同書では、この語尾は -이다や
用言の語幹、先語末語尾 -으시-、-엇- に結合し、話者が話そうとする情報
に対して相手が知っているという前提のもと、確認を求める機能を持つとし
ている。

髙木丈也 (2015c) は、延辺朝鮮語における友人談話の発話形式を分析し
た論文である。同論文では、-재は用言の語幹の種類を問わず結合可能な下
称・疑問形の終止形語尾で、上昇イントネーションだけでなく非上昇イント
ネーションで実現されることもあるとしている。また、談話展開上は必ずし
も対話者の応答（情報提供）を求める情報要求発話ではないと述べている。

2.2.2. -잖아(요)

次に、-잖아(요)を扱った論考についてみてみよう。なお、ここでは同語
尾の特徴に接近するために語尾を含まない -잖- を扱ったものも広く取り上

1　-잖아(요)は必ずしも中部方言に特有の語尾ではないが、以降でみる先行研究は基本的
に中部方言を対象としたものであるため、ここでは同方言に代表させておくことにする。

2　この語尾の形成過程については、2.3.1. で述べるため、ここでは割愛する。

げることにする。

정원수 (1988) は、否定形態素 -잖 (잖) - について分析した論文である。同論文では、-지 않- はその統辞的な統合力が強いことから -잖- に縮約されることがあり、あたかも否定の先語末語尾のような振る舞いをみせるとしている[3]。また、-잖- は確認文の他、自問文、感嘆文では疑問形語尾 -아?、-아요? と結合しやすく、さらには「엄마, 있잖아요」(お母さん、あのですね lit. お母さん、あるじゃないですか) のような例では派生形態素として機能しているとしている。

손세모돌 (1999) は、-잖- の意味、前提、含意について分析した論文である。同論文では、全ての -잖- は -지 않- に由来するものであるとし、否定の -잖- が語尾との結合制約がなく音韻論的縮約の段階に留まったものであるのに対し、確認の -잖- は疑問形語尾とのみ結合が可能で先語末語尾化したものであるとしている。さらに確認の -잖- の機能は、対話当事者間の事実確認と話し手自身の新たな事実確認に分けられるとしている。

이현희 (2003) は、-잖- が単なる -지 않- の音韻論的縮約形であるかを検証した論文である。同論文では、共時的には -지 않- とは異なる独立した形態素 -잖1- は、-아(?)、-니?、-습니까? などの疑問形語尾と共起し、疑問文や平叙文として使用される際には否定ではなく確認の意味を持つこと、聞き手が定まらない場合には独白の意味を持つことを述べている。

강현화 (2009) は、コーパスに基づいて -잖다の特性を言語行為という観点から考察した論文である。同論文では、-잖다は -지 않다の縮約表現から用法が拡大し、次第に弁別的な意味を獲得していった表現であるとしており、具体的には自己確認(独り言)、他者への意思確認、他者の見解への訂正、他者への不満、非難、忠告、さらには、同調要求、話題誘導などの機能を持つとしている。

원해영 (2011) は、韓国語教育を目的として口語体の終結語尾 -잖아(요)を分析した論文である。同論文では、-잖아(요)は -지 않아(요)とは異なる

---

3 이재현 (1999) では、こうした -잖- を「類似先語末語尾」と命名しており、否定、(疑問形で) 確認、強調 (同意、反問) などの意を表すものであるとしている。

52 第2章 延辺朝鮮語の終止形語尾 -재に関する一考察

意味領域を持つ独立した終結語尾としてみており、話者が情報内容について
既に知っているという前提のもと、情報伝達、情報訂正、催促、確認－情報
共有、確認－同調要求という5つの意味を持つとしている。

　정명숙 외（2013）は、韓国人と外国人の発話に現れる -잖아の機能と抑
揚の実現様相を分析した論文である。同論文では、韓国人の発話に現れる -잖
아の意味機能としては、否定、確認疑問、確認、同調要求、強調、不満／非
難、転換、新情報提示、仮定、気づきという10種が確認され、それぞれ実
現される抑揚と相関関係を持つとしている。

　以上、先行研究における -재、-잖아(요)の記述を概観した[4]。これらの論
考により、延辺朝鮮語における -재は、下称・疑問形の終止形語尾として、
話者がある状況や事実について考えることを対話者が知っているという前提
のもと確認する機能を持つこと、中部方言をはじめとする -잖- 類は、単に
否定の -지 않- の音韻論的縮約というレベルを超えて、確認や非難、話題導
入など多様な意味を持つ形式として文法化していることなどが確認された。
ただし、その意味・機能の設定に関しては、多くは10種に分類する論考も
あり、例えば強調の定義や転換と新情報提示の区別など、その明確な分類が
困難なものもある。本章では、先行研究における記述を参考にしつつも、よ
り核となる意味を抽出し、延辺朝鮮語の -재の意味機能の分類を行なおうと
思う。

2.3.　研究の枠組み

　本節では、分析に入る前提として、延辺朝鮮語における -재がいかなる過
程を経て終止形語尾化したものであるかを -잖아との違いという点から整理

4　この他に日本語の「～じゃないか」と韓国語の「-잖아」における共通認識領域の構築
を比較したものに池玟京（2013）がある。同論文では、両形式は聞き手依存型の「想起」
から非難、理由・根拠、反論、話題導入・転換、状況仮定へと用法の拡張が進んでおり、
「想起」から離れてより周辺的になるほど日韓の相違がみられること、非依存型の「発見」
は拡張がみられないことを明らかにしている。

2.3.1. 終止形語尾としての -재の形成

　終止形語尾としての -재は、延辺朝鮮語、あるいは東北方言において独自に発達したものであると思われるが[5]、その生成過程については十分な検証がされておらず、明らかになっていない。ただし、少なくともその意味的な関連性から接尾辞 -쟎/재- と終止形語尾が融合した文末形式であることは間違いないと思われる。この接尾辞 -쟎/재- は、否定を表すもので、오선화 (2015) によると -지 아니ㅎ- が以下のような過程を経て融合したものである。

　　　-지 아니ㅎ- ＞ -지 아닣- （縮約） ＞ -지 애닣- （ウムラウト） ＞ -재닣- （統合） ＞ -재잏- （脱落） ＞ -쟎- （縮約） ＞ -재- （脱落）

　上記の融合過程は、中部方言をはじめとする諸方言において、-지 아니ㅎ- が以下のような融合過程を経たこととは対照的である。

　　　-지 아니ㅎ- ＞ -지 않- （縮約） ＞ -쟎- （縮約） ＞ -쟎- （脱落）

　延辺朝鮮語の -쟎/재- と中部方言の -쟎- は、形式こそ異なるものの、いずれも用言語幹と終止形語尾の間にあたかも接尾辞のように挿入され、特定の意味を加えるという点において類似した機能を持つ。この接尾辞と終止形語尾の結合の例を示すと以下のようになる。

　［例 2-1］

　　中部方言　：가오 ― 가쟎소　　　가시오 ― 가시쟎소　　　갔니 ― 갔쟎니
　　延辺朝鮮語：가오 ― 가쟎소　　　가시오 ― 가시쟎소　　　갔니 ― 갔재니

　この例をみてわかるように、-쟎/재- は共時的には異形態で、-재- は -쟎- にㄴ、ㅁ、ㅇで始まる語尾類が後接した際に、末尾のㅎが脱落するという特

5　KBS 2TV『다큐멘터리3일』（ドキュメンタリー 3 日［番組名］）にて 2009 年 8 月 22 日に放映された「마음의 거리 600km - 연해주 고려인 마을 72시간」（心の距離 600km -沿海州高麗人村落 72 時間）では、ロシア沿海州に位置する高麗人の再移住集落を取り上げているが、この放送を見ると、移住第 3 世代の주로자氏が「사람이 만채」（人が多いじゃない）と話す場面が登場する。高麗人の話す朝鮮語が主に東北方言に基層を置くものであることを鑑みた時、-쟎/재- は東北方言においても使用される語形であることが予想される。

54 第2章 延辺朝鮮語の終止形語尾 -재に関する一考察

徴により形成されたものである[6]。

　ところで、本章における分析対象となる終止形語尾 -재について、本書では고홍희（2011）、오선화（2015）の説に従い、接尾辞 -쟁/재- と下称の終止形語尾 -니?、-야? 類が融合、脱落した形であるとみて分析を進めることにする[7]。

2.3.2.　調査の概要

　本章では、第1章で分析したものと同一の談話を分析対象とする（この調査の概要については 1.3.2. を参照）。

2.4.　分析

　本章では、延辺朝鮮語における終止形語尾 -재の出現様相について結合規則、使用域、意味機能という観点から分析を行なう。

2.4.1.　結合規則

　まず、形態論的観点から用言と -재の結合規則についてみてみよう。ここでは、用言そのものとの結合、接尾辞との結合という観点から整理する。

2.4.1.1.　用言との結合

　用言とは、語幹の種類、品詞を問わず結合が可能である。例えば、本調査では以下のような形式が確認された。

6　フォローアップ調査の結果、［例 2-1］に示した延辺朝鮮語の語形は、それぞれ［가**잰**소］、［가시**잰**소］、［잤**잰**니］により出現することもあるとの内省が示された。この場合、ある話者は強調、またある話者は -지 않- からの音韻論的影響（類推）との認識を示した。

7　本書では、後部要素としては、-야? が結合したという説が有力であると考える。それは、1.4.4.3. でも述べたように延辺朝鮮語の終止形語尾 -야? は子音語幹用言に結合する場合、語幹末が ㅎ で終わる用言とのみ結合が可能であり、結合に際しては語幹末の ㅎ が脱落するという規則を持つためである（ただし、（ㅎ変格）用言と接尾辞を同列に扱ってよいかということについては一考の余地がある）。また、共時態の延辺朝鮮語において -재야?（～じゃないか）という形式自体が比較的多く出現することも根拠の1つとなる。

2.4. 分析 55

[例 2-2]

a：주재 （＜주- ＋ -재）　먹재 （＜먹- ＋ -재）

b：크재 （＜크- ＋ -재）　그렇재 （＜그렇- ＋ -재）

c：잇재 （＜잇- ＋ -재）　없재 （＜없- ＋ -재）

d：백점이재 （＜백점이- ＋ -재）　잇는거느 아이재 （＜잇는거느 아이-
＋ -재）　让할때재 （＜让할때(이)- ＋ -재）

e：아이 덴다재 （＜아이 덴다고 하- ＋ -재）　머싯다재 （＜머싯다고 하-
＋ -재）

a～dは、それぞれ動詞、形容詞、存在詞、指定詞の語幹に -재が結合し
た例である。いずれの例においても語幹末音節の性質に関わらず一律に -재
が結合していることがわかる。なお、指定詞との結合において、母音体言＋
-이- ＋ 재という構造を成す時には、「让할때재」（させる時でしょう）のよ
うに、指定詞 -이- は随意的に脱落が可能である。また、eの例にみられる
ように引用文に結合する場合もやはり -ㅏ고 ㅎ- は随意的に脱落する。以上
のような形態論的特徴は、中部方言における終止形語尾 -잖아と概ね並行す
るものである。

2.4.1.2.　接尾辞との結合

接尾辞とは、以下のようなものとの結合が可能である[8]。

[例 2-3]

a：잣재 （＜자- ＋ -앗- ＋ -재）　정해젯재 （＜정해지- ＋ -엇- ＋ -재）

b：밧댓재 （＜보- ＋ -앗댓- ＋ -재）　읽엇댓재 （＜읽- ＋ -엇댓- ＋ -재）

c：뎅기시재 （＜뎅기- ＋ -시- ＋ -재）　받으시재 （＜받- ＋ -으시- ＋ -재）

a～cは、それぞれ接尾辞 -앗/엇- （過去）、-앗댓/엇댓- （大過去）、-(으)
시- （尊敬）に -재が結合した例である。やはりいずれの例においても接尾
辞の末音節の性質に関わらず一律に -재が結合していることがわかる。な
お、-재は -갯- （蓋然性）や -더- （目撃）といった接尾辞とは共起すること
ができない。こうした点においても -재は、-잖아との類似性をみせる[9]。

8　bとcは、フォローアップ調査にて得られた形式。

9　ところで、中部方言では、否定と -잖- が共起する場合、갔잖아？（語幹 - 過去 - 確認 -

56 第2章 延辺朝鮮語の終止形語尾 -재に関する一考察

2.4.2. 使用域

次に -재の使用域についてみてみよう。【表1-12】をもとに場面（親疎関係）、属性（年代、性別）による出現様相をまとめると、以下のようになる。

【表2-1】場面、属性による -재の出現様相

親疎関係		年代			性別		合計
親	疎	10代	40代	60代	男	女	
241 (65.1)	129 (34.9)	233 (63.0)	112 (30.2)	25 (6.8)	212 (57.3)	158 (42.7)	370

表をみると、場面差においては友人談話（親）で出現が多いが、初対面談話（疎）においても一定数の出現が認められることがわかる。-재は 2.3.1. でみたように接尾辞 -쟁/재- と下称の終止形語尾 -니?、-야? 類が融合過程を経たものであるが、その使用域は親から疎まで拡大しているようである[10]。また、年代差においては年代が若くなるにつれてその使用が多くなることがわかる。-재自体が咸鏡道方言を基層とする形式であるとするならば、方言形を維持している老年層においてその使用が多くなりそうであるが、これは（同年代同士の談話に限定した場合）下称の語尾が若年層においてより多く使用されるという待遇法自体の特徴を反映した結果である。また、性別差においては若干男性が多いものの、女性話者における使用も少なくはないことがわかる。

2.4.3. 意味機能

続いて、-재の意味機能についてみてみよう。本調査では、-재の具体的意

語尾：行ったじゃない？）の他に、「가잖았어？＜가지 않았어？」（語幹 - 否定 - 過去 - 語尾：行かなかったの？）という形を生成することが可能であるが、延辺朝鮮語における -쟁/재- は、後者、即ち、単純否定の用法を持たず、必ず他の接尾辞に後接する（終止形語尾に直接結合する）という結合規則を持つ。そのため、았재？（語幹 - 過去 - 確認 - 語尾（融合形）：行ったじゃない？）を作ることは可能であっても、가재있어？*（語幹 - 否定 - 過去 - 語尾）という形を作ることは不可能である。

10 1.4.5.1. でもみたように、このような親疎両場面における併用は、-지にも認められる。

味機能として、①確認、同調要求、②話題誘導、③反論、忠告、④理由、根拠、⑤状況の5種が確認された[11]。それぞれの出現様相は以下のようになった。

【表2-2】 -재の意味機能別の出現様相

①確認、同調要求	②話題誘導	③反論、忠告	④理由、根拠	⑤状況	合計
227(61.4)	67(18.1)	40(10.8)	32(8.6)	4(1.1)	370(100)

上の表をみると、5つの意味機能のうち、①確認、同調要求が圧倒的に多い出現を示していることがわかる。また、②話題誘導、③反論、忠告、④理由、根拠は突出して多くはないものの、談話における一定数の出現が認められる。さらに、⑤状況は、その出現が極めて少ないことがわかる。以下では、それぞれの用例をみていくことにしよう。

2.4.3.1.　確認、同調要求

まずは、確認、同調要求についてみる。以下の例をみてみよう。

［例2-4］YN21（親／10代／女性）、YN22（親／10代／女性）[12]

〈高校生が成績について話している場面〉

YN21：워료이레 성적 **나온댓재**.

YN22：개가지구 선새 마리 **업재**.

YN21：그 나오므 나느….

YN22：나두….

YN21：난 어찌니?.

　（訳）YN21：月曜日に成績**出る**って言ったよね。

　　　　YN22：それで（その後）、先生（何も）話が**ないよね**。

　　　　YN21：成績が出たら私は…。

　　　　YN22：私も…。

11　中部方言の있잖아(요)に関するいくつかの先行研究において記述のみられる「発見、気づき」の用法は、本調査では確認されなかった。

12　本章では、用例の提示に際して〈談話場面〉も併せて示すことにする。

YN21：私は、どうしよう？

　上の例は、期末試験に関するやりとりに続き、近々出るはずの成績について話している場面である。ここでは、成績が出るであろう日について話す中で YN21 は「월료이레 성적 나온댓재」（月曜日に成績出るって言ったよね）、YN22 は「개가지구 선새 마리 업재」（それで（その後）、先生（何も）話がないよね）と自己の知識や認識の正否を対話者に確認していることがわかる。このように確認、同調要求の用法は、発話者が対話者も同意するであろうと信じる情報を伝達し、それが対話者の理解と同じであるかを確認する際に用いられる。なお、ここで提示される内容は、例えば終止形語尾 -지（〜でしょう）が現れた場合と比べると確信度が低いものであるため、場合によっては対話者への敷衍説明を求める発話になり得るが、実際の談話においては上掲の例のように後続発話に必ずしも明示的な回答が現れない場合もある。

　また、延辺朝鮮語の -재は談話の中で一種のあいづち（back-channeling）として交感的（phatic）な機能を有することがある。以下のような場合である。

［例 2-5］YN23（親／10 代／男性）、YN24（親／10 代／女性）

〈方言をどのくらい使うかについて話している場面〉

YN23：우리 사투리 하재.

YN24：응, 그닉가(어.), 그렁거 보능거 갓다. 어느마이 마이 쓰능가.

YN23：다 쓰재.

YN24：**그채**. 그닉간 그냥 말하므 데능게 아이야?.

　（訳）YN23：私達、方言で話すじゃない。

　　　　YN24：うん、だから（うん）、そういうのみるんじゃないかな。どれくらいたくさん使うか。

　　　　YN23：みんな使うじゃない。

　　　　YN24：**そうじゃない**。だから、普通に話せばいいんじゃない？

　上の例は、日常生活で方言をどのくらい使っているかについて話す場面であるが、ここでは、YN23 が「다 쓰재」（みんな使うじゃない）と言うと、YN24 は「그채」（そうじゃない）と答えていることがわかる。このような -재は、実質的な意味を持たず、あいづちとして用いられるもので、確認、同調

要求の用法から意味拡張が進んだものと思われる。なお、あいづちの用法では、-재は「그채」(<그렇- ＋ -재)、「올채」(<옳- ＋ -재)といった形で出現することが多く、後者（옳다（正しい）との結合）は、中部方言の-잖아(요)にはみられないものである[13]。

2.4.3.2. 話題誘導

次に話題誘導についてみる。この意味機能を持つ際には、常に存在詞 잇-との結合形である「잇재」(lit. あるじゃない) により実現する。以下の例をみてみよう。

［例2-6］YN33（親／60代／女性）

〈和龍（화룡）に住む知人達の漢語能力について話している場面〉

YN33：아이, 저 화룡에 사람드리 중국마르 턱-수하게 모탄단 마리…. 야두, 화룡의 아란마리….〈웃으면서〉개 또 우리 **명태할때 잇재**. 점심다 먹구 지금 준비하구 나온다는게 이랜다. 나간다는게 이랜다. '吃饭-了 吃饭-了'. 개 내 야 바브 이재 곤장 머것는데, 또 무슨 '吃饭-了 吃饭-了', 아이, 이랄라 나간단 마리지.

(訳) YN33：いや、あの和龍の人達が中国語が本当にできないんだって…。あの人も和龍の人なんだよ…。〈笑いながら〉あの子ったらまた、私達が**明太を食べる時にね**。昼ご飯を食べ終わって今から準備して（外に）出るっていうのにこう言うんだよ。（外に）出るっていうのにこう言うんだよ。「吃饭-了 吃饭-了」ってね。あの人、私、いや、ご飯を今食べたばかりなのに、また何で「吃饭-了吃饭-了」、いや、こう言って出て行ったんだよ。

上の例は、和龍に住む人々は漢語が苦手であるという内容のやりとりに続き、YN33がそれに関するより具体的な説明をしている場面である。ここでは、和龍の人々の漢語能力について説明する具体的な事例を提示する際、「개 또 우리 명태할때 잇재」(あの子ったらまた、私達が明太を食べる時にね）という発話が現れていることがわかる。この例にみられる「잇재」は、

---

13 中部方言では그렇지（<그렇-）や옳지（<옳-）のように-지との結合形が多く使われている。

60　第2章　延辺朝鮮語の終止形語尾 -재に関する一考察

必ずしも［例2-4］でみたような確認や同調要求を表すものではなく、一種の談話標識として機能するもので、「X＋잇재」により、対話者との間で存在の認識の共有が可能と考える話題X（ここでは、（この地域では）明太を食べることがあるということ）を提示することで、発話者が主導権を行使しながら任意の話題についてのやり取りを展開することを狙ったものである。

　ところで、こうした話題誘導のための談話標示は、中部方言の談話においては「X＋잇잖아(요)」という形でしばしば現れる。ただし、中部方言における「X＋잇잖아(요)」は［例2-6］同様にXに体言（主に名詞）が現れる場合の他、「누나. 잇잖아요. 그거 진짜예요?」（池玟京（2013））のようにX自体が現れず話題転換や発話開始のサインを示す場合があるが、延辺朝鮮語においては「잇재」のみが文頭に単独で現れる用法はほとんど確認されなかった。

　また、［例2-7］のように体言以外の要素に後接する「잇재」の使用も確認された。

［例2-7］YN29（親／40代／男性）

〈朝食を食べる習慣について話している場面〉

　YN29：일본 가서 근다메 응, 어쨌든 머, 이 바브 할줄 모르니까나, 개 또 아침 가튼거드 아이 머글때 만탄말다, 응. 그래 또 **도라와서 잇재**. 도라와서 응-, 지베 잇슬때느 아마 처메 머것갯지.

　（訳）YN29：日本に行ってそれからうん、とにかくまぁ、食事を作れないから、また朝ご飯なんかも食べないことが多いんだよ、うん。それでまた**帰ってきてさ**。帰ってきて、うん、家にいる時はたぶんまず食べたろうね。

　上の例では、X＋잇재という構成におけるXに도라와서（戻ってきてから）という用言の接続形が現れている。ただし、ここでは［例2-6］でみたように、Xが必ずしも発話者と対話者が認識を共有する何らかの話題であるとは考えにくい。このような「잇재」は、実際には表現自体の意味が希薄化しながら間投詞的な用法を得たもので、談話展開における方略として発話継続への意志を示すために使用されるものである。なお、本調査においては、こうした間投詞的な「잇재」に前接する要素としては接続形、助詞、副

詞が確認され、具体的には以下のような形が現れた（（　）内の数字は出現
数を示す）。

　　接続形：-(으)ㅁ（～たら：4）、-아서/어서（～ので：4）、-고,구（～て：2）、
　　　　　　-는/(으)ㄴ데（～のに：2）
　　　助詞：-는/은（～は：4）、-도（～も：2）、-에（～に：2）、
　　　　　　-가/이（～が：1）、-부터（～から：1）
　　　副詞：갑자기（急に：1）、그냥（ただ：1）

2.4.3.3.　反論、忠告

次に反論、忠告についてみる。以下の例をみてみよう。

［例 2-8］YN5（疎／ 10 代／男性）、YN6（疎／ 10 代／女性）

〈悪口を言ったかどうかについて話している場面〉

YN6：내 요그 아이한다. 조마네 아이한다.

YN5：이재 **햇재**.

YN6：아이한다. 요기 아이다.

YN5：**요기재**.

YN6：칭차니다.

　　（訳）YN6：私、悪口は言わないよ。本当に私、言わないよ。

　　　　　YN5：たった今、**言ったじゃない**。

　　　　　YN6：言ってないよ。悪口じゃないよ。

　　　　　YN5：**悪口じゃない**。

　　　　　YN6：褒めてるのよ。

　上の例は、会話の中で悪口を言ったと主張する YN5 に対し、YN6 がそれ
を否定する場面である。ここでは悪口を言った覚えはないと言い張る YN6
に対し、YN5 は「이재 햇재」（たった今、言ったじゃない）、「요기재」（（た
った今、言ったのは）悪口じゃない）と反論していることがわかる。ここで
の「햇재」、「요기재」は、対話者も認めざるを得ないであろう客観的な事実
［YN6 はたった今、悪口を言った］、［その言葉は悪口だ］を提示して、［YN6
は悪口を言う人間である］という主張を強く展開するものである。このよう
に反論、忠告を表す用法では、対話者との間に意見の対立が存在する状況下
で対話者にとっても真理であろう事実を提示し、自己の正当性を主張する際

に用いられる。

2.4.3.4. 理由、根拠

次に理由、根拠についてみる。以下の例をみてみよう。

［例2-9］YN23（親／10代／男性）、YN24（親／10代／女性）

〈ドラマについて話している場面〉

YN23：송중기 나오니?.

YN24：난 송중기 보재. 넌 송혜교르 바라.

YN23：송혜교…?. 머, 모르갯다.

YN24：그냥 바라. **곱재**.

YN23：〈웃음〉.

YN24：그냥 바라.

　　（訳）YN23：ソン・ジュンギが出てるの？

　　　　　YN24：私はソン・ジュンギを見てるじゃない。あんたはソン・ヘギョ
　　　　　　　　を見なさいよ。

　　　　　YN23：ソン・ヘギョ…？　あ、わからない。

　　　　　YN24：とにかく見なさいよ。<u>きれいじゃない</u>。

　　　　　YN23：〈笑い〉。

　　　　　YN24：とにかく見なさいって。

　上の例は、YN24が最近あるドラマをよく見ているという話に続いて、そ
のドラマに登場する俳優、女優について話している場面である。ここで
YN24はYN23が好きであろうソン・ヘギョが出ていることを伝えた後で「그
냥 바라. 곱재」（とにかく見なさいよ。きれいじゃない）と述べているが、
ここでの「곱재」はYN23も同意するであろう［ソン・ヘギョは美人であ
る］という事実を提示することで、［YN23はこのドラマを見るべきである］
という主張に対する理由づけを行なう発話となっている。このように理由、
根拠を示す用例では、先行発話に疑問文や命令文が現れ、それに対する回答
や正当性を客観的（と話者が考える）事実とともに提示する場合が典型的で
ある。その際に発話者は対話者と共通の認識を持っているという前提に立っ
て、その認識から回答・主張内容が自明の真理として導出されることを強く
望み、働きかけるのである。

2.4.3.5. 状況

最後に状況についてみる。以下の例をみてみよう。

［例2-10］YN3（疎／10代／女性）、YN4（疎／10代／女性）

〈飛行機に乗る恐怖について話している場面〉

YN4：난 항상 기차 탓지, 비행기느 아이탓지무, 아무리 먼데 가두…. 갱게
　　　엄마 내가 이럽따구, 엄마 타바, 엄마두 노풍거 무세바 하는데 이럽
　　　따구 아이 무섭따구…. 긍게 딱 타구 항게 이러케 이러케 **올라가재**.
　　　보인단말, 미티….

YN3：응.

YN4：막막 엄청 무섭지무.

　　（訳）YN4：私はいつも列車に乗ってたよ。飛行機は乗らなかったよ、どんな
　　　　　　　に遠いところに行っても…。でも、お母さん（が）、私が（に）
　　　　　　　大丈夫だって、お母さん（が）乗ってみなって、お母さんも高い
　　　　　　　ところが怖いんだけれど、大丈夫だって、怖くないって…。でも
　　　　　　　乗ってこんな風に、こんな風に<u>上がっていくじゃない</u>。みえるの
　　　　　　　よ、下が…。

　　　　　YN3：うん。

　　　　　YN4：もう、とっても怖いの。

　上の例は、高所恐怖症であるYN4が飛行機に乗った時の話をしている場
面である。ここでYN4は飛行機が離陸した直後の恐怖を伝える際に「긍게
딱 타구 항게 이러케 이러케 올라가재」（でも乗ってこんな風に、こんな風に
上がっていくじゃない）と述べていることがわかる。ここで「올라가재」は、
［飛行機が離陸すれば徐々に上がっていく］という自明の事実を確認すると
いうよりは、その後で発話者が経験することになる恐怖を説明するための一
種の方略として機能している。このような -재は、ある事実について述べる
際に状況提示を行ない、対話者の想像力を巧みにかき立てながら臨場感をも
って談話を展開する効果を算出するものである。なお、中部方言において同
様の用法が現れる際、-잖아（요）は上昇調により実現することが多いが、延
辺朝鮮語の -재は下降調により実現するという違いをみせる。

2.5. 小結

　本章では、延辺朝鮮語における終止形語尾 –재について結合規則、使用域、意味機能という観点から分析を行なった。それぞれの分析で明らかになったことは、以下の３点にまとめられる。

　(1) 結合規則
　用言とは語幹の種類、品詞を問わず結合が可能である一方、接尾辞とは –앗/엇–（過去）、–앗댓/엇댓–（大過去）、–(으)시–（尊敬）といった要素との結合が可能で、–갯–（蓋然性）、–더–（目撃）との結合は不可能である。
　(2) 使用域
　場面では友人談話（親）で出現が多いが、初対面談話（疎）においても一定数の出現が認められる。年代では若年層の使用が多く、性別では男性の使用が若干多い。
　(3) 意味機能
　①確認、同調要求、②話題誘導、③反論、忠告、④理由、根拠、⑤状況という５つの用法が確認され、中でも①確認、同調要求の用法が多く出現し、⑤状況は出現が少ない。

　以上の結果は、中部方言の –잖아との共通点を多く含むものである。しかし、その一方で、–재は親疎両場面で使用が可能であるということや、より広いあいづちの用法を持つことなど、中部方言の –잖아とは異なる特徴を持つことも確認された。こうした事実は、延辺朝鮮語における –재、中部方言の –잖아がともに同一の否定形式から融合が進んで形成された終止形語尾であるにも関わらず、その意味機能が細部においては異なることを意味するものであり、共時態における朝鮮語変種の多様性を示すものである。

2.5. 小結　65

延吉市中心部に位置する延辺大学。1949 年創立。(2018 年 6 月 10 日)

延辺大学前の商業施設。看板にはハングルと漢字が併記。(2016 年 3 月 17 日)

第3章

遼寧省朝鮮語における友人談話の発話形式
——基層方言との関係という観点から——

3.1. はじめに

　第1章、第2章では、自治州が置かれる吉林省延吉市に居住する話者の談話をもとに延辺朝鮮語の終止形語尾について分析を行なった。そこで分析した談話は主に咸鏡道方言を基層とする変種であったが、序章脚注2でもみたように朝鮮族は自治州のみならず東北3省の広範な地域に分散して居住しており、中国朝鮮語の特性を理解するためには延辺朝鮮語以外の変種に対する記述も不可欠である。しかし、その一方で既存の論考は最大人口を擁する延辺朝鮮語を扱ったものが圧倒的に多く、他地域の変種を扱った論考は極めて少ないのが現状である。延辺以外の地域に居住する朝鮮族の言語使用は、基層方言や他方言との比較において、いかなる普遍性と特殊性を示すのであろうか。本章と次章では、これを解明するための手がかりとして、東北3省の中でも平安道方言を基層とする話者が多いとされる遼寧省[1]における朝鮮語

1　序章でみたように、遼寧省の朝鮮族の人口は239,537人で、吉林省（1,040,167人）、黒龍江省（327,806人）に続き、中国国内では3番目に多い人口を擁する省である（国務院人口普査办公室 他（2012））。当地域における朝鮮族の移住世代の出身地は地理的な近さから平安道が多いが、慶尚道出身者も一定数、存在している（実際に筆者が2015年夏に瀋陽市 蘇家屯（소사툰）区 新興屯（신흥툰）、花園新村（화원신촌）を訪問した際には、複数の慶尚道方言話者に出会った）。

68 第3章 遼寧省朝鮮語における友人談話の発話形式

（以下、遼寧省朝鮮語）の使用様相を分析することにする。まず第3章で
は、主に都市部に居住する話者の言語について、友人談話[2]のデータをもと
に分析を試みる。具体的には、談話に現れる発話形式を用言の活用形という
観点から分析し、共時態としての遼寧省朝鮮語において基層方言がどの程
度、保存されているのか、当地域に特徴的な発話形式がどの程度、存在して
いるのかを明らかにすることにしたい。

3.2. 先行研究

　本章では、分析地域の用言の活用を扱った先行研究を概観する。3.1. でも
言及したように、既存の研究には遼寧省朝鮮語を分析対象としたものが少な
いため、まず基層となる平安道方言に関する論考をみた後、中国朝鮮語の変
種に関する論考についてみることにする。

3.2.1. 平安道方言

　本節では、朝鮮語方言学の中で西北方言に含まれる平安道方言に関する先
行研究を概観する[3]。

2　本章では、友人談話を「気心が知れた同年代で、丁寧な対者待遇をせずに話すことが
できる者同士の談話」と定義する（そのため、話者同士における年齢の若干の差異は一次
的には問題にしないことにする）。

3　西北方言は、韓国の方言学では平安南北道方言を指すことが多い。ただし、김영배
(1998) が指摘するように北朝鮮の方言学では平安南北道方言に慈江道、黄海北道の一部
を加えた方言区画を意味することが多い（同書では、黄海道の大部分は中部方言に属する
ものとみているが、その北部地域は西北方言に属するとしている）。ところで平安道方言
に関する記録は、管見の限りスコットランド長老会の宣教師 Ross による『Corean Primer』
(1877 年) が最も古い。Ross は平安北道義州出身の이응찬（李應賛）に朝鮮語を習ってお
り、同書も平安道方言をもとにしたものと考えられる。また、本格的な調査・研究は、小
倉進平 (1929, 1940, 1944) に始まり、その後も本節で取り上げる論考以外に한영순 (1956
ab)、유창돈 (1957)、김영배 (1969, 1979, 1987, 1989)、김이협 (1981)、최학근 (1982)、
최명옥 (1985ab, 1987)、곽충구 (1998)、황대화 (1998, 2008) などと続く。ただし、これ
らの多くは音韻、形態、語彙に関するものであり、話しことば（談話）の特徴に言及した
ものは少ない。

김형규 (1974) は、韓国における朝鮮語方言学の概説書である。同書では、平安道方言の音韻、語彙、終結語尾について整理しているが、このうち終結語尾については【疑問、平叙・応諾、命令、請誘】に分類し、それぞれに対する〈対下、対等、対上〉(3 等級) の語尾を提示している。

김영배 (1984) は、平安方言の時制、活用、形態論などを分析した論文集である。同書では、終結語尾の尊待[4] を〈対下、対等、対上〉(3 等級) に分類し、それぞれに対する【叙述形、疑問形、命令形、請誘形】の語尾を提示している。また、連結語尾には -(으)문 (-(으)면 : 〜たら)、-(으)니까니、-(으)니간 (-(으)니까 : 〜から)、-(으)멘서 (-(으)면서 : 〜ながら)などがあるとしている[5]。

김영황 (1998) は、北朝鮮における朝鮮語方言学の概説書である。同書では、平安道方言を中心とする西北方言の맺음토 (-吐) を【알림법 (平叙法)、물음법 (疑問法)、시킴법 (命令法)、추김법 (勧誘法)】に分類し、それぞれに対する〈높임、같음、낮춤〉(3 等級) の語尾を提示している。また、시간토 (時間吐) としては -댓-、-드랏- (-았/었-, -고 있었- : 過去持続)、-앗댓/엇댓-、-앗드랏/엇드랏- (-았었/었었- : 過去完了)、-갓- (-겠- : 未来) などが[6]、맺음토 (-吐) としては -안/언? (-았느냐/었느냐? : 〜したか)、-간? (-겠니? : 〜するか) などが使用されるとしている。

3.2.2. 中国朝鮮語

本節では、平安道方言を基層とする中国朝鮮語の変種 (主に遼寧省朝鮮語) に関する先行研究を概観する。

중국조선어실태조사보고 집필조 (1985) は、東北 3 省における方言調査の報告書である。同調査では、遼寧省内では、蓋県 (現、蓋州市) 西海農場、撫順市 李石寨郷 李石寨村、瀋陽市 東陵区 (現、和平区) 満融村での調

---

4 平安方言、尊待ともに同論文集における名称。

5 方言形の後に ( ) で書かれた形は、韓国の標準語における形式である。

6 過去完了は、一般に大過去形などと呼ばれる範疇である。また -갓- は、리윤규 외 (1992) によると、平安、咸鏡北道、慶尚道で使用される接尾辞で、中国内では개현 (蓋県)、심양 (瀋陽)、무순 (撫順)、류하 (柳河)、돈화 (敦化) などで使用が確認されるとしている。

査を行なっているが、報告書における記録の大部分は、蓋県のものになっている。同報告書では、종결토（終結吐）を【叙述式、疑問式、命令式、勧誘式】に分類し、それぞれに対する〈높임、같음、낮춤〉（3 等級）の語尾を提示している。また、접속토（接続吐）としては -디만（-지만：〜けれど）、-문, -멘, -믄（-(으)면：〜たら）、-니까니, -니끼니, -니까나（-(으)니까：〜から）などが確認されるとしている。

　왕한석（1997）は、遼寧省 東港市 椅圏鎮 于家村、および遼寧省 桓仁県 拐磨子満族朝鮮族鎮 洼泥甸子満族朝鮮族村の話者の言語生活について分析した論文である。同論文では、同地域の聴者尊待語は〈높임、낮춤〉（2 等級）という比較的、単純な体系を持つとしており、それぞれに対する【命令形、疑問形、叙述形、請誘形】の語尾を提示している。

　이병근 외（2003）は、瀋陽市 東陵区（現、和平区）満融村における朝鮮語の文法的特徴を記述した論文である。同論文では、終結語尾を【平叙形、疑問形、命令形、請誘形】に分類し、それぞれに対する〈해라体、하게体、하오体、합쇼体、해体、해요体〉（6 等級）の語尾を提示している。また、先語末語尾には -앗/엇-（過去）、-을래-（未来）、-갓-（推測、意図）、-드랏(댓)-（過去完了）などがあるとしている。

　김홍실（2007a）は、吉林省 柳河県 二道郷の話者の【平叙形】の終結語尾を分析した論文である。同論文では、허웅（1992）に基づいて終結語尾を〈높임、안 높임〉（2 等級）に大分したうえで、さらに前者を〈아주 높임、예사 높임〉に分類し、それぞれに該当する語尾を提示している。

　また、김홍실（2007b）では、김홍실（2007a）に引き続き、上記地域の【疑問形】の終結語尾について分析している。同論文でも、やはり허웅（1992）に基づいて終結語尾を〈높임、안 높임〉（2 等級）に大分しているが、後者については、さらに〈대등、낮춤〉に分類し、それぞれに該当する語尾を提示している。

　최명옥（2011）は、吉林省 磐石市 集鮮村の話者の叙法について分析した論文である。同論文では、終結語尾の叙法を【疑問法、平叙法、命令法、請誘法】に分類し、それぞれに対する〈하라体、하시体、하라오体〉（3 等級）の語尾を提示している。

以上、先行研究における平安道方言と中国朝鮮語に関する記述を概観した。ここで各論考において記述された終止形語尾のうち、本章で分析対象とする友人談話において使用が予想されるものを待遇法ごとに整理すると、次ページの表のようになる。

　表をみてわかるように、分析地域の待遇法等級は全体としては2等級から6等級に、その中でも友人談話については1等級から3等級に分布している。まず、平叙形をみると、-다と-아/어をあげる論考が多いことがわかる。ただし、왕한석（1997）のように-다と-아/어を同一の等級に分類する論考がある一方で、이병근 외（2003）のように異なる等級（해라体と해体）に分類する論考もあり、その待遇法上の位置は、必ずしも一致していない。さらに平安道方言の特徴としてよく知られている-디（＞-지）をあげる論考も比較的多いことがわかる。また、疑問形をみると、-가?や-나?の他、-간?、-안/언?のような末尾に-ㄴを持つ語尾類をあげる論考が多い。ただし、왕한석（1997）では-니?という形態が確認される一方で、その他の論考では-네?という形態がみられる点などは違いを示す。さらに勧誘形をみると、-자が多くの論考であげられていることがわかる。その一方で-자우、-자꾸나などの形態をあげる論考も一部みられる。最後に命令形をみると、多くの論考で-라をあげており、子音語幹用言に結合する際の媒介母音として-으-の出現が特徴的であることがわかる。ただし、최명옥（2011）では-아라/어라もあげており、両者が共存していることも窺える。なお、-으시や-으라우をあげる論考も一部みられる。

72 第3章 遼寧省朝鮮語における友人談話の発話形式

【表3-1】先行研究における終止形語尾[7]

論文名	調査地	被験者の年齢	待遇法等級数	友人談話における等級	具体的形式			
					平叙形	疑問形	勧誘形	命令形
중국조선어실태조사보고집필조 (1985)	遼寧省蓋縣撫順市瀋陽市	1982・1983年当時、老人中年青年	3	낮춤	-는(ㄴ)다, -다	-네, -던, -안/언, -겐(간)	—	-라마, -려마
				같음	-오/소, -우/수, -ㅁ마/슴마, -ㅁ메/슴메, -디, -두만, -구레	-디, -가/이가, -는디	—	-시/으시, -라요
왕한석 (1997)	遼寧省于家村洼泥甸子村	明記なし	2	낮춤	-다, -아/어	-니, -가, -언, -던	-자	-라
이병근 외 (2003)	遼寧省満融村	2000年当時、76歳	6	해라体	-는다/은다, -다	-네, -가	-자	-으라
				하오体	-수다/(우다), -스무다/무다	-소/오/요	-읍수다	-으우
				해体	-아/어/야, -디	-아/어/아, -나, -은가	-자	-으라
김홍실 (2007a)	吉林省柳河県二道郷	(不明)当時、76歳	2	안 높임	-다, -디, -래, -아/어/야, -ㄹ래, -ㄹ꺼라	—	—	—
김홍실 (2007b)			2	안 높임 (낮춤)	—	-네, -나, -간, -언/안, -란, -야, -가	—	—
				안 높임 (대등)	—	-우/수, -라우	—	—
최명옥 (2011)	吉林省磐石市集鮮村	2004年当時、74歳	3	하라体	-({ㄴ-φ}은)다, -더라, -아, -{디, 지}, -구, -({ㄴ-φ}은)다디, -을께, -으마, -구나, -누나	-네, -가, -ㄴ{ㅏ-ㄴ}, -아, -디, -던, -간, -안, -구	-자, -자우	-으라, -아라, -으라우
				하시体	-{ㅅ-φ}음메, -{소-φ}웨, -{ㅅ-φ}읍데	-{ㅅ-φ}음마, -{소-φ}와, -{ㅅ-φ}읍다	-{ㅅ-φ}읍세	-으시, -으라우

（左列に縦書き）中国朝鮮語

---

7 【表3-1】は、基本的には当該論文の表記に従って示す。異形態については当該論考中に記述があるものに関してのみ、/ で示しておく。

論文名	調査地	被験者の年齢	待遇法等級数	友人談話における等級	具体的形式			
					平叙形	疑問形	勧誘形	命令形
김형규 (1974)	—	—	3	対下	-았/었다야	-ㅁ마, -와, -게씀나	—	—
				対等	-게쏘웨, -우리, -웨리, -게씀, -아/어쏘웨, -아/어웨, -아/어씀	-우, -간, -ㅁ메, -ㅁ네, -왜, -웨	-시다 나	-시다나
김영배 (1984a)	韓国ソウル (越南者)	1978年当時、46~87歳	3	対下	-ㄴ다/는다	-네, -간	-자무나, -자꾸나	-라/으라, -어라
				対等	-아/어야, -ㅁ마/음마, -ㅁ메/음메, -네	-나, -네	-세, -자	-시(다나)/으시(다나), -게
김영황 (1998)	—	—	3	낮춤	-디	-느냐, -니, -안(언, 연), -겐(간)	—	—
				같음	-습메, -구려			

(―は、記述・該当がないことを表す)

　以上の論考は、分析対象地域や調査、執筆年度が異なるため、一概には比較が困難であるが、大きな枠組みだけみても待遇法と終止形語尾の関係には共通点だけでなく、相違点が認められることが確認される。このように多様な記述が確認されるのは、上掲の論考は、その全てがコンサルタントへの聞き取り調査、あるいは質問紙調査の結果のみをもとに執筆されていること、さらに多くの研究ではコンサルタントを１名に限定していることとの関係が深いと思われる。即ち、地域方言というよりは言語意識、あるいは個人方言（idiolect）の影響を強く受けている可能性が高いと考えられる[8]。また、上掲の論考の大部分は終止形語尾を待遇法、叙法に分類するに留まっており、計

8　韓国における平安道方言の研究は、実際には中国朝鮮語話者や韓国在住の越南者の言語が分析対象となっており、本来の意味での地域方言研究とは性質が異なるものである。なお、本章が分析対象とする遼寧省朝鮮語話者の言語意識については、박경래 외（2012）、손영（2013）、本書の第 10 章も参照。

量化したデータを示したもの、接続形、連体形など用言のその他の活用形を扱ったものは、そう多くない。本章では、こうした先行研究における成果と課題を踏まえ、どのような発話形式が、どのような談話状況で、どの程度出現するのかを解明するために、相互作用（inter-action）における実現形態としての発話文の多角的記述を行なうことにしたい[9]。

3.3.　研究の枠組み

　本章では、主たる分析対象として 2015 年 8 月に遼寧省 瀋陽市、丹東市[10]で筆者が独自に採録した談話の音声、文字化資料と、2015 年 8 月、2016 年3 月に全てのコンサルタントに実施したフォローアップ調査（質問紙調査、インタビュー）の結果を用いる。採録した談話は平安道方言を基層とする同

9　学術論文ではないが、この他に義州（瀋陽）地域語、楚山（集安）地域語の方言転写資料である이금화 (2014, 2015) がある。また、정의향 (2008a) では遼寧省 撫順市 順城区の話者の語尾を共時形態論という観点から分析している。同論文では、まず語尾を曲用語尾と活用語尾に大分し、さらにそれぞれを単一基底形、複数基底形に分けて記述している。ただし、同論文は待遇法という観点を取り入れていないため、【表 3-1】には含めていない。

10　瀋陽市（심양시, 沈阳市 [shěnyángshì]）は遼寧省の中部、東北平原（松遼平原）の東部に位置する遼寧省の省都で、同省の政治、経済、文化、交通、商業の一大中心地である。また、同市は朝鮮族の集住地域としての役割も長く担っており、特に和平区 西塔は（自治州、自治県以外では）中国東北地方最大のコリアタウンとして知られる。沈阳市民委民族志編纂办公室 (1989) によると、瀋陽への朝鮮族の移住が始まったのは 1870 年から 1880 年頃（清王朝末期）で、1910 年頃には西塔だけでも 50 戸以上の朝鮮族の居住が確認されている。さらに植民地期の 1910 年から 1920 年には毎年約 12,000 人規模の移住者が中国東北地方に流入しており、瀋陽地区における朝鮮族の人口も増加の一途を辿った。북경대학 조선문화연구소 (1995)、전학석 (2005) によれば、同地域への移住は 1910 年 8月の日韓併合と 1919 年の 3・1 独立運動を契機に本格的に進んだという。同論考によれば、1910 年以前は鴨緑江（豆満江）流域の桓仁（환인）、集安（집안）、通化（통화）、柳河（류하）などが主な移住先であったが、1910 年以降は鉄道の敷設が進んだことにより、瀋陽（심양）、撫順（무순）、営口（영구）、鉄嶺（철령）など、鴨緑江以遠の内陸地域への移住が多くなったという。なお、瀋陽市における朝鮮族の人口は、1953 年に 27,579 人、1964 年に 49,732 人、1982 年には 72,096 人を記録している（沈阳市民委民族志編纂办公室 (1989)）。また、丹東市（단동시, 丹东市 [dāndōngshì]）は鴨緑江により北朝鮮 平安北道新義州市と国境を接する港湾都市である（南部は黄海と接する）。

3.3. 研究の枠組み　75

年代の話者による2者間友人談話で[11]、参与者は30代から80代まで約10歳おきに設定した（計6談話、計1,330発話）。

　談話採録調査の枠組みとコンサルタントの情報は、以下のとおりである[12]。

【表3-2】談話採録調査の枠組み

談話名	話者名	年齢	性別	調査地	出身地	移民第1世代の出身地
S1	SN1	35	女性	遼寧省 瀋陽市 和平区 満融村	遼寧省 瀋陽市 和平区 満融村	平安北道
	SN2	35	女性		遼寧省 瀋陽市 和平区 満融村	平安北道
S2	SN3	48	女性	遼寧省 瀋陽市 和平区 満融村	遼寧省 瀋陽市 和平区 満融村	平安北道 新義州市
	SN4	46	女性		遼寧省 撫順市 新賓県	平安北道
S3	SN5	55	女性	遼寧省 瀋陽市 和平区 満融村	遼寧省 撫順市 新賓県	平安北道
	SN6	51	女性		吉林省 吉林市	平安北道
S4	SN7	69	女性	遼寧省 瀋陽市 和平区 満融村	遼寧省 瀋陽市 和平区 満融村	平安北道
	SN8	68	女性		吉林省 通化市 柳河県	平安北道
S5	SN9	79	女性	遼寧省 瀋陽市 和平区 満融村	遼寧省 瀋陽市 和平区 満融村	平安北道
	SN10	76	女性		遼寧省 撫順市 新賓県	平安北道
S6	SN11	83	男性	遼寧省 丹東市 寛甸満族自治県 長甸鎮 拉古哨村	平安北道 朔州郡 朔州邑	平安北道 朔州郡 朔州邑
	SN12	75	女性		遼寧省 丹東市	平安北道

（年齢欄は第4世代（S1・S2）、第3世代（S3・S4）、第2世代（S5・S6）と表記）

11　調査に際しては、本章脚注2に基づいて、コンサルタント同士が親しい間柄であることを確認している。

12　【表3-2】の年齢は満年齢で、地名は2016年4月時点の行政区画による（出身地は、話者へのフォローアップ調査において知り得た限りの情報を示す）。ところで、80代の談話については、諸般の事情により、同年代の2者間談話を設定することが難しかった。そのため、本調査では80代の話者とこの話者と親しい70代の話者との対話を設定し、これに替えることとした（S6の談話採録条件が他談話と異なるという点は一考の余地があるものの、本章では基層方言が同一であることに鑑みて、同列に分析を行なうことにする）。なお、この談話における80代の話者SN11は北朝鮮 平安北道出身であるが、幼少期（8歳）に両親に連れられて渡中したという。よって、本章ではこの話者も移住第2世代とみなすことにする。

76　第３章　遼寧省朝鮮語における友人談話の発話形式

　上記のうち文字化する範囲と時間は、各談話とも談話開始から 10 分 00 秒とした（総文字化時数：60 分）。【表 3-2】の年齢欄をみてわかるように、本章で分析対象とする談話の参与者は、移住第 2 世代から第 4 世代と多岐に渡る。2010 年代の共時態としての遼寧省朝鮮語は、話者の年代、移住世代の差異によって、いかなる言語使用の差異をみせるのであろうか。こうした点も本章の重要な分析項目の 1 つとなるだろう[13]。

　なお、終止形語尾の分析においては、その待遇法等級も併せて記述するが、3.2. でみたように先行研究における待遇法等級の呼称は研究者により様々であるばかりか、中国朝鮮語における文末形式の使用実態とは必ずしも一致しない。そのため遼寧省朝鮮語について分析する本章と次章においても（延辺朝鮮語を分析した）第 1 章、第 2 章と同様に 5 等級を定め、日本の朝鮮語学において伝統的に使用されている上称、中称、下称、略待上称、略待との術語を採用することにする[14]。

3.4.　分析

　本章では、遼寧省朝鮮語の友人談話における発話形式を用言の活用という観点から分析する。具体的には、基層方言である平安道方言を保持した形

13　このような分析方法は、社会言語学における見かけの時間（apparent time）という概念を踏まえたものである。これは実時間（real time）における定点経年調査とは異なり、共時態の言語分析を行なうもので、1940 年生まれの話者には 1940 年当時の、1980 年生まれの話者には 1980 年当時の言語が反映されていると仮定する手法である。このような手法を利用した研究には、国立国語研究所が 1958 年 8 月に北海道 美唄市、池田町、倶知安町、永山町で実施した北海道調査（1 世・2 世・3 世調査：国立国語研究所（1965））が有名である（ただし、見かけの時間による言語分析においては、年齢による言語使用の変化（age-grading）が可視化されないこともあるので、注意を要する）。なお、遼寧省朝鮮語における年代差に言及した論考には、沈阳市民委民族志編纂办公室（1989）、장성일（2004）がある。前者には瀋陽市における朝鮮語は変化が大きく青少年と老年層の言語は異なるといった記述が、後者には丹東市における朝鮮語の音韻的特徴は、80 代話者においては伝統的な西北方言の特徴が保持されている一方で、50 代話者においては標準語化がかなり進んでいるとの報告がある（後者の話者年代は、いずれも 2004 年 1、2 月基準）。

14　【表 1-3】も参照。

3.4. 分析 77

式、遼寧省朝鮮語に特徴的な形式を抽出し、その出現様相を分析する[15]。

3.4.1. 平安道方言を保持した形式

まず、基層方言である平安道方言の特徴を保持した諸形式についてみる。終止形語尾についてみた後で、活用形についてみることにする。

3.4.1.1. 終止形語尾

ここでは、平安道方言の特徴を保持した終止形語尾についてみる。

3.4.1.1.1. -디, -지

-디, -지は略待の終止形語尾で、[付表3-2]に示したように計114例と終止形語尾の中で2番目に多い出現をみせた。この語尾は김흥실（2009）でも指摘されているように、中部方言では確認される命令形、勧誘形の用法を持たないという特徴を持っており、本調査でも平叙形（108例（94.7%））、疑問形（6例（5.3%））のみが確認された。また、基層方言である平安道方言においては口蓋音化を伴わない-디が現れることが広く知られているが、本調査では（終止形語尾としての）-디の出現は、わずか5例（4.4%）に留まっており、それも全てが70代、80代話者によるものであった。こうした事実から分析地域においては-지が圧倒的優勢であり、-디は近い将来、消滅する可能性が高いと思われる。以下は70代の話者の発話である。

［例3-1］（親／70代／女性）

SN9：다른거는 몰라 난…. 하여튼, 긴데, 그거 **있디**. 여기 중국은 그거 잇
   닪네?. 머이고 잇다 글문, 모든 것이 눅구 지는거는 한국에 **못비겨 오**
   디.

（訳）SN9：他のことはわからないわ、私は…。とにかく、ところで、あれ**ある**
   わよね。ここ中国はあれ（が）あるじゃない。何があるかと言う
   と、全てのものが、安くてよいものは、韓国に**勝てないでしょう**。

なお、この語尾は平叙形として実現する際、文末に뭐を伴う用例が55例

15　本調査では、調査上の各種制約から第1章で扱った調査とは異なり、親疎関係、年代、性別といった社会言語学的要因を統制することができなかった。そのため、これらを詳細に分析することはできないが、談話全体において終止形語尾、接続形語尾、連体形語尾がどの程度、確認されたかについては、本章末尾に［付表］として示すことにする。

（48.2％）確認された。この 뭐は、김홍실（2009）で強調や当然、차지현（2010）で主観的態度を示すとされるものである。

　　［例3-2］（親／70代／女性）

　　SN9 : 우리 며느리가 '어머니여, 이제 며칠 안남앗는데, 명절이나 쇠구 가 라요' **글디 머**. 기런것두 내가 '아니, 아, 싫어' 해면서 막 고집 부리고 누가 못하니〈웃으면서〉그런거 **잇디 머**. 얼마 웃기는지 몰라.

　　　（訳）SN9 : うちの息子の妻が「お母さん、もう何日もないので、お正月を過ごして行って下さい」**と言うのよ**。そういうことも私が「いや、あ、いいわ」と言いながら、意地を張って、できないはずがないわよ〈笑いながら〉そんなことが**あるのよ**。本当におかしいんだから。

　このような -지 뭐の出現は、3.4.2.2.2. でも述べる中国朝鮮語における終助詞の挿入の多さとも関係している。1.4.5.3. でみたように延辺朝鮮語においては、-지 뭐が当地域で文法化した -지무が多く使用されているが、遼寧省地域においても文法化こそしていないものの、やはり -지 뭐が一種の習慣化した表現となっているようである。

3.4.1.1.2. -가?

　-가? は下称・疑問形の終止形語尾で、本調査では計25例が確認された。この語尾は、指定詞語幹とのみ結合が可能であるという点においては東南方言（慶尚道方言）の同形式と共通した特徴を持つが、遼寧省朝鮮語では肯否疑問文（要判定の疑問表現：18例（72.0％））、疑問詞疑問文（要説明の疑問表現：7例（28.0％））ともに用いることができるという点で異なる特徴をみせる[16]。本調査の談話では年代を問わず同形式が使用されており、全25例中、-이-（〜である）との結合は16例（64.0％）[17]、〜 아니-（〜ではない）との結合は9例（36.0％）であった。なお、この語尾は、〜{이거/그거/저거} 뭐

16　肯否疑問文、疑問詞疑問文という名称は、金水敏（2015）による。なお、東南方言における -가? は肯否疑問文でのみ使用され、疑問詞疑問文では -고? が使用される。5.4.1.3.［例5-4］(2)、(3)、6.3.3.［例6-4］(2)、(4) も参照。

17　-이- の脱落が認められた用例は、9例が確認された。

(이)가? (〜｛이거/그거/저거/連体形＋거｝아니가?（〜｛これ／それ／あれ｜何だっけ？：5例）や、〜｛이거/그거/저거/連体形＋거｝아니가?（〜｛これ／それ／あれ／－の｝じゃないの？：4例）といった定型的な表現の中で比較的よく使われている。

　［例3-3］（親／40代／女性）

　SN4：물업는 이제 저거 **뭐가**?.［↑］대대에서 관해는 밑에 거 그거（어어.）**저거 아니가**?.［↑］

　　（訳）SN4：管理費は、もうあれ**何だっけ**？［↑］役所で管理している下のあれ（うん）**あれじゃないの**？［↑］

　なお、この語尾は指定詞 －이－ との結合において、同一発話文中で複数の言語が交替して使用される、いわゆるコード・ミクシングの生成要因としても機能することが確認された。以下は、漢語体言に直接 －가? が結合した用例である。

　［例3-4］SN3（親／40代／女性）、SN4（親／40代／女性）

　SN3：아, 다 없어이?.

　SN4：다 없잖아. 기껏 잇어봤자 **8号楼가**?.

　　（訳）SN3：あ、全部ない？

　　　　　SN4：全部ないじゃない。せいぜいあっても**8号棟**？

　このような句や節の境界以外での漢語へ変換は、当該の語を取り立てて述べる場合や朝鮮語への置き換えが難しい場合にみられる[18]。上掲の例では、8号楼（8号棟）が一種の固有名詞のように機能しているため、漢語により実現しているとみられる。

3.4.1.1.3. －네?, －니?

　－네?, －니? は下称・疑問形の終止形語尾で、本調査では計24例が確認された。この語尾は先にみた －가? とは異なり動詞、形容詞、存在詞の語幹に結合するが、やはり肯否疑問文（12例（50.0%））、疑問詞疑問文（12例（50.0

18　置き換えが難しい名詞の使用に際し、コード・ミクシングが起こるという事例は、黄鎮杰（1994）における在日韓国人の談話分析の中でも報告されており、2言語使用者による発話においては普遍的にみられる現象のようである（ただし、この場合は日本語が優勢言語となる）。なお、漢語体言＋指定詞が疑問文において実現される場合、－(이)가? はあっても －(이)야? により実現した例はみられなかった。

80 第3章 遼寧省朝鮮語における友人談話の発話形式

%））ともに使用される[19]。本調査では年代を問わず当形式が使用されており、−네? は 20 例（83.3%）、−니? は 4 例（16.7%）と −네? が優勢であった[20]。

　［例 3-5］SN11（親／ 80 代／男性）、SN12（親／ 70 代／女性）

SN12：잘 몰른데 운전수래 아는 사람이야.

SN11：건 너네 집에 어케 **왔네**?.

SN12：운전수래, 안단 말이야.

　（訳）SN12：よくわからないんだけれど、運転手が知ってる人なのよ。

　　　　SN11：それは、お前の家にどうやって**来たんだ**？

　　　　SN12：運転手が知ってる（人な）んだってば。

3.4.1.1.4.　−안/언?、−간?

　−안/언? と −간? は、下称・疑問形の終止形語尾である。それぞれ接尾辞 −앗/엇−（過去）、−갓−（意志・推量）に疑問形の終止形語尾（−네?、−니?、−냐? 類）が融合し文法化したもので、−왔니?/었니?（〜したのか）、−겠니?（〜するのか）ほどの意味を表す[21]。この語尾は、1877 年当時の平安道方言を記述した『Corean Primer』（Ross 著）においてもその存在が確認されており、基層方言の特徴を留めたものとみられる。ただし、本調査においては、その出現は各 4 例と極めて少なく、その用例の多くも 80 代話者によるものであった。なお、フォローアップアンケートにおいては、70 代以下では −앗네(니)/엇네(니)?、−갯네(니)? の使用が圧倒的優勢で、30 代にあっては

19　本調査では用例が確認されなかったが、최명옥（2011）によると指定詞語幹に接尾辞が結合する場合は、−가? ではなく −네? が使用されるという。なお、多くの方言では疑問形の終止形語尾として −(느/으)냐? の使用が確認されるが、本調査においては確認されなかった。

20　이현희（1982）では、−니? の起源を −느냐? の疑問詞添辞脱落形である −느니? に求めている。また、정인호（2011）では、−네? の起源も同一の語形に遡れるとしている。

21　疑問を表す終止形語尾 −네?、−니?、−냐? 類は、いずれも頭子音 /ㄴ/ を持つため、최명옥（2011）では、このㄴに続く母音素を v とした場合、

　　/-앗「ㄴv/- → /-알ㄴv/- → /-안ㄴv/- → /-안ㄴ/- → /-안/

　　/-갓「ㄴv/- → /-갈ㄴv/- → /-간ㄴv/- → /-간ㄴ/- → /-간/

という変化過程が想定されるとしている。なお、朝鮮大学校（日本）の金成樹先生の御教示によると、平壌文化語では現在も −간? の使用が多く確認されるとのことである。

-안/언?、-간? を理解すらできない人もいた。今後遼寧省朝鮮語におけるその使用は、縮小の一途を辿ると思われる。

［例 3-6］SN11（親／80代／男性）、SN12（親／70代／女性）

SN11：놀레 또 **가간**?. ［↑］

SN12：나…?. (中略)

SN11：가서 몇달 채우구 **완**? ［↓］.

SN12：나 석달 넉달, 석달, 그저 석달씩 채우구 와요.

（訳）SN11：遊びにまた**行く（つもりな）の**？［↑］

SN12：私…？（中略）

SN11：行って、何か月いてから**来たの**？［↓］

SN12：私、3か月、4か月、3か月、ただ3か月ずついて、来るんですよ。

3.4.1.1.5. -(으)라

-(으)라は下称・命令形の終止形語尾で、本調査では計4例が確認された。当形式は他の多くの方言では引用文（間接話法）を生成する際に使用されるが、遼寧省朝鮮語においては終止形語尾として使用される[22]。なお、이병근 외（2003）には、分析変種には略待としての-(으)라が存在するとの記述があるが[23]、本調査が分析する友人談話においては両者の区別が困難であるため、本章では一律して下称に分類することにした。

［例 3-7］SN7（親／60代／女性）、SN8（親／60代／女性）

SN7：대학도(응.)뭐, 대련대학 붙구….

SN8：뒷바라질 한 보람 잇잖아요.

SN7：아이, 그거 철없어서 **보라**.

22　第1章、第2章で分析した延辺朝鮮語の談話では確認されなかったが、フォローアップ調査によると、延辺朝鮮語でも同様の形態が終止形語尾として使用されることがあるとのことである。

23　이병근 외（2003）では、略待の-(으)라は西北方言の命令形語尾-(으)라우の우脱落形であるとみている。また、정인호（2014）では、この-(으)라우는하오体の語尾と関連があるというよりは、督促や話者の主張を伝達する-(으)라고と関係があるとの分析を示している。

82　第３章　遼寧省朝鮮語における友人談話の発話形式

　　（訳）SN7：大学も（うん）まぁ、大連大学に受かって…。

　　　　　SN8：面倒みてやった甲斐があるじゃない。

　　　　　SN7：あぁ、あれ分別がつかないの、**（みて）みなさいよ**。

　なお、本調査では중국조선어실태조사보고 집필조（1985）や김홍실（2009）において記述がみられる -(으)라마の出現も確認された。

　［例3-8］SN1（親／30代／女性）、SN2（親／30代／女性）

SN1：너 한나 **마시라마**.

SN2：어?.

SN1：한나 마셔야. 마실라고 갓고 왔는데, 나는….

　　（訳）SN1：あんた、1つ**飲みなさいよ**。

　　　　　SN2：え？

　　　　　SN1：1つ飲みなよ。飲もうと思って持ってきたのに、私は…。

　김홍실（2009）では、この語尾は一般的な命令形とは異なり、聴者に対する無関心や発話状況によっては不満の意を表すものであるとしている。ここでは、買ってきた飲料水をなかなか飲もうとしないSN2に不満を持ったSN1が「마시라마」と言うことで、ある種の苛立ちを込めた行為要求を行なっている。

3.4.1.2.　活用形

　ここでは、平安道方言の特徴を保持した活用形についてみる。

3.4.1.2.1.　-아/어- の特殊活用

　-아/어- は、用言の語幹末音節の母音によって母音調和をする形式である。これは、形式としては終止形、接続形において使用される他、-아/어 있다（〜ている）や -아/어 보다（〜てみる）といった分析的な形（analytic form）を構成する際にも使用される。このうち遼寧省朝鮮語における終止形としての -아/어は、中部方言や西北方言（平安道方言）と類似した特徴を示す。その一方で、接続形、分析的な形を作る -아/어- は、一部、特殊な活用をみせる場合がある。以下の例をみてみよう。

　［例3-9］（親／50代／女性）

SN6：옷해는것도（응.）, 저거 해는데 가서 **배와 가지고**…（응.）. 나 그것도
　　　배우고싶구 지금….

3.4. 分析　83

（訳）SN6：服を作るのも（うん）、あそこ、やっているところ行って**習って**
　　　…（うん）。私それも習いたいし、今…。

　この例にみられる배와 가지고（習って）は、動詞 배우-（習う）に -아/
어 가지고（〜て）が結合したもので、中部方言では배워 가지고として実現
される形である。これは、정의향（2008b）で記述されている、語幹末音節
の中声（母音）が우である母音語幹用言の中で語幹が2音節かつ語頭音節の
中声（母音）が ト, ㅐ, ㅗ であるものは、-아/어- が結合する際に語幹末母音
が오になり、結果として -어- ではなく -아- が結合するという平安道方言の
特徴を保持したものである。このような活用形が現れるのは、中部方言をは
じめとする他の方言変種では、비호- ＞배우- という変化を経験したのに対
して、平安道方言においては同変化を経験していないことに起因するもの
で、中期朝鮮語の活用形の痕跡を留めたものである。

　続いて、以下の例をみてみよう。

［例 3-10］（親／70代／女性）
SN10：근데 머, 다들 머, 돈 벌레 가고 외국에들 다 가기 때문에, 한집 식구
　　　다 **모에서** 살기 이젠 힘들어.

　（訳）SN10：でも、もうみんな、もうお金稼ぎに行って、外国にみんな行く
　　　　　　から、家族（が）みんな**集まって**住むのは、もう難しいわね。

　この例にみられる모에서（集まって）は、動詞 모이-（集まる）に接続形
語尾 -아서/어서（〜て）が結合したもので、中部方言では모여서として実
現される形である。これは、정의향（2008b）で記述されている、語幹末音
節の中声（母音）が이である母音語幹用言は、語幹の音節数に関わらず
-어- が結合する際に通常の縮約規則から逸脱し、〜에という活用形を持つ
という平安道方言の特徴を保持したものである。

　本項でみた -아/어- における不規則な母音調和の出現は、50代以上の話
者にみられるもので、30、40代の話者には確認されなかった。なお、フォ
ローアップインタビューによると、若年層の話者にあっては中部方言と同様
に배워 가지고、모여서を用いるとの内省が示された[24]。

24　정의향（2008b）では、平安北道 鉄山郡出身の話者の発話には、배와（＜배우-）類とし

3.4.1.2.2. 그러다・그렇다の特殊活用

遼寧省朝鮮語では、動詞 그러다（～と言う、そう言う）や形容詞 그렇다（そうだ）は、特殊な活用をする。以下の例をみてみよう。

［例3-11］SN11（親／80代／男性）、SN12（親／70代／女性）

SN11：성이 머였어?. 어…?.

SN12：머, 성이 머라 **글던지** 잊어 버렸다. 잊어 먹었어.

　（訳）SN11：名字は何だった？　あれ…？

　　　　SN12：何、名字が何と**いったか**忘れちゃった。忘れちゃった。

この例にみられる글던지（～といったか）は、動詞 그러-（～と言う）に接続形語尾 -던지（～だったか）が結合したもので、中部方言では그러던지として実現される形である。ここで語幹末音節 러の中声（母音）ㅓは -던지の前で脱落しており、結果として語幹は글により実現している。このように分析変種においては、그러다や그렇다に語尾類が結合する際に語幹末音節の中声（および終声）が脱落し、音節数の減少が起こることがある。こうした現象は、-던지以外の語尾類との結合においても確認され、母音をV、子音をC、音節単位を［　］で表した場合、以下のように図式化することができる。

(a)　　終止形語尾

　　　　　　［그］［ㄹV（C）］　+｛-디, 지/-다/-더라/-구나/-게｝
　　　　→　［글］　　　　　　　+｛-디, 지/-다/-더라/-구나/-게｝

(b)　　接続形語尾

　　　　　　［그］［ㄹV（C）］　+｛-고/-면/-던데/-던지｝
　　　　→　［글］　　　　　　　+｛-고/-면/-던데/-던지｝

このような変化は、分析地域では30代、40代の話者には多く確認されず、50代以上の話者に多く確認されたことから、基層方言の影響を受けたものである可能性が高い。なお、類似した変化は中部方言にも一部みられる

ては、싸와（<싸우-<싸호-：戦う）、노놔（<노누-<노호-：分ける）などの活用形が、모에（<모이-）類としては、던제-（<던지-：投げる）、고테（<고티-：直す）などの活用形が確認されるとしている。

ようであるが、遼寧省朝鮮語では、글던지や길던데 (기러(그러)- + -던데)、글문 (그렇- + -(으)문(면)) など、一般に中部方言では確認されない語形も多く確認された。

3.4.1.2.3. 듣다の特殊活用

遼寧省朝鮮語では、動詞 듣다 (聞く) は特殊な活用をする。以下の例をみてみよう。

[例 3-12] (親／60 代／女性)

SN7：내가 말했는데두 머, **들은척도** 안했다. 옛적 사람들은 사투리말 뭐, 많이 해는데, 뭐, 우리엔 뭐, 싸투리말 헬줄 아나(응.)?. 그저 **듣으면** 오-, 그렇구나 해지.

  (訳) SN7：私が言ったのにまぁ、**聞くふりも**しないのよ。昔の人達は方言（を）まぁ、たくさん話すけれど、もう、私達はもう、方言が話せるわけ（うん）？　ただ**聞けば**、あぁ、そうなんだって思うわよ。

この例にみられる듣으면 (聞けば) は、動詞 듣- (聞く) に接続形語尾 -(으)면 (〜たら) が結合したもので、中部方言では들으면として実現される形である。周知のとおり中部方言では듣- (聞く) はㄷ変格活用をするため、母音で始まる語尾や接尾辞類が結合する際に**들**으면 (聞けば)、**들**어요 (聞きます) のように語幹末のㄷがㄹに変化する。しかし、その一方で平安道方言では듣다 (聞く) も正格活用をするため、全ての活用形において語幹末のㄷが維持されるという違いをみせる。김영배 (1984) では、こうした活用形は古くは 10 世紀の朝鮮語の姿を保持したものであるとし[25]、以下のような活用形を提示している[26]。

  드드니(들으니)、　드더서(들어서)、　드든(들은)、　드더시요(들었습니다)、　드던?(들었니?)　　　　　　　　　　　（김영배 (1984: 53)）

25　同書では、均如大師 (917〜973 年) の「稱讚如來歌」(毛等) をあげている。

26　(　) 内は、中部方言における活用形。なお、同書における（越南者を対象とした）質問紙調査によると、黄海道出身者には中部方言と同様に変格活用をする話者が多く、平安北道、平安南道出身者には規則活用をする話者が多いという。

86 第3章 遼寧省朝鮮語における友人談話の発話形式

　本調査では、60代の談話で듣으면が確認された。ただし、注意したいの
は、上掲の談話では듣으면（聞けば）という正格用言としての듣다の使用が
確認される一方で、その直前の同一話者の発話において듣은척（聞いたふ
り）というㄷ変格用言としての듣다の使用も確認されるということである。
本調査では、正格活用をする듣다の出現は上掲の1例しか確認されなかった
ため、これを以て一般化することは困難であるが、フォローアップインタビ
ューによると、正格用言としての듣다は老年層においては使用されうるが、
その使用もそう多くはなく、若年層にあっては、まず使用されないという。
このように共時態としての遼寧省朝鮮語では、平安道方言を保持した正格用
言としての듣다とㄷ変格用言としての듣다が共存している状況にある。ただ
し、前者の使用は今後少なくなっていく可能性が高いとみてよいだろう。

3.4.2.　遼寧省朝鮮語に特徴的な形式

　続いて、他方言にはみられない遼寧省朝鮮語に特徴的な諸形式についてみ
る。やはり終止形語尾についてみた後で、活用形についてもみることにす
る。

3.4.2.1.　終止形語尾

　ここでは、終止形語尾 -아/어の使用様相をみる。なお、同語尾は形式と
しては他方言でもみられるものであるが、ここでは意味、活用における特殊
性という観点から考察を加える。

3.4.2.1.1.　-아/어

　-아/어は、略待の終止形語尾である[27]。この語尾は、［付表3-2］に示した
ように329例と略待はもちろん全ての語尾の中でも最も多い出現数をみせて
おり、遼寧省朝鮮語の友人談話における基本文体であるとみることができ
る[28]。この語尾は中部方言のそれと形態論的には同一の特徴を持っており

27　최명옥（1980）、김태엽（1999）では、この語尾の起源を -아도/어도（～ても）や -아
/어 가지고（～て）といった接続形式に求めている。

28　3.2.でみた先行研究では、同地域の平叙形の終止形語尾の中で -다、-아/어をあげるも
のが多かったが、実際の談話においては（友人談話に限れば）-아/어の使用が圧倒的
に多いことがわかる。

（정인호（2014）)、語幹末母音に母音調和するため -아/어という異形態を持つ。ただし、その使用域においては -디, -지と同様に命令形、勧誘形の用法を持たないという特徴を持っており、本調査においても平叙形（288例（87.5%))、疑問形（41例（12.5%))のみが確認された。また、本調査においては -아/어に以下のような用法が確認された。

［例3-13］SN7（親／60代／女性）、SN8（親／60代／女性）

SN7：그지（응.）、옛쩍에 남선（응.）말 **안해**. 북선어[29] **말해**.

SN8：남선 순 **남선이야**.

（訳）SN7：そう（うん）、昔は韓国の（うん）言葉は**話さなかったわよ**。朝鮮の言葉を**話してたわよ**。

SN8：韓国、完全に**韓国の言葉よ**。

この例にみられる안해（話さなかったわ）や말해（話したわ）は、옛쩍에（昔）と共起していることからわかるように過去時制として使用されているもので、中部方言においては、それぞれ안 했어、말했어として実現される形である。しかし、分析変種においては、本用例のように非過去形 -아/어が過去時制の接尾辞を伴うことなく、過去の意味を表しうることが確認された。なお、1.4.4.4.では、延辺朝鮮語においては -앗/엇-（過去）と下称・疑問形の終止形語尾-니?、-야? 類が融合した -아/어? の使用が確認されることをみたが、同形式は主に若年層（10代、20代）の談話で、疑問形としてのみ使用されるという特徴を持つため、60代の談話において平叙形により使用された上掲の用例は、これとは異なるものとみなければならないだろう。即ち、これは延辺朝鮮語（東北方言）からの影響というよりは、朝鮮語のように明示的な時制マーカー（marker）を持たない漢語からの影響を受けたものであると思われる（なお、本調査では、このような用例は30代から80代の話者にまで幅広くみられた）。

ところで、指定詞 -이-、아니- に -아/어が結合する場合、その実現形は

29　遼寧省在住の朝鮮語話者は、自己の言語が基層となっている変種を북선말、북선어【北鮮-】と称することが多い。これは広義には朝鮮半島北部の方言を意味するものであるが、通常は平安道方言を指す。なお、これに対する朝鮮半島南部の方言は、남선말、남선어【南鮮-】であるが、これもやはり多くの場合は慶尚道方言を指す。

中部方言と同様に −이야、아니야となり、母音体言に −이− が結合する場合、語幹 −이− は随意的に脱落する。ただし、分析変種においては指定詞に漢語要素が前接する場合には、やや特殊な活用をみせる。

［例 3-14］SN3（親／40代／女性）、SN4（親／40代／女性）

SN4：우리 저-쪽에 老楼, 老楼는 어데 集体房证 아니가?.

SN3：응, 응.

SN4：그는 무슨 은행에 단보도 못해는 **房证야**.

（訳）SN4：うちのあっちの古い建物、古い建物は、何、集合住宅じゃない？

SN3：うん、うん。

SN4：あれは、何か銀行の担保にもならない**房権証**よ。

　この用例の中の房证（房権証）は、[fángzhèng] という中国漢字音（漢語）により実現している。この漢語体言は語末音節に −ng という鼻音を持つため、−이− ＋ −아/어が結合する場合、−이야により実現するように思われるが、実際の談話においては指定詞語幹 −이− が脱落し、−야により実現することが確認された。ここで −야は、朝鮮語を基調として展開される談話にあって発話文末で漢語へのコード・ミクシングが起こったため、文終止マーカーとして付加されたものであると考えられる。このように漢語体言と指定詞の結合にあっては、朝鮮語体言とは異なる結合規則が存在しうることが明らかになった。

3.4.2.2.　活用形

　ここでは、遼寧省朝鮮語に特徴的な活用形についてみる。

3.4.2.2.1.　하다の特殊活用

　〜하다は動作性名詞や状態性名詞に結合し、それぞれ動詞、形容詞に転成する機能を持つが、遼寧省朝鮮語においては中部方言とは異なるいくつかの活用上の特徴を持つ。ここでは、それらを語幹の変化、漢語との共起という2つの観点からみることにする。

　まず、1つめは語尾と結合した際の語幹の変化である。以下の例をみてみよう。

［例 3-15］SN1（親／30代／女性）、SN2（親／30代／女性）

SN1：이제 小班이면 제 나이가?. 아, 5월달생이니까 8월달부터 **해니까**….

3.4. 分析　89

SN2：딱 제나이지 뭐.

　　（訳）SN1：もう（幼稚園の）年少なら、ちょうどいい年なのかな？　あ、5
　　　　　　月生まれだから、8月から**するから**…。

　　　　SN2：ちょうどいい歳よ。

　この例にみられる〜해니까（〜するから）は、動詞하-（する）に接続形
語尾 -(으)니까（〜から）が結合したもので、中部方言では〜하니까として
実現される形である。このように遼寧省朝鮮語では、하->해-の随意的交替
が確認される。本調査で確認された代表的な語尾類とともに図式化すると、
以下のようになる。

　（a）　終止形語尾

　　　　　　하＋{-구나/-ㄴ다/-나/-네/-더라/-디, 지}

　　　→　해＋{-구나/-ㄴ다/-나/-네/-더라/-디, 지}

　（b）　接続形語尾

　　　　　　하＋{-고/-ㄴ데/-는데/-니까/-다가/-든가/-면/-면서}

　　　→　해＋{-고/-ㄴ데/-는데/-니까/-다가/-든가/-면/-면서}

　（c）　連体形語尾

　　　　　　하＋{-는/-ㄴ/-던/-ㄹ}

　　　→　해＋{-는/-ㄴ/-던/-ㄹ}

　上記の現象は、後続する語尾類が多いことからみて、音韻論的変化（逆行
同化（regressive assimilation））というよりは形態論的変化であるとみるの
が妥当であろう。また、このような用例は30代から80代の話者にまで幅広
くみられたが、管見の限り遼寧省朝鮮語が基層とする平安道方言には、하-
>해- という交替があるとの記述は見当たらず[30]、第1章、第2章で分析した
延辺朝鮮語の談話資料の中にもみられない。こうしたことから同現象は、朝
鮮語の中でも遼寧省地域に特徴的なものであると思われる。

　また、2つめの特徴は漢語との共起である。これはコード・ミクシングの
生成要因として機能するもので、前接する漢語部分には語レベル、句レベ

30　平壌文化語について記述した과학백과사전종합출판사（1979）においても当該の記述は
見当たらない。

90　第３章　遼寧省朝鮮語における友人談話の発話形式

ル、文レベルなど様々な要素が生起しうる[31]。こうした～하다による生産的な機能語の生成は、金美善（2001）における在日コリアン[32]1世の談話や郭銀心（2005）における日本に滞在する韓国人留学生の談話においてもみられるもので、朝鮮語を優勢とする多言語話者の発話においては比較的、普遍的に観察される現象である。以下に示す用例は、漢語＋하-＋-(으)니까という構造により出現したものであるが、ここでの～하다は前部要素の動詞、形容詞への転成とともに、後部要素である -(으)니까との結合により漢語文が内包される従属節（dependent clause）を生成する機能を担っているとみることができる。

　［例 3-16］SN5（親／50代／女性）、SN6（親／50代／女性）
　SN6：나 옷 해는것 좀 배우고싶어.
　SN5：**你不爱好해니깐**, 배우면 {빨리 배울거다}{<}【【.
　（訳）SN6：私、服を作るのちょっと習いたい。

　　　　　SN5：**あなたは趣味がないから**、習ったら ｜すぐに覚えるわよ｜｜<｜【【.
　このような漢語＋하-＋語尾の共起は、やはり 30代から 80代の話者にまで幅広くみられ、後部要素としては -ㄴ다、-아/어（終止形）、-니까、-면、-아서/어서（接続形）、-는、-ㄴ、-던、-ㄹ（連体形）などの語尾が出現しうることが確認された（これらの語尾が結合する場合も語幹 ～하- ＞해- の随意的交替は、［例 3-15］に準じて起こりうる）。

　なお、上掲の［例 3-16］は前部要素が文レベルにより出現した例で、その構造は、S ＋否定副詞＋ V という漢語の動詞述語文の統語規則に従ったものであった。しかし、その一方で本調査の用例の中には、前部要素が本来の漢語の統語規則から逸脱して出現する例も確認された。

　［例 3-17］SN11（親／80代／男性）、SN12（親／70代／女性）
　SN11：거 먼지 몰라, 거 打 电脑 .
　SN12：电脑 . **电脑打해는거**…?.
　（訳）SN11：それ、何だかわからない、あれ、パソコンの入力。

31　前接する漢語要素は、1音節から 4音節までが認められた。

32　当該論考における名称による。

SN12：パソコン。**パソコン入力するの**…？

　ここでは「电脑打＋해＋는～」（lit. パソコン入力する～）のように、連体節を形成する漢語部分にＯ＋Ｖという本来の漢語の統語構造から逸脱した語順が確認される。これは目的語が動詞に先行するという朝鮮語の統語構造の影響を受けたものであるとみられ、談話におけるコード・ミクシングの生成が必ずしも統語構造にまで影響を及ぼすわけではないことを示す例となっている。

3.4.2.2.2.　終助詞の挿入

　遼寧省朝鮮語では、文中、文末を問わず用言の活用形に終助詞 -이、-잉が結合することがある。以下のような例である。

［例 3-18］（親／ 30 代／女性）

SN2：요즘에는- 잘 나와. 야, 메드인챠이나까지 해서 이케 **나왔다이**. 우리
　　　필업할때는 어데 이런거 **있엇네이**?.

　（訳）SN2：最近は、よく売れているよ。あぁ、メイドインチャイナまで（して）こんなに**出てるのね**。私達が卒業する時は、どこにこんなの（が）**あった**？

　このような -이、-잉は、主に目下、対等な相手との談話において親しさを示すために挿入されるもので、延辺朝鮮語においては確認されない当地域に特徴的なものである。本調査では、30 代から 80 代の話者の発話において用言の活用形だけでなく、助詞の後に挿入される例も確認された。なお、接続形語尾の後には -이、-잉だけでなく、전학석（1996）で군더더기（無駄なもの）と称される -ㄴ/은、-니などの要素が結合することも確認され、本調査では -(으)면（～たら）が -(으)면**은**（16 例）により現れる例や -(으)니까（～から）が -(으)니**깐**（12 例）、-(으)니까**니**（8 例）により現れる例が確認された。このような接続形語尾に結合する군더더기は、西北方言（平安道方言）のみならず東北方言（咸鏡道方言）にも現れうるもので、延辺朝鮮語とも概ね共通の特徴を示すものである。

3.5. 小結

本章では、遼寧省朝鮮語の友人談話における発話形式について、用言の終止形語尾や活用形という観点から分析を行なった。分析の結果、分析地域における用言の活用形式には、基層方言である平安道方言を保持したもの、遼寧省朝鮮語に特徴的なものが存在することが確認された。ここでは本章で分析を行なった各形式の年代、世代別の出現状況を図により整理してみよう。まず、平安道方言を保持した形式の出現分布をまとめると、以下のようになる。

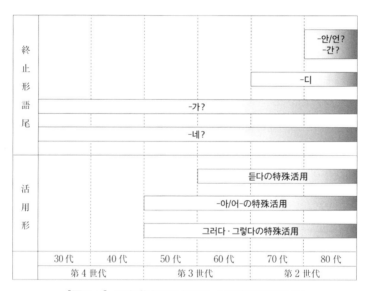

【図3-1】平安道方言を保持した形式の出現分布

この図をみると、終止形語尾 -가?、-네? が幅広い世代で使用される一方で、-아/어- の特殊活用、그러다・그렇다の特殊活用、듣다の特殊活用は移住第3世代（50、60代）以上で、終止形語尾 -디、-안/언?、-간? は移住第2世代（70、80代）以上でのみ確認されることがわかる。基層方言を保持した形の使用においてこのように年代差、世代差が生じる要因としては、若年

層の話者における言語の保守性の低下（漢族との同化による）や韓国語の影響の他、김영배（1984）でも一部、指摘されている学校教育による影響も少なくないだろう。

また、遼寧省朝鮮語に特徴的な形式の出現分布は以下のとおりである。

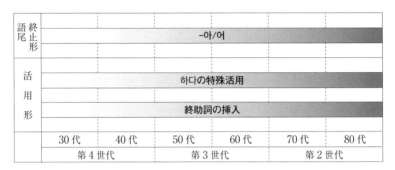

【図3-2】遼寧省朝鮮語に特徴的な形式の出現分布

この図をみると、終止形語尾 -아/어、하다の特殊活用、終助詞の挿入のいずれも幅広い年代で確認されることがわかり、平安道方言を保持した形式ほどの年代差、世代差が存在しないことがわかる。

以上の結果から、共時態としての遼寧省朝鮮語において年代差、世代差を形成する要因となっているのは、基層方言である平安道方言を保持した諸形式であることがわかる。こうした出現様相の差異は、分析変種が基層方言からの一定の影響を受けながらも年代、世代が下がるにつれ、その影響はより小さくなっており、結果として -안/언？ ＞ -앗네/엇네？、-간？ ＞ -갓네？ といった他形式への融合や、-디？ ＞ -지？ といった中部方言への同化を起こしつつあることを示すものである。また、その一方で漢語などの影響を受けた遼寧省朝鮮語において特徴的な形式は、年代差、世代差が相対的に小さかった。そのため、これらの形式の使用は当面続いていくとみてよいだろう。

94　第３章　遼寧省朝鮮語における友人談話の発話形式

［付表3-1］　終止形語尾の待遇法等級ごとの出現数、生起比率

略待	468（70.7）
下称	153（23.1）
略待上称	38（5.7）
中称	3（0.5）
合計	662（100）

［付表3-2］　終止形語尾の形式ごとの出現数、生起比率

語尾	等級	出現数（比率）	語尾	等級	出現数（比率）
① -아/어	*略待*	329（49.7）	⑬ -라	下称	4（0.6）
② -디/지	*略待*	114（17.2）	⑭ -안/언?	下称	4（0.6）
③ -다	下称	52（7.9）	⑮ -지요	略待上称	3（0.5）
④ -아/어/이요	略待上称	35（5.3）	⑯ -우	中称	2（0.3）
⑤ -가?	下称	25（3.8）	⑰ -거든	*略待*	1（0.2）
⑥ -네, 니?	下称	24（3.6）	⑱ -노	下称	1（0.2）
⑦ -더라	下称	21（3.2）	⑲ -ㄹ가?	*略待*	1（0.2）
⑧ -나	*略待*	13（2.0）	⑳ -ㄹ래	*略待*	1（0.2）
⑨ -구나	下称	11（1.7）	㉑ -자요	中称	1（0.2）
⑩ -네	*略待*	9（1.4）	合計		662（100）
⑪ -게	下称	7（1.1）			
⑫ -간?	下称	4（0.6）			

［付表3-3］　接続形語尾の形式ごとの出現数、生起比率

	文中	文末	合計
① -고	143（31.3）	33（39.3）	176（32.5）
② -면	107（23.4）	6（7.1）	113（20.9）
③ -아사/어서	75（16.4）	10（11.9）	85（15.7）
④ -ㄴ/는/던데	50（10.9）	22（26.2）	72（13.3）
⑤ -니까	31（6.8）	11（13.1）	42（7.8）
⑥ -다가	26（5.7）		26（4.8）
⑦ -면서	10（2.2）	2（2.4）	12（2.2）
⑧ -아도/어도	8（1.8）		8（1.5）
⑨ -아/어(-)	3（0.7）		3（0.6）
⑩ -다니	2（0.4）		2（0.4）
⑪ -며	1（0.2）		1（0.2）
⑫ -지만	1（0.2）		1（0.2）
合計	457（100）	84（100）	541（100）

3.5. 小結   95

[付表 3-4] 連体形語尾の形式ごとの出現数、生起比率

①	-는	68 (48.2)
②	-ㄴ1	31 (22.0)
③	-ㄹ	21 (14.9)
④	-ㄴ2	14 (9.9)
⑤	-던1	6 (4.3)
⑥	-던2	1 (0.7)
合計		141 (100)

(※形態の右の数字は、1は動詞、2は形容詞と結合した場合を示す)

瀋陽市 西塔のコリアタウン。
韓国や北朝鮮の人も往来する。
(左：2017 年 9 月 2 日、右：2016 年 3 月 21 日)

第4章

遼寧省朝鮮語における中老年層談話の発話形式
—終止形語尾の出現に注目して—

4.1. はじめに

　第3章では、瀋陽市、丹東市において実施した調査をもとに遼寧省朝鮮語の友人談話における発話形式について、用言の活用形を中心に分析を行なった。一連の分析により、当地域において平安道方言を保持した終止形語尾の中には、おおよそ移住第2世代である70代を下限にそれ以下の世代では出現が確認されないものが存在しており、下称・疑問形の −안/언? や −간?、口蓋音化を伴わない −디? といった語尾は、近い将来、消滅するであろうことを示した。これらの分析により、当地域の特に中老年層談話の記述は言語学界における至急の課題であることが示唆されたが、近年の研究を眺めてみると、平安道方言使用地域に関する言語記述は依然として極めて少ないのが現状である。そこで、本章では第3章で十分に考察ができなかった非都市部（農村部）の中老年層の談話に現れる終止形語尾について、新たに採録した談話資料をもとに、より深層的な分析を行ないたいと思う[1]。本章の分析により、中老年層の平安道方言使用話者の談話における基層方言の保存程度がよ

1　第3章では、遼寧省朝鮮語の友人談話における用言の活用形について、基層方言を保持した形式、当地域に特徴的な形式という観点から分析したため、終止形語尾のみならず接続形語尾、連体形語尾についても幅広く扱ったが、本章ではこのうち第3章で特に大きな世代差が確認された終止形語尾に焦点を当てて分析することにする。

98 第4章 遼寧省朝鮮語における中老年層談話の発話形式

り詳細に明らかになるものと期待される。

4.2. 研究の枠組み

　本章では、吉林省、遼寧省の鴨緑江[2]以北地域の農村集落（主に朝鮮族郷）で、2015 年 8 月、2016 年 9、10 月に筆者が独自に採録した談話の音声・文字化資料、および 2017 年 3 月に全てのコンサルタントに対面式により実施したフォローアップ調査（質問紙調査、インタビュー）の結果を分析対象とする。また、基層方言の使用状況を部分的にであれ確認するために、2017 年 2 月に韓国に居住する平安南道出身の越南者 1 名[3]を対象に実施したインタビュー調査の結果も併せて分析材料とする。談話採録調査の枠組みとコンサルタントの情報は以下のとおりで、いずれも 50 代から 80 代の親しい間柄の話者による 2 者間談話（計 10 談話）となっている[4,5]。

2　鴨緑江（압록강, 鴨緑江 [Yālù Jiāng]）は、中華人民共和国と朝鮮民主主義人民共和国の国境を成す河川。白頭山（中国名：长白山）に源を発し、黄海に注ぐ。全長は約 790km。

3　コンサルタントは、平安南道 順川（순천）市出身 47 歳（調査時基準）の女性である。

4　平安北道（평안북도）、平安南道（평안남도）は、1896 年に朝鮮八道の 1 つである平安道が南北に分割されたことにより成立した行政区画で、平安とは平壌（평양）と安州（안주）の頭文字を取って命名されたものである。また、慈江道（자강도）は朝鮮民主主義人民共和国成立後の 1949 年に平安北道（평안북도）から独立した行政区画で、慈江とは慈城（자성）、江界（강계）の頭文字を取って命名されたものである。地理的な近さや第 1 世代の移動経路から考えた時、本章が分析対象とする吉林省、遼寧省の鴨緑江以北地域において使用されている朝鮮語は、その大部分が平安北道、慈江道の言語を基層としていると考えてよいだろう（북경대학 조선문화연구소 (1995)）。ただし、【表 4-1】をみてもわかるように、移住第 1 世代の出身地が慶尚南道や忠清南道であるコンサルタントがいるなど、実際の移動経路は、そう単純ではない。

5　ここに示した 10 の談話のうち、R1〜R6 は 2016 年 9 月、R7〜R9 は 2016 年 10 月、R10 は 2015 年 8 月に採録したものである（R10 は第 3 章において分析した S6 と同一の談話である）。年齢は調査時点での満年齢により示しており、出身地は話者へのフォローアップ調査において知り得た限りの情報を示している。なお、20 人のコンサルタントは全て異なる人物により設定されているが、これらの人物の中において年齢差が存在していること、言語形成における背景が少なからず異なることは本研究の限界として認めなければならない。ただし、本章ではコンサルタント確保の希少性に鑑みて、共時態としての当地域の言語使用を記述するという目的のもと、これらの資料の分析を行なうことにする。

4.2. 研究の枠組み　99

【表 4-1】談話採録調査の枠組み

談話名	話者名	年齢	性別	調査地	出身地	移民第1世代の出身地
R1	RN1	57	男性	吉林省 集安市 涼水朝鮮族郷	吉林省 集安市	慈江道 渭原郡
R1	RN2	77	女性	吉林省 集安市 涼水朝鮮族郷	慈江道 楚山郡	慈江道 江界市
R2	RN3	81	女性	吉林省 集安市 涼水朝鮮族郷	吉林省 集安市	慈江道
R2	RN4	78	女性	吉林省 集安市 涼水朝鮮族郷	遼寧省 撫順市 新賓満族自治県	平安北道 義州郡／ 吉林省 集安市
R3	RN5	84	男性	吉林省 集安市 涼水朝鮮族郷	慈江道 渭原郡	慈江道 渭原郡
R3	RN6	84	女性	吉林省 集安市 涼水朝鮮族郷	平安北道 義州郡	平安北道 義州郡
R4	RN7	74	男性	吉林省 集安市 涼水朝鮮族郷	吉林省 集安市	慈江道 楚山郡／ 慶尚南道 釜山市
R4	RN8	68	女性	吉林省 集安市 涼水朝鮮族郷	吉林省 集安市	慈江道 雩時郡
R5	RN9	67	男性	遼寧省 本渓市 桓仁満族自治県 雅河朝鮮族郷	遼寧省 本渓市	平壌直轄市
R5	RN10	63	女性	遼寧省 本渓市 桓仁満族自治県 雅河朝鮮族郷	遼寧省 本渓市	平安北道 新義州市
R6	RN11	75	女性	遼寧省 本渓市 桓仁満族自治県 雅河朝鮮族郷	黄海北道 新渓郡	黄海北道
R6	RN12	54	女性	遼寧省 本渓市 桓仁満族自治県 雅河朝鮮族郷	吉林省 集安市	吉林省 集安市
R7	RN13	74	男性	遼寧省 丹東市 寛甸満族自治県 下露河朝鮮族郷	遼寧省 丹東市	忠清南道 扶余郡
R7	RN14	78	女性	遼寧省 丹東市 寛甸満族自治県 下露河朝鮮族郷	遼寧省 丹東市	平安北道 碧潼郡
R8	RN15	64	男性	遼寧省 丹東市 寛甸満族自治県 下露河朝鮮族郷	遼寧省 丹東市	平安北道 碧潼郡
R8	RN16	60	女性	遼寧省 丹東市 寛甸満族自治県 下露河朝鮮族郷	遼寧省 丹東市	平安北道 碧潼郡
R9	RN17	75	男性	遼寧省 丹東市 寛甸満族自治県 下露河朝鮮族郷	遼寧省 丹東市	慈江道 楚山郡
R9	RN18	73	女性	遼寧省 丹東市 寛甸満族自治県 下露河朝鮮族郷	遼寧省 丹東市	慈江道
R10	RN19	83	男性	遼寧省 丹東市 寛甸満族自治県 長甸鎮 拉古哨村	平安北道 朔州郡 朔州邑	平安北道 朔州郡 朔州邑
R10	RN20	75	女性	遼寧省 丹東市 寛甸満族自治県 長甸鎮 拉古哨村	遼寧省 丹東市	平安北道

　上記のうち、文字化する範囲と時間は、各談話とも談話開始からおおよそ
10分00秒とした（総文字化時数：100分）。

4.3. 分析

　本章では、実際の談話に現れた用例をみながら、鴨緑江北部地域の中老年層談話に現れる終止形語尾について具体的分析を行なう。本調査で採録された談話の総発話文数は 1,681 発話で、このうち文末に終止形語尾が現れた発話は 1,070 発話（63.7％）、終止形語尾が現れない発話は 611 発話（36.3％）であった[6]。ここでは、まず分析に先立って、談話全体において確認された終止形語尾をその待遇法等級、出現数、生起比率とともにみておこう。

【表 4-2】終止形語尾の形式ごとの出現数、生起比率

語尾	等級	出現数(比率)	語尾	等級	出現数(比率)	語尾	等級	出現数(比率)
① -아/어	*略待*	387(36.2)	⑬ -네	*略待*	12(1.1)	㉕ -가든	*略待*	3(0.3)
② -디, -지	*略待*	162(15.1)	⑭ -다우	中称	11(1.0)	㉖ -는가?	*略待*	3(0.3)
③ -다	下称	69(6.4)	⑮ -디요, -지요	略待上称	11(1.0)	㉗ -라요	中称	3(0.3)
④ -오/소	中称	59(5.5)	⑯ -우다/수다	中称	10(0.9)	㉘ -디 말라	下称	2(0.2)
⑤ -아요/어요/이요	略待上称	56(5.2)	⑰ -다라	下称	9(0.8)	㉙ -ㅂ시다	中称	2(0.2)
⑥ -나?	*略待*	50(4.7)	⑱ -ㄹ가?	*略待*	7(0.7)	㉚ -ㄹ가요?	略待上称	2(0.2)
⑦ -ㄴ?	下称	40(3.7)	⑲ -라우	下称	5(0.5)	㉛ -세요	略待上称	2(0.2)
⑧ -네, -니?	下称	32(3.0)	⑳ -무다/스무다	中称	5(0.5)	㉜ その他(各 1 回出現)		28(2.6)
⑨ -야디	*略待*	25(2.3)	㉑ -ㅂ수다	中称	5(0.5)	合計		1,070(100)
⑩ -가?	下称	22(2.1)	㉒ -ㄹ래?	*略待*	4(0.4)			
⑪ -라	下称	18(1.7)	㉓ -자	下称	4(0.4)			
⑫ -구나	下称	18(1.7)	㉔ -자요	中称	4(0.4)			

6　本章では、発話数の制約から終止形語尾が文末に現れた場合のみならず、文中に現れた場合も分析対象としている。

4.3. 分析　101

　表をみると、談話全体では計59種の終止形語尾の出現が確認されたこと
がわかる。ただし、そのうち1回しか出現が確認されなかった語尾は半数以
上の28種に及んでおり、50回以上出現している語尾は上位6種（計783発
話（73.2%））に限られていることも確認される。なお、各待遇法等級の生
起比率をみると、以下のようであった。

【表4-3】終止形語尾の待遇法等級ごとの出現数、生起比率

略待	664(62.1)
下称	229(21.4)
中称	99(9.3)
略待上称	77(7.2)
上称	1(0.1)
合計	1,070(100)

　表をみると、分析地域の（親的場面）談話における終止形語尾の出現は、
略待が最も多く、これに下称、中称、略待上称が続き、上称の出現は極めて
少ないことがわかる。略待、下称が多いという点は、第3章で分析した（主
に）都市部における調査結果と類似したものであるが[7]、その一方で本調査
では第3章の調査ではほとんど確認されなかった中称語尾が多く出現してお
り、注目される。分析地域において使用される語尾は、都市部において使用
される語尾と比べた際にいかなる差異をみせるのであろうか。以下では、中
称、略待上称、下称、略待の順に分析地域に代表的、あるいは特徴的な終止
形語尾を取り上げ、みていくことにする。

4.3.1.　中称の終止形語尾

　本節では、中称の終止形語尾について分析する。談話全体における中称の
終止形語尾の出現状況は、以下のとおりである。

7　［付表3-1］を参照。

102 第4章　遼寧省朝鮮語における中老年層談話の発話形式

【表4-4】中称の終止形語尾の出現数

	RN1	RN2	RN3	RN4	RN5	RN6	RN7	RN8	RN9	RN10	RN11	RN12	RN13	RN14	RN15	RN16	RN17	RN18	RN19	RN20	計
-오/소	9	3	1	4	6	12	9	4	2		1	3		2			1		1	1	59
-다우	2	1					1		1	1	3	1		1							11
-우다/수다	1		1	1		1	1	1				2					1		1		10
-무다/스무다	3				1			1													5
-ㅂ수다			1	1		1	2														5
-자요				3																1	4
-라요																	3				3
-ㅂ시다				2																	2
合計	15	4	3	11	7	14	13	6	3	1	4	6		3			5		2	2	99

　ここでは、このうち-오/소、-다우、-우다/수다、-무다/스무다、-자요、-(으)라요についてみることにする。

4.3.1.1.　-오/소

　-오/소は中称・平叙形、疑問形の終止形語尾で、実現されるイントネーションによって意味が弁別される（当地域では基本的に命令形、勧誘形としての用法は持たない）。-오は母音／ㄹ語幹用言（ㄹ脱落）に、-소は子音語幹用言に結合し、接尾辞とは-앗/엇-、-잣, 갯-、-(으)시-などとの共起が可能である。本調査では、50代から80代の男女の話者が年上、同年、年下の話者に使用する例が確認された。なお、姜家店朝鮮族郷における楚山地域語話者の発話を分析した김홍실（2009）では、当地域語では-오/소にあたる終止形語尾として-우/수が用いられているとしているが、本調査では-우は21例が確認された一方、-수は1例も確認されなかった。本調査における-오/소の実現形態は、以下のようである。

【表4-5】-오/소の実現形態ごとの出現数

	母音/ㄹ語幹+	子音語幹+
[오]	2	-
[우]	21	-
[요]	17	-
[소]	-	19
[수]	-	0

表をみると、母音／ㄹ語幹用言に結合する際には［오］よりは［우］、［요］の方が多く現れていることが、子音語幹用言に結合する際には［소］のみが現れることが確認される[8]。このうち［요］は［例4-1］に示すように指定詞 -이다、아니다と共起した時、語尾の母音が順行同化して実現される -이요 ＜ -이오、아니요（아이요）＜아니오という形で現れる他、［例4-2］のように母音で終わる体言に後続する指定詞 -이- が脱落し、体言＋ -요という形で現れる場合が代表的である。こうした事実を総合すると、当地域における中称の代表的語尾 -오/소の基本実現形態は［우］、および［소］であるということがわかる。

［例4-1］（対年下／70代／男性）[9]

RN7：립추래 아니구 **추분 아이요**?.

　（訳）RN7：立春ではなくて、**秋分ではないですか**？

［例4-2］（対同年／80代／男性）

RN5：아들딸 다 펜안흐구 다 제집일 있구, 걱정거리래 **뭐요**?.

　（訳）RN5：息子に娘、みんな元気で仕事もあるし、心配事なんて**何なんですか**？

4.3.1.2. -다우

-다우は中称・平叙形の終止形語尾で、下称の終止形語尾 -다に -우が結合したことにより生成された語尾である。この語尾は下称・平叙形の生成規則に準じて結合し、接尾辞とは -앗/엇-、-잣, 갯-、-(으)시- などとの共起が可能である。指定詞語幹には、-라우が結合する。本調査では、50代から70代の男女の話者が年上、年下の話者に使用する例が確認された。この語尾は、待遇法等級としては目下の話者を低く待遇する下称の語尾というより

8　母音／ㄹ語幹用言に結合する際に［오］の出現が少ないという事実は、1.4.2.1.でみた延辺朝鮮語における同語尾の使用様相と類似した傾向を示す。ただし、延辺朝鮮語では、［요］が［우］に比べ高い生起比率を示すという点では差異をみせる（このような差異が生じるのは、延辺朝鮮語における［요］は指定詞のみならず、接尾辞 -쟁/재- にも後接するなど、結合規則の違いによるところが大きい）。

9　本章では、用例の提示にあたっては、発話者の属性に加え、対話者との年齢の上下差（対年上／対同年／対年下）についても併せて示すことにする。

104　第４章　遼寧省朝鮮語における中老年層談話の発話形式

は、目上、目下の対話者を丁重に待遇する中称の語尾としての役割を持ち、また、その意味は発話命題を強調して伝達するという機能を持つ。

　　［例4-3］（対年下／70代／女性）

　　RN11：툰에 사람들이 한번씩 오믄 아 막 깨끗이 **흐구있다우**.

　　　（訳）RN11：屯の人達が一度ずつ来たら、あ、とてもきれいに<u>しているんですよ</u>。

4.3.1.3.　−우다/수다

　　−우다/수다は、中称・平叙形の終止形語尾である。この語尾について최명옥（1985b）では謙譲（恭遜）を表す −우/수に −다が結合し文法化したもの、전학석（1996）、리윤규（2017b）では −오이다/소이다の音韻論的変種であるとみている。김홍실（2009）では母音／ㄹ語幹用言には −우다が、子音語幹用言には −수다が結合するとしているが、本調査では子音語幹用言に結合する −수다のみが確認された[10]。接尾辞とは −앗/엇−、−갓, 갯−、−(으)시− などとの共起が可能である。本調査では、50代から80代の男女の話者が年上、同年、年下の話者に使用する例が確認された。なお、この語尾は末尾に −레が結合し、−우다레/수다레という形で用いられることもある。この −레は親しさを示すもので、전학석（1996）で군더더기とよばれる終助詞的な要素である[11]。

　　［例4-4］（対年上／60代／女性）

　　RN8：자기래 열아홉살 여기 출가해와서라무니 동상네 많은데 와서 수고
　　　　　흐구 부모 늙은데 와서 또 부모네 다 돌봐주시구 효자노릇 흘래기
　　　　　수고했수다.

　　　（訳）RN8：自分が19歳（の時に）ここに嫁いできて、兄弟（姉妹）が多い
　　　　　　　のに来て苦労して、両親が年取ったら来てまた両親の面倒を全て

10　この他に중국조선어실태조사보고 집필조（1985）では、撫順市 李石寨郷 李石寨村では −쉬다/쉐다という形が、柳河県 姜家店郷 五星村では −쉐다/웨다という形が確認されるとしている。

11　同書では、−레を −그려の準形態と位置付けている。また、この他にもこうした終助詞的要素として、이금화（2015）では集安市の話者における −라무니を、本書の3.4.2.2.2. では瀋陽市、丹東市の話者における −이、−잉を報告している。

みてあげて、親孝行をするのに**苦労していますよ**。

4.3.1.4. -무다/스무다

　-무다/스무다は、中称・平叙形の終止形語尾である。この語尾について、이기갑（2003）では上称・平叙形の終止形語尾 -습네다が、-습네다 ＞ -습네다（鼻音化）＞ -습메다（順行同化）＞ -습무다（順行同化）＞ -스무다（脱落）という過程を経て形成された語尾であるとみており、김홍실（2009）では西北方言の上称・平叙形の語尾 -ㅁ무다/습무다から -ㅁが脱落した形であるとみている[12]。-무다は母音／ㄹ語幹用言に、-스무다は子音語幹用言に結合し、接尾辞とは -앗/엇-、-잣, 갯-、-(으)시- などとの共起が可能である。本調査では、50代、60代の男女の話者が年上の話者に使用する例が確認された。なお、この語尾も -우다/수다と同様に親しさを表す군더더기、-레が結合し、-무다레/스무다레という形で用いられることがある。

　［例4-5］（対年上／50代／男性）

　RN1：근데 웨이씬이 딱 **들어오무다레**.

　　（訳）RN1：ところで、微信（WeChat）[13] がちょうど**入ってきました**。

4.3.1.5. -자요

　-자요は下称・勧誘形の語尾 -자に -요がついた形で、当地域では中称・勧誘形の終止形語尾として用いられる。本調査では、70代、女性の話者が年上の話者に使用した4例のみしか確認ができなかったが、フォローアップ調査によると、この語尾はどちらかというと女性の話者が多く用い、若年層の話者が使用することもあるという。

　［例4-6］（対年上／70代／女性）

　RN4：버섯 따래 **가자요**.

　　（訳）RN4：キノコを採りに**行きましょうよ**。

12　최명옥（1985b）では、-ㅁ무다/습무다を -ㅁ/습-（謙譲（恭遜））＋ -무-（進行）＋ -다（終結）と分析している。なお、전학석（1996）では -무다/스무다を標準語の -ㅂ니다/습니다にあたる존대（上称）の終止形語尾として位置づけており、他にも -머다, -미다, -스머다, -스미다といった形により実現するとしている。

13　微信（WeChat）は、中国のIT企業テンセント（腾讯、本社：広東省 深圳市）が提供する無料メッセンジャーアプリ。LINEやカカオトークと類似した機能を有する。

106　第4章　遼寧省朝鮮語における中老年層談話の発話形式

4.3.1.6.　-(으)라요

　-(으)라요は下称・命令形の語尾 -(으)라に -요がついた形で、当地域では中称・命令形の終止形語尾として用いられる。動詞、存在詞の語幹につき、-라요は母音／ㄹ語幹用言に、-으라요は子音語幹用言に結合する。また、尊敬の接尾辞 -(으)시- と結合し -(으)시라요という形をとった場合には、目上の話者に対しても用いられる。本調査では、70代、男性の話者が年下の話者に使用した3例のみしか確認ができなかったが、フォローアップ調査によると、この語尾は -자요と同様にどちらかというと女性の話者が多く用い、若年層の話者が使用することもあるという[14]。

　［例4-7］（対年下／70代／男性）

　RN17：추운데 나가있지 말구 **들어오라요**.

　　（訳）RN17：寒いのに、出ていないで**入って来なさいよ**。

4.3.2.　略待上称の終止形語尾

　本節では、略待上称の終止形語尾について分析する。談話全体における略待上称の終止形語尾の出現状況は、以下のとおりである。

【表4-6】略待上称の終止形語尾の出現数

	RN1	RN2	RN3	RN4	RN5	RN6	RN7	RN8	RN9	RN10	RN11	RN12	RN13	RN14	RN15	RN16	RN17	RN18	RN19	RN20	計
-아요/어요/이요	2	1	1	10		9	5	1			1	5				1			1	19	56
-디요,-지요				6		3						1						1			11
-ㄹ가요?				2																	2
-세요																2					2
その他						2							1			1				2	6
合計	2	1	1	18		14	5	1			1	6	1			4		1	1	21	77

14　-자요、-(으)라요ともに平壌文化語を解説した과학백과사전종합출판사（1979）にも（맺음토として）記述がみられる。

4.3. 分析 107

　ここでは、このうち -아요/어요/이요、-디요, 지요についてみることにする。

4.3.2.1. -아요/어요/이요

　-아요/어요/이요は略待上称・平叙形、疑問形の終止形語尾で、実現されるイントネーションによって意味が弁別される。-아요は陽母音語幹用言に、-어요は陰母音語幹用言に、-이요は存在詞 잇-、없- や接尾辞 -앗/엇-、-갓, 갯- など、末尾に -ㅅ- を持つ語幹類に結合する[15]。本調査では、50 代から 80 代の男女の話者が年上、同年、年下の話者に使用する例が確認された。

　［例 4-8］（対同年／ 80 代／女性）

　RN6：더 말할거이 다시는 **없이요**.

　（訳）RN6：もう話すことがこれ以上は、**ありません**。

4.3.2.2. -디요, 지요

　-디요, 지요は略待上称・平叙形、疑問形の終止形語尾で、実現されるイントネーションによって意味が弁別される。語幹の形態論上の特徴を問わず結合し、接尾辞とは -앗/엇-、-갓, 갯-、-(으)시- などとの共起が可能である。本調査では、-디요は 50 代、80 代の女性の話者が年上、同年の話者に使用する例が 10 例、-지요は 70 代女性の話者が年上の話者に使用する例が 1 例確認され、当地域では口蓋音化しない -디요が優勢であることが確認された。

　［例 4-9］（対年上／ 70 代／女性）

　RN4：갰다가 저내 기를라 잘 **멕이디요**.

　（訳）RN4：それから、あの子達を育てようとしっかり食べさせていますよ。

4.3.3. 下称の終止形語尾

　本節では、下称の終止形語尾について分析する。談話全体における下称の終止形語尾の出現状況は、以下のとおりである。

15　実際の発音は、잇이요 ［이시요～이쑈］、알갓이요 ［알가시요～알가쑈］のようになる。なお、-아요/어요/이요に尊敬の接尾辞 -(으)시- が前接する際には、中部方言と同様に -(으)세요という形をとる。

【表 4-7】下称の終止形語尾の出現数

	RN1	RN2	RN3	RN4	RN5	RN6	RN7	RN8	RN9	RN10	RN11	RN12	RN13	RN14	RN15	RN16	RN17	RN18	RN19	RN20	計
-다	1	2	2	5	1		5	6	4	6	10	1	1	1	5	5	5	1		8	69
-ㄴ?		4	1	2			2	2	2	3	1				7	5	2	3	4	2	40
-네, -니?		2		1	1		1		4		3	1			2		5	4	8		32
-가?		3	2				3	1	2		4				3	1	1		2		22
-라		2						2	2		3	1		1	3	4					18
-구나	1	2	1	1	2		3		1		1				1	2		2	1		18
-다라				1							1			1	2	2			2		9
-라우		1	1		1		2														5
-자			1	3																	4
-디 말라	1	1																			2
その他		1				1			1	1	2				2		2				10
合計	3	18	8	13	5	1	16	11	16	10	25	3	1	3	25	19	15	10	17	10	229

ここでは、このうち -다、-ㄴ?、-네, 니?、-가?、-(으)라、-(으)라우についてみることにする。

4.3.3.1. -다

-다は、下称・平叙形の終止形語尾である。動詞の場合、母音／ㄹ語幹用言（ㄹ脱落）には -ㄴ다が、子音語幹用言には -는다が結合し、形容詞、存在詞、指定詞の語幹には -다が結合する。接尾辞とは -앗/엇-、-잣, 갯-、-(으)시- などとの共起が可能である。本調査では、50代から80代の男女の話者が年上、同年、年下の話者に使用する例が確認された。なお、この語尾も 군더더기、-레が結合し、-다레という形で用いられることがある。

［例 4-10］（対年上／ 50 代／男性）

RN1：집에 가자구 맬 **그러댄다레**.

（訳）RN1：家に帰ろうって毎日**しきりに言うんだよ**。

さらに、この語尾には他方言にはみられない特徴として、군더더기、-이が後接した場合、疑問文に転成されるという用法が存在する。この場合、-다と -이の間に若干の間（pause）が入り、다［↓］이［↑］のように一度、下がってから上がるという特殊なイントネーションで実現される。

[例 4-11] RN7（対年下／70 代／男性）、RN8（対年上／60 代／女性）

RN7：많이 **해왔는거다이**?. [↓↑]

RN8：많대, 산에 시방….데 머야, 그거 날갭송버섯두 많이 나오구….

（訳）RN7：たくさん<u>してきたんでしょう</u>？ [↓↑]

RN8：多いって。山に今…。それで何だろう、あれ松茸もたくさん生え
ているし…。

4.3.3.2. -안/언?、-간?、-던?

　-안/언?、-간?、-던? は、末尾に -ㄴを持つという点で共通した形態論的
特徴を持つ下称・疑問形の終止形語尾である。これらの語尾は、それぞれ接
尾辞 -앗/엇-（過去）、-갓-（意志・推量）、-더-（回想）に下称・疑問形の
終止形語尾（-네?、-니?、-냐? 類）が融合し文法化したもので、-았냐/었
냐?（～したのか）、-겠냐?（～するのか）、-더냐?（～していたのか）ほど
の意味を表す。-안? は陽母音語幹用言に結合し、-언? は陰母音語幹用言に
結合する。また、-간? や -던? は語幹の形態論上の特徴を問わず結合する。
なお、3.4.1.1.4. でみた主に瀋陽市郊外の話者の談話では、-안/언?、-간? は
80 代の話者においてのみ、その使用が確認されたが、本調査では 60 代から
80 代の男女の話者が年上、年下の話者に使用する例が確認された。こうし
た使用年代の差異をみせるのは、都市部（瀋陽市）に居住する話者は韓国語
との接触が比較的多いことから、言語面において伝統的な方言形を多く消失
しているのに対し、本調査が調査対象とした非都市部（農村）の話者は、そ
の人的往来や文化流入の少なさから、伝統的な方言形が比較的よく保存され
ているためだと思われる[16]。

　[例 4-12]（対年下／70 代／男性）

RN17：이거 이켠에 중국이 **없단**?.[17]

（訳）RN17：これ、この辺に中国に<u>なかったんじゃないのか</u>？

16　本調査では、この他にも「그래 내래 누구네 집에 **오란**?」や「그믄 또 쌘꺼네 집에 **가란**?」
（いずれも RN2 による）といった用例も確認された。フォローアップ調査では、それぞれ
「오라고 했니?」（来いと言ったのか）、「가라고 했니?」（行けと言ったのか）ほどの意味であ
るとの回答が得られた。

17　この用例にみられる 없단? は、없디 않안? が縮約されたものである。

［例 4-13］（対年下／ 70 代／男性）

RN7：내래 무슨 **말흐간**?.

　（訳）RN7：私が**どんな話をするっ**ていうんだ？

［例 4-14］（対年下／ 70 代／女性）

RN2：/인명/네 집에 **안들어갔던**?.

　（訳）RN2：/ 人名 / の家に**帰ってなかったのか**？

4.3.3.3.　-네?, -니?

　-네?, -니? は、下称・疑問形の終止形語尾である。動詞、形容詞、存在詞の語幹につき、語幹の形態論上の特徴を問わず結合する。接尾辞とは -앗/엇-、-갓, 갯-、-(으)시- などとの共起が可能である。本調査では 50 代から 80 代の男女の話者が年上、同年、年下の話者に使用する例が確認された。なお、本調査では他方言でも多く現れる -니? が 24 例、平安道方言を保持した -네? が 8 例現れており、-니? がやや多いものの、両形式が併用されていることが確認された。

［例 4-15］（対年上／ 70 代／女性）

RN4：사람이 **누구네**?.

　（訳）RN4：（その）人は**誰なの**？

4.3.3.4.　-가?

　-가? は下称・疑問形の終止形語尾で、指定詞語幹にのみ結合する。本調査では、60 代から 80 代の男女の話者が年上、年下の話者に使用する例が確認された。なお、3.4.1.1.2. でもみたとおり、この語尾は語幹が母音体言＋指定詞 -이다である場合、語幹末の -이- が随意的に脱落するが、本調査では語尾が脱落した뭐이?＜뭐이가? のような形も確認された[18]。なお、뭐이가?（何なのだ）のような疑問詞疑問文は、下降調で実現するのに対し、〜 아니가?（〜ではないのか）のような肯否疑問文の場合は、上昇調で実現するという違いをみせる。

18　平安南道出身のコンサルタントによると、出身地域では「-뭐(이)가?」は使うが「-뭐이?」は使わないという。ただし聞いたことはあるようで、平安北道、ないしは慈江道の方言だと思われるとのことである。

［例 4-16］（対年下／60 代／男性）

RN15：조선이야 **한 조선 아니가**?. ［↑］

　（訳）RN15：朝鮮こそ、**1 つ（の朝鮮）じゃないのか**？ ［↑］

4.3.3.5.　-(으)라

　-(으)라は、下称・命令形の終止形語尾である。動詞、存在詞の語幹につき、-라は母音／ㄹ語幹用言に、-으라は子音語幹用言に結合する。当形式は、他方言では多くの場合、引用文（間接話法）を生成する際に用いられる形式であるが、3.4.1.1.5. でもみたように分析地域においては終止形語尾としての機能を持つ。本調査では、50 代から 70 代の男女の話者が年上、年下の話者に使用する例が確認された。

　　［例 4-17］（対年下／70 代／女性）

　RN2：우리 집에 **와있으라**.

　　（訳）RN2：うちに**来ていなよ**。

4.3.3.6.　-(으)라우

　-(으)라우は下称・命令形の終止形語尾で、김홍실（2009）によれば、-(으)라고＞ -(으)라구＞ -(으)라우という過程を経て生成された語尾である[19]。動詞、存在詞の語幹につき、-라우は母音／ㄹ語幹用言に、-으라우は子音語幹用言に結合する。本調査では、70、80 代の男女の話者が同年、年下の話者に使用する例が確認された。この語尾は、同じく下称・命令形の終止形語尾-(으)라より、やや丁寧かつ親近感を持って対話者に命令する表現である。

　　［例 4-18］（対同年／80 代／男性）

　RN5：그래, 요 짧은 시간에 근심걱정없이 펜안이 살구 아바지만 **믿으라우**.

　　（訳）RN5：そう、この短い時間に心配事なく、安心して暮らして、イェス様だけを**信じなさいよ**。

4.3.4.　略待の終止形語尾

　本節では、略待の終止形語尾について分析する。談話全体における略待の終止形語尾の出現状況は、以下のとおりである。

19　정인호（2014）にも同様の記述がある。

【表4-8】略待の終止形語尾の出現数

	RN1	RN2	RN3	RN4	RN5	RN6	RN7	RN8	RN9	RN10	RN11	RN12	RN13	RN14	RN15	RN16	RN17	RN18	RN19	RN20	計
-아/어	16	34	11	12	11	15	19	15	22	15	33	9	17	15	16	30	30	16	9	42	387
-디, -지	7	6	7	13	13	9	5	2	8	9	17	3	10	9	5	11	10	12	2	4	162
-나?	1	3	1	2	2		1	1	11	8	7	2	1	2	3	3			1	1	50
-야디	2			1		1	2				2		1	1	5	5		1	1	3	25
-네		2							1	5	1	1	1				1				12
-ㄹ가?			2	1					1		1					2					7
-ㄹ래?									2		1						1				4
-가든				1	2																3
-는가?														1	1	1					3
その他			1			1		1	1	1		1			1	1		3			11
合計	26	45	22	30	28	26	27	19	46	38	62	16	30	28	31	53	42	32	13	50	664

ここでは、このうち -아/어、-디, -지についてみることにする。

4.3.4.1. -아/어

-아/어は略待・平叙形、疑問形の終止形語尾で、実現されるイントネーションによって意味が弁別される。-아は陽母音語幹用言に、-어は陰母音語幹用言に結合し、接尾辞とは -앗/엇-、-갓, 겟-、-(으)시- などとの共起が可能である。本調査では、50代から80代の男女の話者が年上、同年、年下の話者に使用する例が確認された。

　［例4-19］（対年下／80代／男性）

　RN19：六连에 그저 우리 시골에, 치, 시골에, 치 거 약물 치는거, 거 치달라고 글루 **보넀어**.

　　（訳）RN19：六连にただ、うちの田舎に、田舎に、の、農薬が欲しいって言うんで、そっちに**送ったんだよ**。

4.3.4.2. -디, -지

-디, -지は略待上称・平叙形、疑問形の終止形語尾で、実現されるイントネーションによって意味が弁別される。語幹の形態論上の特徴を問わず結合し、接尾辞とは -앗/엇-、-갓, 겟-、-(으)시- などとの共起が可能である。本調査では、-디は50代から80代の男女の話者が年上、同年、年下の話者に使用する例が144例（88.9%）、-지は50代から70代の男女の話者が年

上、年下の話者に使用する例が18例（11.1％）確認され、当地域では口蓋音化しない –디が優勢であることが確認された。なお、3.4.1.1.1. でみた主に瀋陽市郊外の話者の談話では、–디は70代、80代の話者においてのみ、その使用が確認されたが、本調査では相対的に広範な年代の話者、場面において使用される例が確認された。こうした差異をみせるのは、末尾に –ㄴ? を持つ下称・疑問形語尾の使用においてもそうであったように、都市部（瀋陽市）と本調査が調査対象とした非都市部（農村）における話者の言語接触・変化の程度の違いによるものと思われる。

［例 4-20］（対年上／60代／女性）

RN10：집안에선 또 뭐 거저 다 쭝국말 **하디**.

（訳）RN20：集安ではまたもう、あそこはみんな中国語を話してるでしょう。

4.4.　終止形語尾の使用

　本章では、4.3. でみた終止形語尾のうち、分析地域に特徴的なものを取り上げ、類似表現との差異を整理することにする。なお、ここでは便宜上、–시라요(-(으)시– + -(으)라요)のような接尾辞と終止形語尾の結合形も1つの分析項目として扱うことにする。

4.4.1.　中称・平叙形

中称・平叙形の語尾には、以下のような形式が確認された。

【表 4-9】中称・平叙形の語尾

	語尾	–레との共起	例
a.	–무다/스무다	O	수고했스무다.
b.	–우다/수다	O	수고했수다.
c.	–오/소	X	수고했소.
d.	–다우	X	수고했다우.

　このうち待遇レベルが最も高いのは、a. –무다/스무다である。本調査では年上の話者に対して使用される用例のみが確認され、フォローアップ調査に

おいてもこの語尾は -ㅂ니다/습니다よりやや待遇の程度は下がるものの、主に年上（同年）の話者に対して使用されるとの内省が示された。また、b. -우다/수다、c. -오/소は話者によって待遇程度に対する認識が異なるため、一概に順位を決めることはできないが、いずれも上称、あるいは略待で待遇するには相応しくないと判断される年上、同年、年下の話者に対し、一定の待遇をするために使われる語尾である。なお、親しさを示す군더더기である -레との結合は、a. -무다/스무다、b. -우다/수다のみが可能である。さらに d. -다우は強調、あるいは伝聞を表す際に用いられるものであり、ここに示した語尾の中では使用範囲が相対的に狭いといえる。この語尾の待遇レベルについてフォローアップ調査では、概ね c. -오/소に近いとの内省が示された。

4.4.2. 中称・命令形

中称・命令形の語尾には、以下のような形式が確認された。

【表 4-10】 中称・命令形の語尾

	語尾	例
a.	-(으)시라요	빨리 일어나시라요.
b.	-(으)라요	빨리 일어나라요.
c.	-(으)시오	빨리 일어나시오.

このうちより丁重な命令表現は a. -(으)시라요であり、フォローアップ調査でも -(으)십시오より待遇の程度は下がるものの、主に年上（同年）の話者に対して使用される語尾であるとの内省が示された[20]。一方、b. -(으)라요は上称、あるいは略待で待遇するには相応しくないと判断される年上、同年、年下の話者に対し、一定の待遇をするために使われる語尾である。これら -(으)시라요、-(으)라요は、ともにどちらかというと女性が好んで使う柔らかい語感を与える語尾である。一方、c. -(으)시오は書きことばで多く

---

20 ただし、平安南道出身のコンサルタントは、出身地域では -(으)시라요を用いないとの内省を示した。もしこのような表現を使った場合は冗談のように聞こえるか、相手を馬鹿にしているように聞こえる可能性があるという。

4.4. 終止形語尾の使用 115

使われることもあり、やや格式的な表現として男性の話者が多く使う（その
分、やや命令の語感が強く出るようである）。なお、尊敬の接尾辞 -(으)시-
を含まない -오/소 は、一般的には当地域では命令形としての用法を持た
ず、これを使った場合は延辺朝鮮語（咸鏡道方言）を使っているような印象
を与えるという。

4.4.3. 中称・勧誘形

中称・勧誘形の語尾には、以下のような形式が確認された。

【表 4-11】中称・勧誘形の語尾

	語尾	例
a.	-(으)ㅂ수다	빨리 갑수다.
b.	-(으)ㅂ시다	빨리 삽시다.
c.	-(으)시오	빨리 가시오.
d.	-자요	빨리 가자요.

このうちより丁重に相手を誘う表現は a. -(으)ㅂ수다、b. -(으)ㅂ시다 で
あり、前者は後者より若干丁寧な印象を与える。また、c. -(으)시오 は、や
や格式的な表現かつ命令の語感を帯びるため、その分、待遇の程度はやや下
がるといえる。d. -자요 は、どちらかというと女性が好んで使う柔らかい語
感を与える語尾である。

4.4.4. 下称・疑問形

下称・疑問形の語尾には、以下のような形式が確認された。

【表 4-12】下称・疑問形の語尾

	語尾	例
a.	-간?	어디 가간?
b.	-네?, -니?	어디 가네?, 가니?
c.	-냐?	어디 가냐?
d.	-가?	이거 뭐이가?

このうち a. -간? は西北方言を保持した語尾で、上掲の表現の中では最も親しさが込められた表現である。また、b. -네?, -니? は、a. -간? に比べると対話者への待遇の程度がやや低い語尾である。さらに c. -냐? は本来、遼寧省朝鮮語においては、ほとんど使われない語尾であったが、1990 年代以降、韓国語の影響を受け急速にその使用が拡大しているという（ただし、本調査ではこの語尾の出現が１回しか確認されなかったことからもわかるように、中老年層においては、まだその使用は限定的であるともいえる）[21]。さらに d. -가? は指定詞語幹とのみ結合するという点で、その使用範囲は限定的である。

4.5. 小結

本章では、鴨緑江北部地域における遼寧省朝鮮語の中老年層談話（親的場面）にみられる発話形式の特徴を分析した。分析の結果、明らかになったことは、以下の３点に要約される。

1. 分析談話において最もよく使用される終止形語尾の待遇法等級は略待であり、これに下称、中称、略待上称といった等級が続く。
2. 分析談話において使用される終止形語尾には、平安道方言（西北方言）を基層とするものが確認されるが、待遇法等級により分類すると、特に中称（平叙形、命令形、勧誘形）、下称（疑問形）において特徴的な形式が確認される。なお、中称の語尾の中には、下称の語尾に -우や -요が結合したものがあり、他方言にはみられない特徴を示す。
3. 分析地域の話者は、都市部に居住する話者より方言形をより高度に保存している。こうした差異は、韓国語など他変種からの影響程度の低さが関与していると思われる。

---

21 김영황 (1982) によると、-냐? は、遼寧省朝鮮語の基層方言である西北方言の他、東北方言、六鎮方言でもほとんど使われないという。なお、あるコンサルタントは1990年代に初めてこの語尾を使う話者に接した時、生意気な表現だと感じたという。しかし、現在は自身も（例えば娘に対して）自然に使用しているということである。

4.5. 小結 117

雅河朝鮮族郷 人民政府。満州語も見える。(2016 年 9 月 8 日)

鴨緑江のすぐ対岸は北朝鮮 慈江道 渭原郡。(2016 年 9 月 7 日)

第5章

ハイブリッド言語としての黒龍江省朝鮮語

5.1. はじめに

第4章まででは、吉林省（延辺朝鮮族自治州）や遼寧省（瀋陽市、鴨緑江以北地域）における調査結果をもとに各地の朝鮮語の特徴について分析を行なってきた。本章と次章では、東北3省を構成する今1つの省である黒龍江省[1]で使用される朝鮮語について分析することにする。まず、本章では黒龍江省の中でも尚志市[2]に居住する移住第4、5世代の話者の談話（友人談話）を取り上げ、その言語的特徴を分析する。尚志市在住の朝鮮族は、その多くが慶尚道から移住した人々の末裔である。しかし、その一方で同市における

1　序章でみたように、黒龍江省の朝鮮族人口は327,806人で、吉林省（1,040,167人）に続き、中国国内では2番目に多い人口を擁する省である（国務院人口普査办公室 他 (2012)）。当地域における朝鮮族の移住世代は、牡丹江、合江（牡丹江に隣接する地域）には咸鏡道出身者が、松花江（哈爾浜）、綏化、合江（牡丹江に隣接しない地域）には慶尚道出身者が多いとされ（宣徳五 他 (1985)、북경대학 조선문화연구소 (1995)）、ひとくちに「黒龍江省朝鮮語」といっても、その基層となる変種は多様であることがわかる。

2　尚志市（상지시, 尚志市 [shàngzhìshì]）は、黒龍江省の東南部、張広才嶺の西麓に位置する哈爾浜市下の県級市（1988年9月に県より市に昇格）。河東朝鮮族郷、魚池朝鮮族郷などの朝鮮族居住地域を擁する。2016年末における総人口は、580,291人（상지시 조선민족사 편집위원회, 한득수 주필 (2009) によると、同書の刊行当時、尚志市における朝鮮族の人口は20,419人で市総人口の2.4%を占めていたという）。哈爾浜市中心部からの距離は124km（尚志市人民政府 他 (2017, 2018)）。李文淑 (2008) によれば、尚志市 河東郷 南興村の場合、慶尚道からの移住者が9割以上を占めるという。

朝鮮族人口は既に市総人口の4%を切っており、優勢言語としての漢語の影響が極めて大きいであろうこと、地域を接する牡丹江地区には咸鏡道方言話者が多く居住していること[3]、さらに近年は韓国との交流が活性化していることなど、彼らを取り巻く特殊な言語環境を考慮した時、その言語には一種のハイブリッド（hybrid）化した言語的特徴が現れる可能性が高い。初期の移住から1世紀余りの時を経て、彼らの言語はいかに変容し、その使用はいかなる特徴をみせるのであろうか。本章では、筆者が現地で採録した談話資料をもとに、共時態としての当地域の言語の多様性を分析することにしたい。

5.2. 先行研究

本章では、先行研究を概観する。まず、黒龍江省朝鮮語の記述についてみた後、本章の分析において重要な観点となる中国朝鮮語の言語接触に関する研究についてもみておくことにする。

5.2.1. 黒龍江省朝鮮語

本節では、黒龍江省朝鮮語に関する先行研究を概観する。

허덕행 외 (1990) は、黒龍江省朝鮮族の二重言語使用の実態について分析した論文である。同論文では、漢語の使用率は農村より都市で高いこと、若年層ほど朝鮮語に対する愛着が相対的に弱いこと、日常生活において漢語を使用する人の比率は増加の一途を辿っていることなどを明らかにしている[4]。

전학석 (1996) は、中国で執筆された朝鮮語方言学の概説書である。同書では、中国における東南方言[5]の使用地域は、吉林省 長春、吉林、黒龍江省 哈爾浜、斉斉哈爾、綏化、松花江、遼寧省 開原などに分布しているとしながら、特に（黒龍江省）泰来県 四里五郷、五常市 長山郷、哈爾浜市 道里区

3　おおよそ177kmの距離を隔てる。

4　当論文が執筆された当時50歳以上であった朝鮮族は、出身が朝鮮半島であったため、朝鮮語を高度なレベルで駆使していことはもちろん、言語への愛着も強かったという。

5　東南方言は、慶尚北道、慶尚南道に分布する方言の総称である（이상규 (1998)）。

の音韻、文法、語彙の特徴について整理している。これによると、当地域で
は一＞ㅓ、ㅔ＞ㅣ、ㅕ＞ㅐのような母音交替（vowel alternation）や半母音
[j]、[w] の脱落（単母音化）[6] といった音韻現象がみられる他、−구마, −느매
（−구만, −는구만 : 〜なあ）、−라/이라, −ㄹ끼이/일끼이（−이다 : 〜だ）、−가/
이가?（−인가? : 〜なのか）、−까?, −(으)ㄹ강?（−(으)ㄹ가? : 〜しようか / だ
ろうか）、−는개?（−는가? : 〜のか）、−나?, −노?, −네?（−느냐? : 〜のか）な
どの終結吐（終結吐）や −메, −밍, −민, −면, −매（−(으)며 : 〜ながら）、−문,
−믄, −멘, −먼（−(으)면 : 〜たら）などの接続吐（接続吐）の使用が確認され、
主に東南方言を基層にした言語的特徴がみられるとしている[7]。

　이장송（2004）は、哈爾浜市 香坊区 成高子鎮に居住する朝鮮族の言語使
用様相について分析した論文である。同論文では、調査地の話者は自身の話
す韓国語変種（language variety）を慶尚道方言であると認識しており、そ
れは抑揚に起因するところが大きいが、その一方で中国朝鮮語の標準語や中
国語の影響を受けた結果、必ずしも慶尚道方言の音韻体系を有するものでは
ないとしている。

　이장송 외（2004）は、哈爾浜市 香坊区 成高子鎮に居住する朝鮮族の言語
転換（code-switching）について分析した論文である。同論文では、調査地
の若年層の話者は、中国語と韓国語を共に高度なレベルで駆使する伝統的な
意味での二重言語話者であるとしている。ただし、当地の若年層における韓
国語の敬語法体系は、하세요体と해라体への 2 極化（単純化）が進んでいる
としており、親しくない相手に対して尊敬語を使うべきか迷う場合は中国語
にシフトするとしている。

　박련옥（2013）は、黒龍江省 東南部地域における朝鮮語の使用実態につ
いて分析した論文である[8]。同論文では、牡丹江市 東寧市、密山市などでは
都市への人口移動による農村の朝鮮族人口の減少が加速化していること、そ

6　수염＞수**엄**（髭）、화물차＞**하**물차（貨物車）など。

7　ここでは、本調査で分析対象となる友人談話に現れるであろう等級の語尾に限定して
提示している。

8　現地踏査、座談会、訪問、質問紙調査などの結果をもとに分析を行なっている。

れに伴って朝鮮語の使用比率は都市で高くなっていること、都市における朝鮮語の使用は漢語との接触がより頻繁であるため、言語変異が生じていることなどを明らかにしている。

5.2.2. 言語接触

本節では、中国朝鮮語の言語接触に関する先行研究を概観する。なお、ここでは研究の希少性に鑑みて、黒龍江省朝鮮語以外の変種も含めて扱う（ただし、共時的な言語を分析したものに限って扱う）。

김기종（1990）は、中国朝鮮語における語彙の規範化作業について分析した論文である。同論文によると、中国朝鮮語の語彙レベルにおける漢語からの影響としては、1）漢語の単語を朝鮮語の漢字音読法により音訳したもの、2）漢語の単語を音借したもの、3）漢語の単語を意訳したもの、4）漢語の単語を半音訳・半意訳したものがあるとしている[9]。

宮下尚子（2007）は、言語接触と中国朝鮮語の成立について分析した研究書である。同書では、中国朝鮮語の方言分布、中国の少数民族言語政策、中国朝鮮語の規範といった内容とともに中国朝鮮語の言語接触について分析しており、その中では音韻レベルにおける漢語からの影響、統語・語彙レベルにおける漢語からの借用についての記述がみられる。このうち音韻レベルにおいては同時代の延辺朝鮮語では固有語名詞のアクセント体系は2型しか存在しておらず、基層方言（咸鏡道方言）とは異なる体系を持つこと、統語レベルにおいては拘束形態素 -하다による動詞化、帮//助（手伝う）、考//察（視察する）などの動詞－目的語構造を持つ分離動詞（動目構造）の借用がみられること、語彙レベルにおいては字音借用、翻訳借用、混種語、音借（直接借用）といったタイプのものが存在することなどが述べられている。

柴公也（2015）は、吉林省 延吉市における朝鮮族学生の朝鮮語の語彙

---

9 1）音訳の例としては인민공사（人民公社：人民公社）、생산대（生产队：生産隊）などが、2）音借の例としては양걸（秧歌 yānggē：ヤンガー、ヤンコ踊り）、콰이발（快板(儿) kuàibǎn(r)：速いリズム）などが、3）意訳の例としては선줄군（带头人：リーダー）、뒷문거래（走后门：裏工作）などが、4）半音訳・半意訳の例としては오성붉은기（五星红旗：中国の国旗）、현지회의（现场会议：現地会議、職場集会）などがあげられている。

的・文法的特徴について、韓国語との対照から分析したものである。同論文では、分析地域の朝鮮語話者は咸鏡北道方言を基層とした言語使用が多くみられる他、学校教育を通して文化語の影響も受けているとしている。また、語彙の面では普通話の影響を受けているが、近年は原音をそのまま模して使う場合が増えているとしている[10]。さらに、近年は韓国語の影響が増える一方で、初期の移住世代が多く影響を受けた日本語やロシア語の影響は相対的に少なくなってきているとしている。

　以上、主要な先行研究における黒龍江省朝鮮語、および中国朝鮮語の言語接触に関する記述を概観した。ここでみたように、これまでにも黒龍江省朝鮮語を扱った調査、研究はいくつかが存在しているが、それらは調査時点が古いものや言語選択や言語意識を扱った論文が多く、共時態としての黒龍江省朝鮮語話者が実際の相互作用の場面においてどのような言語使用を行なっているのかを記述したものは、ほとんど存在していないといってよい。また、言語接触を扱ったものもいくつかが散見されるが、いずれも特定の言語変種との接触や語彙の借用を扱ったものが多く、やはりある地域の言語を接触という観点から広く扱った研究（あるいはそれらが発話にどのように反映されているかを扱った研究）は少ないことがわかる。本章では、こうしたこれまでの研究の問題点を補完すべく、実際の言語調査に基づいた記述的研究を行ないたいと思う。

5.3.　研究の枠組み

　本章では、2018 年 5 月に黒龍江省 尚志市 朝鮮族中学校[11] で、筆者が独自

10　김기종（1990）、宮下尚子（2007）における「音借」に相当。

11　尚志市 朝鮮族中学校は、松江省立朝鮮人中学校（1947 年 3 月 15 日開設）を前身とする（日本でいうところの）中・高一貫校である。2017 年度時点における学校全体の学生数は 174 人、教職員数は 76 人で、中学課程は各学年 3 クラス、高校課程は各学年 2 クラスが設置されている（《尚志市朝鮮族学校史》委編会（2017））。校長、党書記の話によると、当校は朝鮮族学校ではあるが、実際の授業は漢語で行なわれることが多いという（た

124　第 5 章　ハイブリッド言語としての黒龍江省朝鮮語

に採録した談話の音声・文字化資料、および全てのコンサルタントに実施した質問紙、インタビューによるフォローアップ調査の結果を分析対象とする。談話採録調査の枠組みとコンサルタントの情報は以下に示すとおりで、いずれも同年齢の話者による 2 者間友人談話（計 7 談話、計 1,815 発話）となっている。

【表 5-1】談話採録調査の枠組み

談話名	話者名	年齢	性別	出身地 （本人）	出身地 （父親）	出身地 （母親）
H1	HN1	15	女性	黒龍江省 哈爾浜市	黒竜江省 木蘭市	黒竜江省 木蘭市
	HN2	15	女性	黒龍江省 尚志市	黒龍江省 哈爾浜市	黒龍江省 哈爾浜市
H2	HN3	16	女性	黒龍江省 尚志市	黒龍江省 尚志市	北朝鮮 （不明）
	HN4	16	女性	黒龍江省 尚志市	不明	不明
H3	HN5	16	女性	黒龍江省 尚志市	黒龍江省 尚志市	黒龍江省 尚志市
	HN6	16	女性	黒龍江省 尚志市	黒竜江省 海林市	黒竜江省 海林市
H4	HN7	15	女性	黒龍江省 尚志市	不明	不明
	HN8	16	女性	黒龍江省 尚志市	黒龍江省 尚志市	黒龍江省 尚志市
H5	HN9	16	男性	黒龍江省 尚志市	不明	不明
	HN10	16	男性	黒龍江省 尚志市	不明	不明
H6	HN11	16	男性	黒龍江省 尚志市	黒龍江省 尚志市	黒龍江省 哈爾浜市
	HN12	15	男性	黒龍江省 尚志市	黒龍江省 尚志市	黒龍江省 尚志市
H7	HN13	16	女性	黒龍江省 尚志市	黒龍江省 尚志市	黒龍江省 尚志市
	HN14	16	女性	山東省 青島市	不明	不明

だし、その場合にも教科書は朝鮮語で書かれたものを使用している）。なお、本調査では高校 2 年生の同じクラスに在籍する学生同士の会話を採録している。（主に本書における調査地ともなっている）中国の朝鮮族学校の現状については、髙木丈也（2018f）も参照。

上記のうち、文字化する範囲と時間は、各談話とも談話開始から12分00秒とした（総文字化時数：84分）。

5.4. 分析

　本章では、黒龍江省朝鮮語の談話の特徴を基層方言、影響変種という観点から慶尚道方言、中国朝鮮語、韓国語、朝鮮語の他方言、漢語の5つに分けて考察し、最後に誤用、コード・スイッチングの出現様相についてもみることにする[12]。

5.4.1. 慶尚道方言

　前述の通り、調査地域の移住第1世代は、その多くが慶尚道出身者であることから、第4世代の談話においても慶尚道方言の影響を受けた発話の出現が予想される。本節では、それらについて音韻、語彙、文法という観点からみることにする[13]。

5.4.1.1. 音韻

　単母音は、慶尚道方言と同じく6母音体系を保有する話者が存在した。すなわち [ㅓ] と [ㅡ] は [ㅓ] に、[ㅐ] と [ㅔ] は [ㅐ] に合流した結果、[ㅏ, ㅓ, ㅗ, ㅜ, ㅣ, ㅐ] という6母音が弁別的な対立をみせている。その他の交替や同化も含め、以下にいくつか慶尚道方言の影響を受けた音韻的特徴の例を示す。

　［例 5-1］

(1)　HN9：챔피앤 결승 **성자는** 바로….

　　　　（チャンピョン、決勝の勝者はまさに…）

(2)　HN9：이거 **머슨** 몰카 아니야?.（これ、**何か**隠しカメラじゃないの？）

12　柴公也（2015）における延吉市の朝鮮語話者の場合と同様に、本調査においても日本語やロシア語の影響を受けた言語的特徴は、確認されなかった。

13　本章（本書）では、音韻的特徴の中でもアクセントに関する分析は行なえなかった。方言研究においてアクセントに関する分析は不可欠である。これについては今後の課題としたい。

126　第5章　ハイブリッド言語としての黒龍江省朝鮮語

(3)　HN3：니 이런 말 하는 **기** 대게 답답해 약간….

　　　　(あんた、こんなこと言う**ことが**、すごくもどかしい、ちょっと…)

(4)　HN3：내 **핵교** 와서 절대 공부안해.

　　　　(私、**学校**に来て、絶対勉強しないの)

(5)　HN3：**멧** 씨이～. (**何時**～)

(6)　HN3：아니므 너 이번 **일료일에** 머 하는가?.

　　　　(そうじゃなければ、あんた今度の**日曜日に**何するの？)

(7)　HN14：마음에 좀 어딘가 좀 **답다배**.

　　　　(心のちょっと、どこかが、ちょっと**もどかしいよ**)

　(1)、(2) は、ㅡ, ㅜ>ㅓ[14]という合流現象を示した例で、(1) では승자 (勝者) が〔성자〕で、(2) では무슨 (何か) が〔머슨〕で現れている。서병국 (1983) によれば、このような合流は慶尚北道の中でも영천 (永川)、경주 (慶州)、대구 (大邱)、달성 (達城)、청도 (清道)、고령 (高霊) といった南部地域でみられる現象である[15]。また、(3) はㅔ>ㅣというやはり慶尚道方言に特徴的な交替を示すもので、～ 것이 (～ことが) の話しことば形である～게が〔기〕として現れた例である。(4)、(5) は、ウムラウト (umlaut) 現象を伴ったもので、(4) は학교 (学校) においてㅏ>ㅐという交替が、(5) は몇 시 (何時) においてㅕ>ㅖという交替がそれぞれ起こった例である。このような逆行同化 (前舌化 (fronting)) は、例えばソウル方言においても現れるものではあるが、そもそもウムラウト現象自体が朝鮮半島南部の方言でまず起こったものであること、共時的にも慶尚道方言においてより頻繁に起こるものであることなどを考慮すると、基層方言の影響を受けたもので

14　やや中舌化 (centralization) して〔ɔ〕というよりは、〔ə〕に近い音に聞こえる。

15　이상규 (1998) にも同様の記述がある。なお、서병국 (1983) では、봉화 (奉化)、영주 (栄州)、안동 (安東)、의성 (義城)、군위 (軍威) といった地域においては〔ㅡ(ɯ)〕と〔ㅓ(ɔ)〕が弁別的であるとしている。ところで、HN8の発話には「니랑 /인명/ 오면 진짜 **어뜨케** 말해 어?」(あんたと／人名／来たら、本当にどうやって話すの？) のような例が確認されたが、어떻게〔어떠케 >어**뜨**케〕(どうやって) という変化は朝鮮語の他方言でも聞かれるものであるため、これが慶尚道方言の影響を受けたものであるかは定かではない (やや可愛い語感を付加しようとする際にこのような発音を意図的にすることが多いようである)。

ある可能性が高い。さらに（6）は、やはりソウル方言より慶尚道方言におい
て起こりやすいとされるㄴ挿入の例で、일요일（日曜日）が일요일＞일뇨일
（ㄴ挿入）＞일료일（流音化）という過程を経て実現されたものである[16]。最
後に（7）では답답해（もどかしいよ）が［－배］として現れているが、こ
れは慶尚道方言に特徴的な激音化の回避現象が現れたものである[17]。

　ところで、このような現象がみられる一方で、同一話者の発話における母
音の出現をみてみると、［例5-2］のように常に特定の母音が非弁別的であ
るわけではないことも確認された。

　［例5-2］

　（1）HN9：슈웃～! **건데** 안들어갔습니다.

　　　　　（シュート！　**ところが**入りませんでした）

　（2）HN9：**근데** 들어가지 않습니다. （**ところが**入りませんでした）

　この例では、（1）、（2）ともに근데＜그런데（ところが）という語が現れ
ているが、（1）ではー＞ㅓという交替が起こっているのに対し、（2）では交
替が起こらず［ー］により実現していることがわかる。このように母音の弁
別現象に揺れが確認されるのは、学校における朝鮮語教育や他方言（話者）
との接触による影響が少なくないと思われる。

5.4.1.2. 語彙

　慶尚道方言の影響を受けた語彙は、以下のようなものが確認された[18]。

16　慶尚道方言でㄴ挿入が起りやすいことについては、신지영 외（2003）や姜英淑（2017）
も参照。ところで、HN3の発話には금요일（金曜日）が［금묘일］と現れた例が確認された。
これは、금요일＞금**뇨**일（ㄴ挿入）＞금**묘**（順行同化）という過程を経て生成されたもので
ある可能性が高い（韓成求（2018）によると、平壌方言においても금융［금**뭉**］（金融）のよ
うに、漢字語で終声が［ㅁ］である場合に次音節の初声がㅁにより実現される現象が確認
されるとしている）。

17　このような解釈がある一方で、漢語においては無声有気音に単母音［ɛ (e)］が結合し
た패［pʰɛ］のような音節構造が存在しないため、（漢語が優勢な話者にとっては）発音が困難
であったものともみられる。なお、第7章で分析する（中国朝鮮語話者と韓国語話者の接
触場面）談話におけるコンサルタントのうち、漢語が優勢な話者の発話には부탁해요［부
타**게**요］（お願いします）のような用例が観察されたことがある（ちなみに漢語のピンインで
keと表記される音は、［kɤ］であり［kʰe］ではないため、聴覚印象がかなり異なる）。

18　方言語彙の同定については、主要な先行研究の他、국립국어원（（韓国）国立国語院）が

128 第5章 ハイブリッド言語としての黒龍江省朝鮮語

［例5-3］

(1) HN8：**내** 계속 웃고싶다. (**私**、ずっと笑っていたい)

(2) HN3：**니** 그거 그 누구 좋아하는 드라마 말해봐봐.

　　　 (**あんた**、それ、その誰、好きなドラマについて話してみて)

(3) HN4：**스샘** 냈는거야. (**先生** (が) 出したんだよ)

(4) HN7：나 바이올린 다시 해볼려고 했는데 **할매가**….

　　　 (私、バイオリンまたやってみようと思ってたんだけど、**おばあさんが**…)

(5) HN3：너랑은 머 노래도 **마이** 통하지도 않고….

　　　 (あんたとは、何、歌 (の話) も**たくさん** (全然) 通じないし…)

(6) HN9：**인자** 십분이 지났습니다. (**もう**10分が過ぎました)

(7) HN7：야, **엇수로(억수로)** 아프다야! (あぁ、**とても**痛い！)

　(1)、(2) は人称代名詞の例で、(1) では1人称代名詞である나 (私、僕) が내で、(2) では2人称代名詞である너 (お前、あんた) の単独形が니で現れている[19]。また、(3)、(4) は名詞の例で、(3) では선생님 (先生) が스샘[20] で、(4) では할머니 (おばあさん) が할매で現れている。さらに、(5)、(6) は副詞の例である。(5) では많이 (たくさん) が마이で、(6) では이제 (もう) が인자で、(7) では매우, 엄청 (とても) といった意味の副詞 억수로が それぞれ現れている。これらは、いずれも慶尚道方言においてよく使用される語彙である。

5.4.1.3. 文法

　慶尚道方言の影響を受けた文法形式は、以下のようなものが確認された。

運営する우리말샘 (https://opendict.korean.go.kr/main) における記述も参照した。

19　2人称代名詞については、HN3の発話に「빨리 말해 너….」(早く話してよ、あんた…)、HN10の発話に「인터부 너가 물어봐야….」(インタビュー、お前が尋ねなきゃ…) といった例が確認されており、너により現れる例も少なからず存在した。

20　韓国の若者ことばでも선생님 (先生) を쌤ということがあるが、これは本来、慶尚北道方言に由来するものである。ただし、慶尚北道方言の中でも大邱を中心とした地域では、音素として［ㅆ］(濃音) を持たないので、［샘］のように初声が平音で実現するのが普通である。

5.4. 分析 129

［例 5-4］

(1) HN6 : **불만있나**?. (**不満あるの**？)

(2) HN3 : **아홉시가**?. (**9 時なの**？)

(3) HN10 : 머'끼라이데스'가 또 **머고**?. (何、「嫌いです」ってまた**何なの**？)

(4) HN7 : 내가 **때리주께**. (私が**殴ってやるわよ**)

(5) HN14 : 근데 **살라면** 또 아빠가 못싸게 할까봐….

(けど、**買おうとすると**、またお父さんが買えないようにしちゃう
と思って…)

(6) HN10 : 아, **모르믄** 가. (あ、**わからなければ**、行きな)

(7) HN4 : 스샘 **냈는거야**. (先生（が）**出したんだよ**)［再掲］

(8) HN3 : 한 번밖에 못해짠나 **지금꺼지**….

(1 回しかできなかったじゃない、**今まで**…)

(1) は動詞、形容詞、存在詞の肯否疑問文に結合する -나?、(2) は指定
詞の肯否疑問文に結合する -가?、(3) は指定詞の疑問詞疑問文に結合する
-고? が現れた例である。このうち -가? は、3.4.1.1.2. で分析した遼寧省 瀋陽
市、丹東市の話者の朝鮮語においても出現が確認されたものであるが、遼寧
省朝鮮語のそれは平安道方言を基層にしたものであるため、肯否疑問文、疑
問詞疑問文ともに用いることができるという点で異なる特徴をみせる[21]。ま
た、(4) は意志・約束を表す -(으)ㄹ게 （〜するよ）が -게 ［께］で、(5) は
意図・目的を表す -(으)려면 （〜しようとするなら）が -(으)ㄹ라면で[22]、(6)
は仮定・条件を表す -(으)면 （〜たら）が -(으)믄で、(7) は動詞の現在連
体形語尾 -는 〜（…する〜）が過去形語幹 -았/었- に結合し -았는/었는 〜
の形で、(8) は到達格助詞[23] -까지 （〜まで）が -꺼지でそれぞれ現れた例
である。こうした語尾、助詞類は、いずれも慶尚道方言の影響を受けたもの

---

21 3.4.1.1.2. でみた遼寧省朝鮮語の調査では、-가? の出現のうち、肯否疑問文は 72.0%、
疑問詞疑問文は 28.0% であった。

22 すぐ後でみるように慶尚道方言における仮定・条件の接続形語尾は、-믄が現れるこ
とが普通であるが、ここでは -(으)면により現れている。中国朝鮮語の規範や韓国語など、
他変種からの影響を受けたものと思われる。

23 助詞の格に関する範疇は、基本的には菅野裕臣（1988）に従うことにする。

130 第5章　ハイブリッド言語としての黒龍江省朝鮮語

である。

　また、この他に以下のように語幹末に‐ㅣ‐を持つ用言の‐아/어‐形において ㅕ＞ㅣ という交替をみせた活用形が確認された。

　［例5-5］

　(1) HN3：수학 이번에 **잘 치야 돼**.

　　　　（数学、今回は**いい点数取らなければならないよ**）

　(2) HN7：내가 **때리주께**.（私が**殴ってやるわよ**）［再掲］

　(3) HN8：아, **못생깄어**, 이 얼굴, 감자같애. 감자같은 이 얼굴….

　　　　（あぁ、**かわいくない**、この顔、ジャガイモみたい。ジャガイモみたいなこの顔…）

　(1)は、쳐야（（試験を）受けてこそ〜）が치야、(2)は때려（殴って〜）が때리、(3)는못생겼어（不細工だ）が못생깄어として現れた例である[24]。

　以上、慶尚道方言の影響を受けた発話をみたが、例えば慶尚道方言に特徴的と言われるㄱ, ㅋ, ㄲ＞ㅈ, ㅊ, ㅉ（김치＞짐치）という口蓋音化や、ㅡ, ㅜ＞ㅣ（가슴＞가심, 가루＞가리）という前舌高母音化、さらには무울래?（먹을래?）や잇어애（있어요）、잇어라（이어라）のような用言の活用形（趙義成（2007）、姜英淑（2017））は確認されなかった。さらには전학석（1996）で報告がされている慶尚道方言に影響を受けたとされる‐구마, 느매, ‐라/이라, ‐ㄹ끼이/일끼이, ‐까, ‐(으)ㄹ강のような終止形語尾も出現が確認されておらず、本節でみた慶尚道方言に特徴的な形もその出現数自体としては決して多いものではなかった。以上の結果から、黒龍江省 移住第4、5世代の発話は全体としては慶尚道方言を基層としたものではあるものの、その影響は限りなく少なくなっているといえそうである。

24　この他に다까기 다께야［髙木丈也］（2018g）で分析した談話（ソウル在住の吉林省出身者の発話）には、「메뉴쯩이라 안해여? 그, **머라개야** 대나?」（（免許証のことを）메뉴쯩とは言いませんか？　あの、何て言えばいいかな）という発話が確認された。ここに現れた「머라개야」は、引用形の含まれた「뭐라고 해야」の方言形である。

5.4.2. 中国朝鮮語

　本調査の談話採録は朝鮮族高校の学生を対象に行なったものであり、14名のコンサルタントは全員が小学校、中学校の課程も朝鮮族学校で教育を受けている[25]。このことから彼らの朝鮮語は学校教育の影響を強く受けていることが予想されるが、実際の談話に現れる言語使用はいかなる特徴を示すのだろうか。本節では「中国朝鮮語」を千惠蘭（2005: 57）に従って「中国において学校教育などで教えられている標準朝鮮語」と狭義に定め、その出現状況を語彙という観点からみることにする[26]。

5.4.2.1. 語彙

　中国朝鮮語の影響を受けた語彙は、以下のようなものが確認された。

　　［例 5-6］

　　(1) HN2：一直 우리 모두 **락관적인** 삶의 태도로….

　　　　　 （ずっと私達、みんな**楽観的な**人生の態度で…）

　　(2) HN3：요즘 **리해하기가** 힘들어. （最近、**理解するのが**大変）

　　(3) HN7：걔네 둘 원래 **리과생** 두명만 있잖아.

　　　　　 （あの子達２人、元々**理系の学生**、２人しかいないじゃない）

　これらは、漢字語における頭音法則（두음법칙）[27]の不適用の例である。

25　フォローアップ調査で得た情報による。

26　現代通用する中国朝鮮語の言語規範の基礎が築かれたのは、1977 年に동북3성조선어문사업협의소조（東北３省朝鮮語文事業協議小組）が設立されてからである。最も早い規範集（正書法）は 1977 年に制定され、その後も約 10 年おきに 1985 年、1996 年、2007 年、2016年に改訂が行なわれてきた。ただし、最新の 2016 版版は 12 月に発表されており、本調査の実施時点（2018 年）においては、まだ学生の言語使用に十分に浸透していなかったと考えられるため、本章では 2007 年の版に依拠して分析を行なうことにする。なお、中国朝鮮語の規範化に関しては、최윤갑 주필（1992）、金永寿（2006）、植田晃次（2018）を参照。

27　頭音法則とは、韓国の標準語規定にみられる規則で、漢字語において語頭の初声ㄹが母音［ㅑ, ㅕ, ㅛ, ㅠ, ㅣ, ㅖ］を伴う際にㅇに、それ以外の母音を伴う際にㄴに変化する他、やはり漢字語において語頭の初声ㄴが母音［ㅕ, ㅛ, ㅠ, ㅣ］を伴う際にㅇに変化するという規則を指す（いずれもそのように綴り、発音する）。なお、中国朝鮮語の規範である『조선말규범집』第２章 第４項（중국조선어사정위원회（2016））では、「‘ㄴ, ㄹ’ 은 모든 모음 앞에서［ㄴ, ㄹ］로 발음하는 것을 원칙으로 한다」（ㄴ,ㄹは、全ての母音の前で［ㄴ, ㄹ］で発音することを原則とする）としており、랑비［랑비］（浪費）、력사［럭싸］（歴史）といった例をあげている。

(1)〜(3) は、韓国の標準語規定に従えば、それぞれ頭音は ［나-］、［이-］、
［이-］として現れるものであるが、いずれも語頭の ㄹ は、ㄴ や ㅇ に変化する
ことなく実現している。こうした例は、朝鮮族学校における学校教育の影響
を受けたものであると考えられる。

　ところで、その一方で本調査では、以下のように頭音法則が適用される例
も確認された。

　［例 5-7］

(1) HN7：그리고 이 **녹음팬은** 세상에서 다 올라있다?.
　　　　（そして、この**録音ペンは**、世の中にみんな出ている？）

(2) HN7：아, 나 짜장면…. （あ、私ジャージャー麺…）
　　HN8：아〜, **냉면**…. （あ〜、**冷麺**…）

　上の例では、ㄹ＞ㄴ という交替をみせていることがわかるが、これは基層
言語（慶尚道方言）というよりは同時代の韓国語の影響を受けたものである
と思われる。なお、興味深いのは HN7 の話者の場合、頭音法則が適用され
た語彙（［例 5-6］(3)）とそうでない語彙（［例 5-7］(1)）を同一の談話で
混用していることである。どのような語彙において頭音法則が適用されやす
いのか、あるいはその選択には話者のどのような意図が反映されているのか
（あるいは無意識に使用しているのか）は、本調査からは解明することがで
きなかったが、上掲のような例から少なくとも同時代の分析地域の朝鮮語に
おいては、異なる変種的特徴の混在が確認されることがわかるだろう。

5.4.3. 韓国語

　박경래 외（2012）や髙木丈也（2016a, 2018ad）、新井保裕 他（2017）など
でも明らかにされているように、同時代の中国朝鮮族は韓国の文化を積極的
に受け入れ、また自身もそれに同化していく傾向をみせる場合が少なくな
い[28]。本節では、韓国語の使用状況について音韻、語彙、文法という観点か

28　박경래 외（2012）では、東北 3 省、および山東省 青島市に住む朝鮮族、計 759 人（20
代前後〜61 歳以上）の言語使用実態を調査しているが、これによると吉林省では 73.0％、
遼寧省では 80.1％、黒龍江省では 67.6％、青島市でも 72.2％ の被験者が 1 日に 1 時間以上、
韓国のテレビを視聴しているという。なお、吉林省 延吉市と遼寧省 大連市の朝鮮族学校の

らみることにする。

5.4.3.1. 音韻

韓国語の影響を受けた音韻的特徴は、以下のようなものが確認された。

［例 5-8］

(1) HN3：요즘 보는 드라마 말해바바. 그 **얘기해두** 머….

(最近、見ているドラマについて話してみて。その**話をしても**、まぁ…)

(2) HN4：맛있는거 **사구**…?. (おいしいもの**買って**…？)

(3) HN10：아, 저 밖에서 **듣구있는거** 아니겠지?.

(あ、あの、外で**聞いているのでは**ないよね？)

(1)、(2) ではㅗ＞ㅜという母音交替が起こっていることがわかる。これは、韓国語の中でも特にソウルを中心とする中部方言においてよくみられる音韻交替である。また、(3) でも -고있다においてㅗ＞ㅜという母音交替が起こっているが、このような交替は、現代韓国語の話しことばでは一般的に多くみられないものである。これは、本来、保有していない音韻的特徴を過剰一般化（overgeneralization）して、適用した例であるとみられる。

5.4.3.2. 語彙

韓国語の影響を受けた語彙は、以下のようなものが確認された。

［例 5-9］

(1) HN14：커피, 커피, 커피, **드디어**….

(コーヒー、コーヒー、コーヒー、**ついに**…)

(2) HN3：아, 그 동물 **헤엄치는거**…. (あ、あの動物、**泳ぐの**…)

(1) の드디어（ついに）、(2) の헤엄치는 〜（泳ぐ〜）は、中国朝鮮語では、それぞれ드디여、헤염치는 〜となるものである。いずれも韓国語の影響を受け、ㅕ＞ㅓと単母音化した例である。

また、以下のような語彙の出現も確認された。

学生 1,007 人に対するアンケート調査を分析した新井保裕 他（2017）では両地域共に女性はソウルの言葉を志向し、男性は漢語（中国語）を志向するという傾向が存在するとしている（ただし、その程度は地域によって異なるとの指摘もしている）。

134 第5章 ハイブリッド言語としての黒龍江省朝鮮語

［例5-10］

(1) HN2：와, **대박 대박 대박**!. （わ、すごい、すごい、すごい！）

(2) HN3：표 애가 줬어?. **헐**…. （切符、あの子がくれたの？　うわぁ…）

(3) HN10：**몰카** 그런거 재미나던데….

（隠しカメラ、そういうの面白かったけど…）

(4) HN7：야, 너 지금 나르 **왕따** 한거야.

（ねぇ、あんた、今私をいじめてるのよ）

(5) HN8：야～, 배고파. （あ～、お腹空いた）

HN7：나도 나도…. （私も私も…）

HN8：나 **치킨 햄버거**…. （私、チキンハンバーガー…）

HN7：나 **콜라** 나 **피자**…. （私、コーラ、私、ピザ…）

(6) HN10：**유투브**에서 보면…. （ユーチューブ（YouTube）で見ると…）

(1)～(4) は、いずれも韓国で（主に若者により）使われる語彙である。(1) では대박!（すごい！）、(2) では헐（ええ、うわぁ）、(3) では몰카く몰래 카메라（隠しカメラ）、(4) では왕따（いじめ）といった語が現れていることがわかる。また、(5)、(6) は外来語の例で、(5) では치킨（チキン(chicken)）、햄버거（ハンバーガー（hamburger））、콜라（コーラ（cole））、피자（ピザ（pizza））などの語が現れている。これらの語彙は、中国朝鮮語文の規範、学校教育における指針を反映した연변사회과학원 언어연구소 (2009) には、いずれも登録がされておらず、韓国語からの影響を受けた語彙である。なお、(6) には유투브（ユーチューブ（YouTube））という語がみえるが、これは韓国では유튜브と表記、発音される形である[29]。

5.4.3.3. 文法

韓国語の影響を受けた文法形式は、以下のようなものが確認された。

29　筆者が本章のもとになった論文を日本言語学会 第157回大会（2018年11月、京都大学）で発表した際、宮崎大学の金智賢先生より韓国語でもYouTubeを유투브と表記、発音することが全くないわけではないとのご教示をいただいた。外来語の場合、韓国語内部においてもある程度の表記、発音の揺れが存在するようである。中国朝鮮語におけるこうした外来語の受容方法についても今後、関心を持って調査していきたい。

［例 5-11］

(1) HN14：이거 말하믄 안델거 **같애**. (これ、話したらだめ**みたい**)

(2) 　HN7：저 이제 그만 **할게요**, **할래요**.

　　　　　(私、もうこれくらいに**しますね**、これくらいに**しますよ**)

　(1) は같다（〜ようだ、みたいだ）と略待語尾 -아/어の結合において같애＞같애という交替が起こった例である。また、(2) では意志・意向を表す語尾 -(으)ㄹ게요（〜しますね）、-(으)ㄹ래요（〜しますよ）の使用がみられるが、これらは主に韓国語の影響を受けたものであるとみられる[30]。

　以上、韓国語の影響を受けた発話についてみたが、黒龍江省 移住第4、5世代の朝鮮語は韓国語の影響を一定程度、受けていることが明らかになった。また、その一方で「듣구있는거 아니겠지?」や「유투브」といった用例にみられるように、必ずしも韓国語と一致した使用がみられるわけではないことも確認された。ソウル方言の浸透は、黒龍江省朝鮮語のみならず東北3省各地で普遍的にみられる現象である（高木丈也（2015c, 2016c, 2017b, 2018bch））。こうした影響は、1992年の中韓国交修交以降、四半世紀に渡って受けてきたもので、テレビ番組や音楽、映画といった媒体や人的交流など多様なチャンネルを通して、今後もますます流入が続くものと思われる。

5.4.4. 朝鮮語の他方言

　5.4.1.でみたように調査地域における朝鮮語は、元来、慶尚道方言を基層としたものであった。しかし、移住から1世紀余りの時を経て、他地域出身者の流入や人的接触が拡大し、同時代の黒龍江省朝鮮語は、より多様な変種の影響を受けている。本節では、慶尚道方言、韓国語（ソウル方言）以外の変種の影響についてみてみることにしたい。

30　フォローアップ調査で得られた話者の内省も参考にしている。なお、平壌文化語を解説した과학백과사전종합출판사（1979）にも맺음토としてこの2つの語尾がみられるが、学校教育による文化語の影響を受けた世代は、おおよそ移住第2、3世代がその下限であり、少なくとも同時代の若年層においては（人的交流も含め）その影響は、ほとんどないと言ってよい。

136 第5章 ハイブリッド言語としての黒龍江省朝鮮語

5.4.4.1. 音韻

慶尚道方言、韓国語以外の変種の影響を受けた音韻的特徴は、以下のようなものが確認された。

［例5-12］

HN8：다 각자 **하릴** 하지므. (みんな各自**することを**するでしょう)

先に［例5-1］(6)で일요일（日曜日）における일뇨일＞일료일というㄴ挿入（後の流音化）の例をみたが、ここでは、할일（する（べき）こと）において할닐＞할릴という変化が起こっていないことがわかる。할일(할 일)は、ソウル方言においても［할릴］と発音することを鑑みた時、これは他変種の影響を受けたとみるのが妥当である。신지영, 차재은 (2003) によれば、北朝鮮の言語（同書における術語는북한어（北韓語））においては、ㄴ挿入が起こりにくいという特徴があるという。このことを踏まえると、同現象は咸鏡道方言や平安道方言、あるいは学校教育による平壌文化語の影響を受けたものである可能性が高い。

5.4.4.2. 語彙

慶尚道方言、韓国語以外の変種の影響を受けた語彙は、以下のようなものが確認された。

［例5-13］

(1) HN3：너네 반 **안배워주쟌나**.

　　　　（あんた達のクラス、**教えてくれないじゃない**）

(2) HN8：근데 애네 둘이 15분 동안 말 **한나도** 안할껄.

　　　　（でもあの子達2人、15分の間、話を**1つも**しないだろうね）

(1) の배워주쟌나（教えてくれないじゃない）にみられる배위주다は教えるという意味で、本来は平壌文化語の語彙である[31]。このような語彙は、初期の移住世代が受けた学校教育を通じて中国朝鮮語内に流入し、それが普及、定着したものである可能性が高い。また、(2) の한나 (1つ) は、하나の方言形であるが、文化語、あるいは咸鏡道方言から入った可能性が高

---

31 사회과학출판사 (2007)『조선말대사전 (증보판)』の見出し語にも登録されている。

い[32]。

5.4.4.3. 文法

　慶尚道方言、韓国語以外の変種の影響を受けた文法形式は、以下のような
ものが確認された。

［例 5-14］

(1)　HN3：이거하라 하쟈나. **나느** 안해.
　　　　（これやれって言うじゃない。**私は**やらない）

(2)　HN7：야, 너 지금 **나르** 왕따 한거야.
　　　　（ねぇ、あんた、**今私を**いじめてるのよ）［再掲］

(3)　HN5：아니야, 아니야, **그러므** 안대, **그러므** 안대.
　　　　（いやいや、**そうしたら**だめだよ、**そうしたら**だめだよ）

(4)　HN9：노래 하나 **불러주겠슴다요**. （歌を1曲、**歌ってあげますよ**）

(5)　HN3：내 만약에 대므 나도 **오지므**. （私、もしできたら、私も**来るよ**）

(6)　HN7：근데 걔네도 조선말 **못해잖아**.
　　　　（けど、あの子達も朝鮮語**できないじゃない**）

(7)　HN3：머 **해고싶어도** 열심히 해도 머리 속으로 안들어가.
　　　　（何かしたくても、一生懸命しても頭の中に入らない）

　(1)～(5) は咸鏡道方言を基層とする変種の影響を受けたもので、(1) は
-(으)느 (-는/은：～は)、(2) は -르/으 (-를/을：～を)[33]、(3) は -(으)므
(-(으)면：～たら)[34]、(4) は -슴다 (-습니다：～ます)、(5) は -지므 (-지,

32　韓国国立国語院のうり말샘によると、하나의 項目には「강원 (江原), 경상 (慶尚), 전
라 (全羅), 제주 (済州), 충청 (忠清), 평안 (平安), 함경 (咸鏡), 중국 길림성 (中国吉林省),
중국 요령성 (中国 遼寧省), 중국 흑룡강성 (中国 黒龍江省)」における方言であるとの記
述があり、筆者も延辺朝鮮語、遼寧省朝鮮語話者の談話においてこれを耳にしたことがあ
る。そのため、(実際の正確な流入経路は不明であるが) 必ずしも慶尚道方言の影響のみ
を受けたものではないとみられる。

33　이상규 (1999) によると、慶尚北道方言にも対格助詞 -(으)르 (その他にも -(으)로
など) が存在するという。

34　HN3の発話に「90점 이상만 맞**으며** 좋겠다」(絶対に90点以上取れたらいいな) という
例も確認された。なお、延辺朝鮮語の曲用と活用を概観した정향란 (2010) では、円唇化
(labialization) を伴った -무という語形もみえる (なお、同書における術語は、延辺方言で

지 뭐 : ～（する）よ）が現れた例である。こうした語形は、地域を接する黒龍江省 牡丹江地区、あるいは吉林省 延辺朝鮮族自治州の話者との接触、あるいは人的流動による影響を受けたものと思われる。また、(6)、(7) は平安道方言を基層とする変種の影響を受けたものと思われ、(6) では못하잖아＞못**해**잖아（できないじゃない）、(7) では하고싶어도＞**해**고싶어도（したくても）のように하다用言において하-＞해- という交替をみせている。こうした交替は、3.4.2.2.1. で分析した瀋陽市、丹東市における遼寧省朝鮮語話者の談話で確認された特徴と一致するものである。河須崎英之（2013: 7）によると、黒龍江省 哈爾浜市には様々な地域の話者が集まっており、「『私は慶尚道の言葉を話している』『あの人は平安道の話し方をする』など、それぞれの言葉の違いを意識している人が多い」という。具体的にどのような経路から流入してきたかを解明することは難しいが、少なくとも共時態としての中国朝鮮語は、移住第1世代の方言変種に限定されることなく、多様な変種の影響を受けながら使用、継承されていることは間違いないようである。

5.4.5. 漢語

　本調査は朝鮮族学校で実施しているが、調査地域全体としては漢族の人口比率が高く、漢語が優勢言語として使用されている。本節では、漢語の影響を受けた朝鮮語の使用状況についてみてみることにしよう。

5.4.5.1. 音韻

　漢語の影響を受けた音韻的特徴は、以下のようなものが確認された。
　［例 5-15］
　(1)　HN7：그리구 **이거두** 있잖아.（それから**これも**あるじゃない）
　(2)　HN14：**그렁까** 体育生이 순서대로 갔으면 좋겠어.
　　　　　　（**だから**、体育会系の学生が順番に行ってくれたらいいのに）
　(1) では이것도（これも）が ［이거두］ として現れている。韓国語でも이것＞이거（これ）のような指示代名詞の話しことば形が多用されるが、-도＞-두（～も）のような助詞が結合する場合には、이것도という形になるの

ある）。

が普通である。こうした例は、筆者が延辺朝鮮語の分析をした際にもたびたび確認されたもので、漢語においては音節末において［ᵖ］、［ᵗ］、［ᵏ］という内破音を持たないため、それを回避しようとした結果、生成された形のようである[35]。また、(2) は、그러니까（だから）が그러니까＞그런까（母音脱落）＞그렁까（逆行同化）という過程を経たものであると思われ、［ㄴ］＋［ㄲ］という子音連続を回避しようとしたものである。これらは漢語の干渉（interference）を受けた例であるといえるだろう[36]。

5.4.5.2. 語彙

　中国朝鮮語の語彙レベルにおける漢語からの影響としては、5.2.2.でも概観したように、1）漢語の単語を朝鮮語の漢字音読法により音訳したもの、2）漢語の単語を音借したもの、3）漢語の単語を意訳したもの、4）漢語の単語を半音訳・半意訳したものがあることが知られているが（김기종（1990））、本調査では、このうちとりわけ 1）音訳が多く確認された。例えば、以下のような例である。

　［例 5-16］

　(1)　HN7：나 **평시에** 중국말하고…．（私、**普段**、中国語と…）

　(2)　HN7：나 **고중 필업** 후 나 일본 간다．

　　　　　（私、**高校卒業**した後、私日本行くよ）

　(3)　HN3：**한어로** 나오니까 몰알아보구…．

　　　　　（**漢語（中国語）**で出るから、わからないし…）

　(4)　HN3：**두 근** 빠졌어．（**2斤**（1.2 キログラム）痩せたよ）

35　漢語の音節構造は、頭子音（initial）＋介音（medial）＋主要母音（primary vowel）＋尾音（ending）によって構成され、これに声調（tone）がかぶせられるが、このうち尾音に現れる子音要素は、-n[n]、-ng[ŋ] のみである。なお、-n は a(n)、e(n)、ia(n)、i(n)、ua(n)、ue(n)、üa(n)、ü(n)、-ng は a(ng)、e(ng)、o(ng)、ia(ng)、i(ng)、io(ng)、ua(ng)、ue(ng)（we(ng)）という母音と結合する。

36　趙義成氏は、自身のホームページ（趙義成の朝鮮語研究室：趙家の朝鮮語）において、幼少の頃（朝鮮語を習得する前）、祖母に対して안녕하**십니**까? と挨拶する際、「アンニョンハ**シンミ**カ?」と言っていたと回顧している。朝鮮語は音節末子音や子音の同化が発達しているため、朝鮮語が優勢でない話者の場合、このように複雑な発音を回避し、自身が発音しやすい音に代替させる現象がみられる。

140　第5章　ハイブリッド言語としての黒龍江省朝鮮語

(5) HN14：**판공시에** 선생들 다 있었으면 좋겠어.

（**事務室に**先生達、みんないたらいいのに）

(6) HN14：그렇까 **티위셩이** 순서대로 갔으면 좋겠어.

（だから、**体育会系の学生が**順番に行ってくれたらいいのに）［再掲］

(7)　HN9：지금 초중 3학년 지금 **축구 차고**….

（今、中学校3年生、今、**サッカーして**…）

(1)～(4)は漢語語彙を朝鮮漢字音により音訳したもので、それぞれ平時（píngshí：普段）、高中（gāozhōng：高校）、毕业（bìyè：卒業）、汉语（hànyǔ：漢語）、斤（jīn：斤（重量単位））という語が現れていることがわかる。また、(5)、(6)は漢語語彙を音借したもので[37]、办公室（bàngōngshì：事務室）、体育生（tǐyùshēng：体育会系の学生）という語が現れている。さらに（7）は意訳（直訳）の例で、「サッカーをする」という意味の漢語の表現である踢足球（lit.サッカーを蹴る）を축구(를)차다と言い換えたものである。

また、3.4.2.2.1.でも言及したように中国朝鮮語では、漢語要素に～하다が結合し、用言に転成される現象が広範囲にみられる。本調査でも以下のような例が確認された。

［例5-17］

(1)　HN3：근데 우리 거게 아직도 **상과하고**있짜나?.

（ところで、うちのあそこ（クラス）、まだ**授業して**いるじゃない？）

(2)　HN3：**복과하기** 전날…. （**補習する**前の日…）

(3)　HN2：쟤네 **演讲하는**거 可逗啦.

（あの子達、**演説する**のすごく面白いよ）

(4)　HN13：**插队한거**….（**割り込みした**の…）

37　音借とコード・スイッチングの境界については、研究者によって必ずしも一致した見解がないが、筆者は1つの基準として音韻的特徴や話者の意識調査を総合的に分析することで、ある程度の分類が可能であると考えている。また、音借が話者の出身地域、漢語能力、教育水準などによってどのような差異をみせるかも興味深い。こうした点については、稿を改めて分析してみたい。ところで、音訳による借用語については、8.3.2.2.1.の分析も参照。

（1）、（2）は音訳語彙を用言化したもので、上课（shàng//kè：授業（する））、补课（bǔ//kè：補習（する））という例が、（3）、（4）は音借語彙を用言化したもので、演讲（yǎnjiǎng：演説（する））、插队（chā//duì：割り込み（する））という例がみえる。なお、日本語の前部要素には、「恨まれる했길래」（動詞＋하다）、「通報했대」（名詞＋하다）、「ややこしい했어」（形容詞＋하다）、「ゆったり해 버리니까」（副詞＋하다）（郭銀心（2005: 179-180））のように比較的多様な要素が現れるが、漢語の場合は、上掲の例にみられるように演讲（yǎnjiǎng）のような１語の動詞、あるいは上课（shàng//kè）、插队（chā//duì）のような目的語を伴った離合詞（动宾结构）が来るのが一般的である。

5.4.5.3. 文法

漢語の影響を受けた文法形式は、以下のようなものが確認された。

［例5-18］

（1）HN3：너네 몇시 φ 나가게?. （あんた達は、何時に出るの？）

（2）HN7：머, 이런 식으로는 차라리 반에서 **이런거 하는거** 더 좋아.

   （まぁ、こういうやり方では、いっそのことクラスでこういうの
   （を）、するの（が）いいよ）

（1）は몇시에（何時に）、（2）は～걸＜～것을（～ことを）、～게＜～것이（～ことが）といった形からそれぞれ助詞が脱落した例である。このような例は、助詞を持たない漢語の影響を受けたものである可能性が高い。

　以上、黒龍江省朝鮮語を慶尚道方言、中国朝鮮語、韓国語、朝鮮語の他方言、漢語からの影響という観点から分析してきた。ここでみてきたいくつかの用例は、全てが必ずしも単一変種からの影響を受けたものであるとは限らないが、少なくとも共時態としての分析変種は、全体としてみた時に多様な言語、変種からの影響を受けていることが確認された。

5.4.6. 誤用

　続いて本節では、中国朝鮮語の規範にも韓国語の規範にも一致しない、誤

142 第5章 ハイブリッド言語としての黒龍江省朝鮮語

用の用例をみることにする。以下のような用例が確認された[38]。

［例5-19］

(1) HN14：**얼마** 좋냐?. （どんなにいいと思う？）［얼마나］

(2) HN9：제 운명이 절 **이끗는데까지입니다**.

（私の運命が私を**導くところまでです**）［이끄는데까지입니 다］

(3) HN3：할줄 **모른데** 어뜩해.

（**やり方がわからないんだけれど**、どうしよう）［모르는데］

(4) HN3：나는 할줄 **몰라구**…. （私はやり方が**わからないし**…）［모르고］

(5) HN3：**다투는 같애**. （喧嘩しているみたい）［다투는것 같아］

(1) は語彙に関する誤用で「どんなに～だろうか」と感嘆を表す発話において얼마が現れている。このような文脈では、「얼마나 ～냐?」という表現を使うのが通常であり、얼마（いくら）と얼마나（どんなに）の使用において混同をしていることがわかる。また、(2)～(5) は文法に関する誤用である。(2) では「導くところ」という部分に이끗는데という形が現れていることがわかる。標準的な語形は이끄는데であるが、そもそも朝鮮語には이끗다という用言自体が存在しないため、이끌다（導く）という基本形の同定において誤認しているようである。(3)、(4) は同一話者による活用形の誤用で、(3) の모른데は모르는데（わからないけれど）に対する、(4) 몰라구は모르구＜모르고（わからないし）に対する活用上の誤用である。最後に(5) は「～みたいだ、ようだ」という形式における誤用である。この表現は「連体形＋것 같다」により表されるため、다투는 같애は다투는것 같아(＞같애)（喧嘩しているみたい）と表現されるのが普通であるが、ここでは形式名詞 것が省略されている。このような「連体形＋같다」という表現は、本調査でも数例が確認されている他、第1章、第2章でみた延辺朝鮮語話者の談話調査においても少なからぬ用例が確認されたものである。つまり、居住地を問わず、移住第2世代以降において化石化（fossilization）した発話形式である可能性が高い。

---

38 本用例では、理解を助けるために、全体の日本語訳とともに中国朝鮮語における標準的な表現を［ ］に示す。

以上のような例から、移住第4、5世代の黒龍江省朝鮮語話者は、日常生活において朝鮮語を使用してはいるものの、移住第1、2世代といった世代に比べ、その朝鮮語能力は（規範という観点からみた際には）低下していることが確認された。

5.4.7. コード・スイッチング

最後に本節では、朝鮮語から漢語、あるいは漢語から朝鮮語へのコード・スイッチング[39]の生起要因について分析する。Nishimura（1997）では、コード・スイッチングの下位分類として、(1) 付加切り替え（tag-switching）、(2) 文間切り替え（inter-sentential switching）、(3) 文中切り替え（intra-sentential switching）の3種があることを述べているが、本章では、これらのうち主に (1) 付加切り替え、(3) 文中切り替えについて分析することにする。以下では、本調査で確認されたコード・スイッチングについて、文脈的要因、統語的要因という観点からみることにする。

5.4.7.1. 文脈的要因

朝鮮語から漢語、あるいは漢語から朝鮮語へのコード・スイッチングを文脈的要因という観点からみると、(1) 強調、(2) 適当な言語への切り替えという2つの類型が確認された。

(1) 強調

まずは、強調のためにコード・スイッチングが生起した例をみる。

［例 5-20］[40]

HN14：但是那个真的老不像美少女。

（けど、その子、本当に美少女って感じじゃないの）

39　本章におけるコード・スイッチングの定義は、Gumperz（1982）における「The juxtaposition within the same speech exchange of passage of speech belonging to two different grammatical systems or sub-systems」に従うことにする。なお、本章脚注37で述べた借用とコード・スイッチングの境界に関し、本節では、とりあえず両者を区別しないことにする。日本在住の中国朝鮮語話者のコード・スイッチングについては、権成花（2016）を参照。

40　以降の用例では、日本語訳を基本的には当該発話の逐語訳で示し、当該項目で扱うコード・スイッチングが現れた部分を*斜体*で示すことにする。

HN13：就有点儿那种普普通通的感觉。（まさに普通な感じよね）

HN14：就普普通通的。（まさに普通な感じ）

HN13：但是周围有亮光。（けど、周りに光が射しているの）

HN14：啊、就黄色 **노란 블링블링**…（あぁ、まさに黄色、*黄色キラキラ*…）

　この例は、漢語が基調となり談話が展開している場面において、アニメにおける美少女の基準について話している場面である。ここでは、HN13の（普通の少女であるのに）周囲に光が射して（描かれて）いるという先行発話を受け、HN14が「就黄色 노란 블링블링…」と応じているが、この発話における黄色と노란は、同義語による言い換えになっており、その光がいかに黄色いかを強調することを狙った発話になっている。このように言語をスイッチし、同内容を繰り返すことで相手の注意を引くような用例が確認された。

　また、以下のような例も確認された。

［例 5-21］

HN13：자습시간 支配。완전히 **全是** 자습시간….
　　　　　（自習時間の支配。完全に*全て*が自習時間…）

HN14：얼마 좋냐?.（どんなにいいと思う？）

　この例は、授業時間が長いと感じている学生2人が（授業時間）全てが自習であったらよいのに、と希望を述べている部分である。ここでHN13は、「완전히 자습시간」（完全に自習時間）という完結した朝鮮語の発話の中にあえて全是（全てが）という漢語を挿入していることがわかる。これもやはり意図的にスイッチすることにより、相手の注意を引き、結果として発話内容を強調して伝達する効果を狙ったものであるとみられる。

(2) 適当な言語への切り替え

　続いて、適当な言語に切り替えるためにコード・スイッチングが生起した例をみてみよう。

［例 5-22］

(1)　HN7：那个 那个 그거 그거 그거 那个 **꽃보다 남자** 男主人是什么来着?.
　　　　　　（あのあの、あれあれあれ、あの*花より男子*、男性の主人公って誰

だったっけ？）

(2) HN14：还有**우영이**…. （それから*ウヨン*…）

HN13：**우영이** 他也哭啦 ?. （*ウヨン*、あの子も泣いたの？）

(3) HN13：你要吃**떡볶이**吗、**떡볶이**….

（あんた食べる？　*トッポッキ*、*トッポッキ*…）

HN14：我想吃。（食べたい）

（1）は꽃보다 남자（花より男子）という韓国ドラマのタイトル、（2）は우영이（ウヨン）という級友の名前において漢語から朝鮮語へのコードスイッチングが確認される。このように固有名詞においては、原語の名称を（翻訳せずに）そのまま使うケースが複数、確認された。また、（3）の떡볶이（トッポッキ）のような民族特有の文化を反映した名詞においても朝鮮語へのスイッチが起こる例がみられた。これらは全て言語習慣的に朝鮮語で言った方が円滑な相互作用が期待できる語であるといえ、伝えやすさを重視した結果、出現するものである。

ところで、今みた（3）のような例では、伝えやすさを追求する以外にも、朝鮮語がいわゆる we-code として用いられており、デュアル・アイデンティティ（dual identity）を確認するという意味合いが含まれているとみることもできそうである。こうした例は、以下のような親族名称を表す語彙においても確認された。

［例 5-23］

HN7：啊、你知道吗? 我就跟那个**한매**说 나 바이올린 다시 해볼려고 했는데….

（あ、あんた知ってる？　私一緒にあの*おばあさん*と話したんだけど、私バイオリンまたやってみようと思ってたんだけど…）

このように親族名称において朝鮮語へのスイッチが起こりやすいという現象は、都恩珍（2001）における在日コリアン 3 世の談話分析においても確認されるもので、二言語以上を操る朝鮮語話者の間では比較的よくみられる現象である[41]。

---

41 本用例のように引用部分の前でコード・スイッチングが起こっている現象も興味深い。

146　第５章　ハイブリッド言語としての黒龍江省朝鮮語

適当な言語に切り替える例としては、他にも以下のような例が確認された。

［例 5-24］

(1)　HN10：와, 이제 1분밖에 안남아써. （あ、もう 1 分しか残ってないよ）

　　　HN9：不是 **15분**吗?. （違うの、*15分*？）

　　　HN10：5분 아니나?. （5 分じゃないの）

(2)　HN13：然后我们高中就开始上课。

　　　　　（それでうちの高校はすぐに授業が始まる）

　　　HN14：我觉得就 **세시간 자습인데** 办公室에 선생들 다 있었으면 좋겠어.

　　　　　（私思うんだよ、*3 時間自習なんだけど*、事務室に先生達、みんな

　　　　　いたらいいのに）

(3)　HN6：录完了他们那边都能听的吗?.

　　　　　（録音が終わったら、あの人達はみんな聞けるのかな）

　　　HN5：这应该是录完之后, 再放开它 再放它。

　　　　　（録音が終わったら、その後で再生するはずよ）

　　　HN6：**아, 진짜**?. 我以为是边录边听呢。我说科技咋这么发达呢。

　　　　　（*あ、本当に*？　私は録音しながら聞いているのかと思ったよ。科

　　　　　学技術はこんなにも発展しているのかってね）

　　　HN5：应该不能那样吧。（そんなはずはないでしょう）

(4)　HN6：我觉得这个就是那种 **그 머야**, 就是故意放 15 分钟, 看等会有

　　　　　啥反应的那种。

　　　　　（私が思うのはこれはその、*あの何だろう*、15 分わざと放置してお

　　　　　いて、どんな反応があるかを見る、みたいな）

　（1）では、15분（15 分）、（2）では세시간（3 時間）といった数詞を含む
部分で漢語から朝鮮語へのコード・スイッチングが起こっている。また、
（3）では対話者に反応する時に「아, 진짜?」（あ、本当に？）という感嘆詞
が、（4）では適当な語が見つからない時に時間を繋ぐために「그 머야」（あ
の何だろう）という間投詞が現れ、それぞれコード・スイッチングが起こっ
ている。ここでみたようなコード・スイッチングは、ハワイの日系移民の日
本語にみられる英語要素について分析した酒井幸（2007）において報告され
ている現象とも類似しており、年号、年齢、期間といった数詞、あるいはあ

いづち、親族名称といった語においては、特定言語にシフトされやすいようである。なお、こうした現象は話者にとってスイッチされる言語がより言いやすかったり、あるいはアイデンティティの表出がしやすい場合に起こるものであるとみられる。

最後に以下のような例をみてみよう。

［例 5-25］

(1) HN3：전번에 그거 해짜나. 한 번 그때는 免费였는데, 그 동물 그거 **里面有那个海豹** 그거…. 머 원숭이도 있고, 되게 많던데 뭐 토끼 그런 거….

（前、あれやったじゃない。一度、あの時は無料だったんだけど、あの動物、あれ、*中にあのアザラシがいる*、あれ…。あの、サルもいて、すごく多かったんだけど、あのウサギ、そういうの…）

(2) HN6：现在科技太发达啦。（今は科学技術がとても発達しているから）

HN5：说不定真的有**몰카**, 那种。

（本当にあるかもしれないよ、*隠しカメラ*、そういうの）

(1) では朝鮮語、(2) では漢語を基調として談話が展開しているが、それぞれ発話の最中にあって、適当な語が瞬時に出てこなかったため、里面有那个海豹（中にあのアザラシがいる）や몰카（隠しカメラ）といった言葉が漢語、朝鮮語により現れている[42]。このようなコード・スイッチングは、当該の言語において、そもそも対応する語彙が存在しなかったり言いにくい場合、発話者の語彙知識が欠如している場合などに現れるものである。

5.4.7.2. 統語的要因

朝鮮語から漢語、あるいは漢語から朝鮮語へのコード・スイッチングを統語的要因という観点からみる。ここでは、述部が朝鮮語である場合、述部が漢語である場合に分けてみることにしよう。

---

42 本調査では、友人談話に限定して分析を行なったため確認ができなかったが、その他にも（初対面で）どちらの言語で話すべきかわからない場合、利害関係を交渉する場合など、多様な要因によるコード・スイッチングの出現が予想される（東照二（2005））。

148 第5章 ハイブリッド言語としての黒龍江省朝鮮語

5.4.7.2.1. 述部が朝鮮語である場合

まずは、述部が朝鮮語である場合についてみることにする。

［例5-26］

(1) HN14：그렁까 **体育生**이 순서대로 갔으면 좋겠어.［再掲］
（だから*体育会系の学生*が順番に行ってくれたらいいのに）

(2) HN6：어, **英语老师** 왔다?.（え、*英語の先生*が来た？）

(3) HN14：지금 그안에 있잖아, **就那个美少女**。
（今あの中にいるじゃない、*まさにあの美少女*）

(4) HN8：아, 배고파. **冷面** 먹고싶어.（あぁ、お腹空いた。*冷麺*食べたい）

(5) HN14：**办公室**에 선생들 다 있었으면 좋겠어.
（*事務室*に先生達、みんないたらいいのに）［再掲］

(6) HN3：그때는 **免费**였는데….
（あの時は*無料*だったんだけど…）［再掲］

(7) HN14：**有时候** 여드름 짜거나…〈웃음〉.
（*たまに*ニキビ潰したり…〈笑い〉）

(8) HN14：**就是** 이 짝은거….（*つまり*この小さいの…）

(9) HN11：**哎呀** 책 꺼내?.（*あぁ*、本出すの？）

(10) HN14：아아아, **对呀对呀**、나도 그래 나도 그래.
（あああ、*そうそう*、私もそう、私もそう）

　(1)～(3)は主格（(3)は倒置文）、(4)は対格、(5)は向格の位置におい
て漢語へのコード・スイッチングが起こった例である。また、(6)はコピュ
ラ文における名詞、(7)は状況語（副詞相当）、(8)は談話表示（ディスコー
ス・マーカー）、(9)は感嘆詞、(10)は間投詞において漢語へのコード・
スイッチングが起こった例である。

5.4.7.2.2. 述部が漢語である場合

次に述部が漢語である場合についてみてみよう。

［例5-27］

(1) HN14：说**내가 혈액순환이** 就是比较快点儿。
（言うのよ、*私血液の循環が*少し早いって）

(2) HN7：那个 那个 그거 그거 그거 那个 **꽃보다 남자** 男主人是什么来着?.

　　　　［再掲］

　　　　（あのあの、あれあれあれ、あの*花より男子*、男性の主人公って
　　　　誰だったっけ？）

(3)　HN14：就是**이 짝은거**….（まさにそれだよ、*この小さいの*…）

(4)　HN9：不是**15분**吗?.（*15分*ではないの？）［再掲］

(5)　　HN4：我可以用**중국말**吗？（使ってもいいの、*中国語*？）

(6)　HN14：我觉得就 **세시간 자습인데**….

　　　　（私思うんだよ、*3時間自習なんだけど*…）［再掲］

(7)　HN13：**완전히** 全是자습시간….（*完全に*全てが自習時間…）［再掲］

(8)　　HN5：我一会 **좀 이따 반에 가가지고** 就装 装哑。

　　　　（私、*後で少し経ったら教室に行って*、組み立ててくるよ）

(9)　HN6：**근데** 会调查啥呢。（*けれど*、何の調査ができるの）

(10)　HN13：**아니면** 就应该从第六节开始。

　　　　（*そうでなければ*、6時間目から始めるべきだよ）

(11)　HN5：我觉得这个就是那种 **그 머야**.

　　　　（私が思うのはこれはその、*あの，何だろう*）［再掲］

(12)　HN14：**아, 진짜** 老鼠**하므** 啊 我还想着那个里面的老鼠。

　　　　（あ、本当ネズミ*って言ったら*、あ、やっぱりあの中のネズミを
　　　　思い出すわ）

(13)　HN15：**아이, 不用죄책감**…。（いや、いらないよ、*罪悪感*…）

(1)、(2) は主語、主題（主语[43]）、(3)、(4) は述語（谓语）、(5)、(6) は
客語（宾语）、(7) は限定語（定语）、(8) は状況語（状语）、(9)、(10) は
談話表示（ディスコース・マーカー）、(11) は間投詞において朝鮮語への
コード・スイッチングが起こった例である。なお、(12) のように漢語要素
＋ -하다により引用節が形成されたり、(13) のように漢語の助動詞（不
用）に直接、朝鮮語の名詞が結合した例などもみられ、比較的自由な位置に
おけるコード・スイッチングが観察された。

43　ここでは、香坂順一（1981）の漢語の文成分分類における術語を使用している。

5.5. 小結

　本章では、尚志市在住、移住第4、5世代の談話分析をもとに黒龍江省朝鮮語の談話の特徴を分析した。ここで明らかになったことは、以下のとおりである。

　まず、話しことばとしての黒龍江省朝鮮語は、慶尚道方言、中国朝鮮語、韓国語、朝鮮語の他方言、漢語などの影響を受けたハイブリッドな言語変種であることが明らかになった。このうち慶尚道方言は主に移住第1世代の出身地、中国朝鮮語は中国における言語政策、および学校教育、韓国語は近年の韓国との人的、文化的交流の深化、朝鮮語の他方言は定着以降の繰り返される人口移動、漢語は地域の優勢言語の影響をそれぞれ受けたものであり、いずれも異なる要因、時代による影響を受けたものである。また、朝鮮語そのものの分析においては、中国朝鮮語の規範にも現代韓国語の規範にも一致しない誤用が散見され、移住第4、5世代の朝鮮語能力は相対的に低下しつつあることが解明された他、彼らの言語使用においてはコードスイッチングが日常的に行なわれており、補完的に複数の言語（変種）を用いることにより、相互作用における多様な目的を遂行しようとしていることが確認された。このように本章で分析した朝鮮族 第4、5世代の朝鮮語は、ある種、ピジン（pidgin）、クレオール（creole）的な性格[44]を帯びながらも他言語、他

44　ピジンやクレオールが異なる言語を使用する人々を媒介するために発生した単純化された言語（いわゆるリンガフランカ（lingua franca））であるのに対して、本稿が論じたハイブリッドな言語は、同質的な言語話者同士の会話の中で何らかの語用論的効果を産出するために多様な言語、変種の要素を取り入れたものであるという点でその本質は異なる。また、一般に混合言語（mixed language, Bakker（1994））や言語混交（language mixture）が2言語による混合、混交を多く扱うのに対して、ハイブリッドな言語は、書きことばの規範の影響も受けており、その言語、変種が多様かつ、より広いコードの幅を持つ。こうした言語形態がいかなる要因により発生するかについては、人的移動やホスト社会の政治・経済的状況、言語政策、学校教育、コミュニティや家庭における言語使用など多角的な観点から論じられなければならない。また、その他にも多様な言語使用場面の談話をもとにした深層的な語用論的考察も必要になるだろう（ハイブリッド言語が中・長期的な言語使用の習慣をもとに形成された言語であること、ある時代における、ある種、優勢な言語、変種の影響を受けやすい点では、ピジン、クレオールとも類似した性格を持つといえ

変種を極めて流動的に取り入れ、相互作用が展開されていることが明らかになった[45]。

ようﾞ)。

45 これらの現象は、共時態としての黒龍江省朝鮮語の存在様式の一部を成すものであるが、本調査で分析した談話資料は、用例が決して多くなかったため、個人方言としての側面も排除できず、各変種の出現については体系的な説明ができなかったばかりか、このうちいかなる要素が優勢であるかについても明らかにすることができなかった。また、本調査は学校内における談話の分析に限定されていたため、地域社会におけるダイグロシア（diglossia）、ポリグロシア（polyglossia）的様相、あるいはドメイン（domain）による使い分けについても、分析ができなかった。朴浩烈（2014）も指摘するように、言語の接触や変化を捉える際には、しばしば語彙の借用など表層的側面にとらわれがちであるが、同化政策、言語政策、移動、移住といった観点からのアプローチも欠かせない。こうした点については今後の課題とし、さらなる研究を続けていきたい。

ところで、例えばモロッコ（カサブランカ）では、正則アラビア語（フスハー）とアラビア語モロッコ方言（ダリジャ）、さらにはフランス語が日常生活で用いられており、ポリグロシア社会の様相を呈していることが知られている。このうち正則アラビア語は教会、学校、ニュースなどで、アラビア語モロッコ方言は生活の中で、フランス語はビジネスの場面で使用されるという。また、やはりポリグロシア社会であるシンガポールでは、例えば中華（福建）系の高学歴シンガポール人の場合、家庭では高齢者とは福建語を話し、親兄弟とはマンダリンあるいは英語、同民族の友人とは福建語かマンダリン、シンガポール口語体英語のいずれか、異民族の友人とはシンガポール口語体英語で話すという（矢頭典枝（2014））。このような事例を参考に、将来的には分析地域の朝鮮族が規範としての中国朝鮮語や基層方言、ソウル方言をどのように使い分けているかについても解明したいと思っている。

第6章

黒龍江省朝鮮語における中老年層談話の発話形式
——基層方言の出現に注目して——

6.1.　はじめに

　第5章では、黒龍江省 尚志市在住の移住第4、5世代の朝鮮語話者の談話を分析し、当地域では慶尚道方言、中国朝鮮語、韓国語、朝鮮語の他方言、漢語などの影響を受けたハイブリッド化した言語が使用されていることを明らかにした。ここでは同時代の黒龍江省朝鮮語においては、基層方言としての慶尚道方言の影響が相対的に弱まっていることを指摘したが、それはあくまで都市部に居住する若年層の話者を分析対象としたものであり、農村など、より伝統的な集住地域における中老年層の朝鮮語話者の実態は解明することができなかった。遼寧省朝鮮語の分析においてもそうであったように、居住地域の差は言語使用に影響を与えるのだろうか。本章では、黒龍江省の中でもより内陸部に位置する斉斉哈爾市[1]郊外の朝鮮族集落において実施した調査データをもとに基層方言としての慶尚道方言がどの程度残存している

1　斉斉哈爾市（치치할시, 齐齐哈尔市 [qíqíhāěrshi]）は、黒龍江省西北部に位置する直轄市である。市名は「辺境」を意味する満州語に由来すると言われ、新中国成立までは黒龍江地区の中心地であった（新中国成立後に省都が哈爾浜に移転）。同市に位置する扎龍自然保護区には多くの鶴が生息することから「鶴城」とも呼ばれる。1市、8県、7区を管轄し、市の総面積は4.25万 ㎢、2018年における総人口は570万人（斉斉哈尔市人民政府（2018））。

154　第 6 章　黒龍江省朝鮮語における中老年層談話の発話形式

のかを分析してみようと思う。

6.2.　研究の枠組み

　本章では、2018 年 5 月に黒龍江省 斉斉哈爾市 明星村で筆者が独自に採録
した談話の音声・文字化資料、および全てのコンサルタントに実施した質問
紙、インタビューによるフォローアップ調査の結果を分析対象とする。談話
採録の枠組みとコンサルタントの情報は以下に示すとおりで、いずれも親し
い間柄の話者による 2 者間談話（計 4 談話、計 676 発話）となっている。

【表 6-1】談話採録調査の枠組み

談話名	話者名	年齢	性別	出身地 （本人）	出身地 （父親）	出身地 （母親）
Q1	QN1	73	男性	黒龍江省 斉斉哈爾市	不明	不明
	QN2	60	男性	黒龍江省 斉斉哈爾市	全羅北道	中国
Q2	QN3	86	女性	黒龍江省 斉斉哈爾市	慶尚北道	慶尚北道
	QN4	86	女性	黒龍江省 斉斉哈爾市	慶尚北道	慶尚北道
Q3	QN5	67	男性	黒龍江省 斉斉哈爾市	慶尚北道 永川市	慶尚北道 永川市
	QN6	66	女性	黒龍江省 斉斉哈爾市	慶尚北道 浦項市	慶尚北道 浦項市
Q4	QN7	76	男性	黒龍江省 斉斉哈爾市	慶尚南道 昌原市	慶尚南道 昌原市
	QN8	70	女性	黒龍江省 斉斉哈爾市	慶尚南道 昌原市	慶尚南道 昌原市

　上記のうち、文字化する範囲と時間は、各談話とも談話開始から 12 分 00
秒とした（総文字化時数：48 分）。

6.3. 分析

　本章では、黒龍江省朝鮮語の談話の特徴をその基層方言との関係という観点から音韻、語彙、文法に分けて考察することにする[2]。

6.3.1. 音韻

　まずは、音韻についてみてみよう。

　［例 6-1］

(1) QN8：강냉이 **먹어라고** 가왔는데….

　　　（とうもろこし**食べようと（思って）**持ってきたんだけど…）

(2) QN8：**어즈께도** 그렇더나?.（**昨日も**そうだったっけ？）

(3) QN8：인자 학교도 안**갈긴데머**….（もう学校も**行かないだろうのに**…）

(4) QN1：**메치** 안남아꺼든.（**いくらも**残ってないんだよ）

(5) QN8：그래가 쪼꿈 주고 그 선생 엿 쪼꿈 먹다가 **가이**….

　　　（それで少しあげて、その方、飴を少し食べてから**行ったら**…）

(6) QN5：여 이 삼십구도 **아이가**?.（ここ、この 39 度（線）**じゃないの**？）

(7) QN1：이거 머 그거무 한국보다 **모대**.

　　　（これ、あの、それなら韓国より**よくないよ**）

　(1)、(2) は ［一］と ［ㅓ］の合流現象を示したもので、(1) では먹으라고（食べようと（思って））が먹어라고で、(2) では어저께도（昨日も）が어즈께도で現れている。(3) は갈건데머＜갈것인데머（行くさ）が갈긴데머になっており、ㅓ＞ㅣという母音交替が起こった例である。また、(4) はㅕ＞ㅖというウムラウト現象の例で몇이（いくつかが）が몇이［메치］として実現している。(5)、(6) は初声の子音 ㄴ の脱落の例で、(5) では가니(까)（行くから、行ったら）が가이、(6) では～ 아니가?（～ではないのか）が아이가? として現れている。最後に (7) では못해（できないよ、よくないよ）が ［-대］として現れているが、これは激音化の回避現象を示したものである。

2 　日本語やロシア語の影響を受けた言語的特徴は、管見の限り、確認されなかった。

156　第6章　黒龍江省朝鮮語における中老年層談話の発話形式

6.3.2.　語彙

次に語彙についてみる。ここでは名詞、動詞に分けてみることにする。まずは、名詞の例をみてみよう。

［例6-2］

(1) QN8：**내** 모르나요 한다. (**私**（のこと）知らないですか、って言うのよ)

(2) QN1：우리 군대 갔을때 **가들** 야 참…．

　　　　　(私達が軍隊に行った時、**彼ら**がまったく…)

(3) QN2：**여** 아내 阀门있잖아. (**ここ**の中に栓があるじゃない)

(4) QN5：**저짜캐네** 러시야구…．(**あっちの方**がロシアで…)

(5) QN1：**그래가** 사둔 사둔이…．(**それで**、相舅、相舅が…)

(1) では1人称代名詞나（私）が내で、(2) では指示代名詞 ユ（それ、その人）が가で、(3) では場所の代名詞 여기（ここ）が여で、(4) では저쪽（あちらの方）が저짝で、(5) は그래서（それで）が그래가で現れている。

次に動詞、副詞などの例をみてみよう。

［例6-3］

(1) QN1：**안여가** 그래. (**入れないから**、そうなるんだよ)

(2) QN8：/인명/엄마느 또 문이 뿌서짊다구 또 **알키와**.

　　　　　(「人名」のお母さんは、またドアが壊れたって、また**言ってきたのよ**)

(3) QN8：물 **끼래가**…．(水を**沸かして**…)

(4) QN7：지 한도대로 **새가랍게** 해가 막…．

　　　　　(自分がやった通りに**酸っぱくして**、もう…)

(5) QN7：안댈것두 머라지 맘대로 **쭈끼라** 안하나?.

　　　　　(ダメなことも何だろう、好きなように**話せと**言ってるじゃない)

(6) QN2：그게 아마 **대이는** 같다. (それ、たぶん**触れている**みたいだよ)

(7) QN8：장가 얻어들가지고 장가보고 **해돌라하지**.

　　　　　(結婚して、奥さんの家族に**してくれって**言うのよ)

(8) QN2：보상도 받고 이래다가 **인자**…．

　　　　　(補償も受けて、そうしていたら**もう**…)

(9) QN8：일 **쌔가 나게** 해놓고 여와가…．

6.3. 分析　157

（仕事を**死ぬほど**やって、ここに来て…）

（1）は넣다（入れる）が옇다で（6.3.3.でみるように안여가는안넣어서（入れないので）の方言形）、（2）は알리다（知らせる）が알키다で[3]、（3）は끓이다（沸かす）が끼리다で、（4）は시다（酸っぱい）が새그럽다で、（5）は지껄이다（しゃべる）が지끼다（>쭈끼다）でそれぞれ現れた例である。また、（6）は닿다（触れる）の受身形닿이다（触れられる）がウムラウト現象を伴って댕이다により現れた形、（7）は標準語の해달라（してくれと）が해돌라で現れた例である[4]。さらに（8）は副詞이제（もう）が인자で、（9）の쎄가 나게（舌が出るように）は慶尚道方言で用いられる쎄가 빠지게と同義の表現であると思われ、「舌が出る（抜ける）ほどつらい」→「とてもつらい」という意味である。

6.3.3.　文法

続いて、文法についてみる。終止形語尾、接続形語尾、分析的な形、および助詞に分けてみることにする。まずは、終止形語尾の例をみてみよう。

［例6-4］

（1）QN4：말하므 녹음 **드가나**?.（話したら、録音が**入るの**？）

（2）QN4：팬즈（骗子）**아니가**?.（詐欺師**じゃないのか**？）

（3）QN4：머 멀 이런게 **왔노**?.（何、なんでこんなのが**来たの**？）

（4）QN6：우리가 경상북도간덴 **어데고**?.

　　　　（（地図を見ながら）私達は慶尚北道なんだけど、**どこなの**？）

（5）QN3：어, **맞어**, **맞어**.（うん、**そう**、**そう**）

（6）QN6：이거 북한에느 섬이 **적꾸마**. 섬이 별로 **없구마**.

　　　　（これ、北朝鮮には島が**小さいな**。島がほとんど**ないな**）

（7）QN8：함 **해보래**.（1回、**やってみて**）

---

3 「우리말샘」によると、この語彙は全羅南道、忠清北道、咸鏡道でも使用されるようである。

4 このように慶尚道方言では、이것 좀 달라고 해봐.（これちょっとくれと言ってみて）が이것 좀 돌라고 해봐라.で、나도 좀 줘.（私もちょっとちょうだい）が나도 좀 도.で現れたりする。

（8）QN2：**묵우자**.（食べよう）

（1）は動詞、形容詞、存在詞の肯否疑問文に結合する -나?、（2）は指定詞の肯否疑問文に結合する -가?、（3）は動詞、形容詞、存在詞の疑問詞疑問文に結合する -노?、（4）は指定詞の疑問詞疑問文に結合する -고? が現れた例である。また、（5）は陽母音語幹用言の略待語尾 -아/어において -아ではなく -어が現れた例、（6）は詠嘆を表す -구마が現れた例である。さらに（7）は命令形の終止形語尾として -(으)래が現れた例で、해보래が해 봐라（やってみろ）という意味で使われている[5]。最後に（8）では動詞먹다（食べる）の語幹が묵- により現れている。

次に接続形の例をみてみよう。

［例6-5］

（1）QN1：이러케 **건너무** 없어저때.

　　　　（こうやって**渡ったら**、なくなったんだって）

（2）QN6：눈이 **안보이서** 하나도 안보인다.

　　　　（目が**見えないから**、1つも見えない）

（3）QN2：다 **붙이가** 대긴 대는데….

　　　　（全部**付けても**いいことは、いいけれど…）

（4）QN8：백원짜리 **가와가**….（100元札を**持ってきて**…）

（5）QN8：이런거두 눈이 **어두버가**….（こういうのも**目が悪くて**…）

（1）は接続形語尾 -(으)면（～たら）が -(으)무で現れた例である。（2）では안보여서（見えないから）が안보이서により現れているが、これは語幹末に -ㅣ- を持つ用言の -아/어-形において ㅕ＞ㅣ いう交替をみせた例である。（3）では붙이가という形が現れているが、ここにみられる -가という形は、接続形語尾 -아서/어서（～て、ので）の方言形である。つまり、この例の붙이가は붙여서（付けて）ほどの意味である。さらに（4）では、가저와서（持ってきて）が가와가という形で現れている。このように調査地では

5　このような形は、現代の慶尚北道方言（基層方言）では老年層が主に使い、若年層は使用しないようである。

가져, 가지고>가といった交替が多くみられた[6]。最後に（5）では、ソウル方言では ㅂ 変格用言である形容詞 어둡다（暗い）の -아/어-形が、어두워とならずに어두버（어둡어）のように正格活用していることがわかる。このように慶尚道方言では、ㅂ 変格用言が正格用言として活用をする。

最後に分析的な形、および助詞の例をみてみよう。

［例 6-6］

(1) QN2：뭘 **할라는데** 이러게….（何を**しようとしてるんだ**、こうやって…）

(2) QN1：우리는 난 척추 뿌러져 **뿌러지뿌이잖아**.

　　　　（うちらは、私は脊髄が折れて、**折れてしまったじゃない**）

(3) QN7：그 벤소간에 **여뻐리지**.（そのトイレに**入れてしまうよ**）

(4) QN6：적도로 적도로 **되가있는** 선 아이가?.

　　　　（赤道に、赤道に**なっている**線ではないのか？）

(5) QN5：삼팔선 **꺼놓지도 않고**….（38 度線、**描きもせずに**…）

(6) QN6：섬이 **한국에가** 더 많다보니까….（島は**韓国の方に**多いから…）

(7) QN5：우리가 여서 여 서울에서 차 몰구 **이까징** 가.

　　　　（うちら、ここから、こ、ソウルから車を運転して**ここまで行くよ**）

(1) は -(으)려(고 하-)（～しようと（する））に対して -(으)ㄹ라(고 하-)のように、려>라の交替、ㄹの挿入が起こった例である。(2)、(3) は -아/어 버리다（～てしまう）の方言形が現れた例である。(2) では -아/어 뿌(이)다という形で現れており、用例の뿌러지뿌이잖아は、부러져 버렸잖아（折れてしまったじゃない）ほどの意味である。また、(3) では -아/어 뻐리다という形で現れており、여뻐리지は、넣어버리지（入れてしまうよ）ほどの意味である[7]。さらに (4) は -아/어- 形が -가- で現れた例で、되어있는（なっている）が되가있는で現れていることがわかる。(5) は、긋다（描く）の -아/어- 形である그어（描いて）が、-아/어 놓다（～ておく）という表現

6　慶尚道方言でも여기로 가지고 오너라.（ここに持って来い）が일로 가온나. で、이거 가지고 가라.（これを持って行け）が이거 가가라. で現れたりする。

7　筆者は、2018 年 5 月に黒龍江省 尚志市在住の 50 代の話者（男性）が가**뿌**렸다<가버렸다（行ってしまった）という語形を使用するのを耳にしたこともある。

の中で꺼놓다として現れている。また、(6)、(7) は助詞の例で、(6) では向格助詞 -에 (〜に) に主格助詞 -가/이 (〜が) が結合した -에가という形が現れている。ここで提示した用例は、ソウル方言では「섬이 한국에 더 많다보니까」や「섬이 한국이 더 많다보니까」などというのが普通であろう。つまり、-에가は -에、あるいは -가/이に置き換えることができる場合に現れる助詞とみてよさそうである[8]。最後に (7) では到達格助詞 -까지 (〜まで) の方言形 -까징が現れている。

6.4. 小結

本章では、黒龍江省朝鮮語における中老年層談話の発話形式について音韻、語彙、文法という観点から分析を行なった[9]。分析の結果、第5章でみた移住第4、5世代の談話に比べて特に語彙、文法という点ではより基層方言を保存した語形が残存していることが明らかになった。また、例えば해보래 (やってみて) のように基層方言である慶尚道方言では使用が減少傾向にある語形が確認されたという点も興味深い[10]。こうした特徴を示すのは、同時代の韓国語との接触の少なさはもちろん、調査地においては農村の朝鮮族共同体が現在に至るまで比較的よく維持されていることの影響も大きいと思わ

8　이 옷은 치마 **끝에가/위에가** (치마 끝이/위가) 마음에 안든다. (この服は、スカートの端が／上が気に入らない) など。

9　なお、本章では分析の対象としなかったが、本調査では咸鏡道方言や中国朝鮮語において多く観察される군더더기 (전학석 (1996)) の出現がみられた。以下に用例のみ示しておく。

　QN1：이게 저 곤란이 더 **만치무**. (もう私、悩みが多いよ)

　QN8：안하도 댈거라믄서 내가 **그러이까네**….

　　　(しなくてもよいものだって言いながら、私がそうするから…)

10　移住先において古形が残存するという事例は他の言語でも報告があるが、例えば日本語については新田哲夫 (2016) の研究があげられる。同研究では、福岡県 宗像市 鐘崎から石川県 輪島市 海士町に移住した話者の言語使用をアスペクト形式、母音融合、アクセント体系、人称詞といった観点から分析し、移住先においてルーツ側では使用がされなくなった古形がむしろよく保存されていることを指摘している (ただし、その言語も能登方言の一定の影響を受けているとしている)。

れる。しかし、当地域においても近年、都市化、再開発の影響を受け、朝鮮族学校の閉校やコミュニティの縮小が問題となっている他、韓国への渡航者も増えているという。こうした社会的な変容が言語使用にどのような影響を及ぼすのか、今後も動向を見守っていきたいと思う。

斉斉哈爾市 明星村の村民委員会。(2018 年 5 月 6 日)

第7章

中国朝鮮語話者と韓国語話者の
接触場面における談話の特徴

7.1. はじめに

　第6章までは、吉林省（延辺朝鮮族自治州）や遼寧省、黒龍江省など、い
わゆる東北3省における朝鮮族の言語使用を談話の考察を通して分析してき
た。一連の考察により分析変種では、漢語、韓国語など様々な言語、変種の
影響を受けつつも当地域に独特な言語形態を発展させてきたことが解明され
た。談話をもとに言語使用を分析する最後の章となる第7章では、これまで
とはやや視点を変えて、韓国に移動した朝鮮族の言語使用を分析してみよう
と思う。1992年の中韓国交修交以降、朝鮮族は出稼ぎを目的として韓国に
中・短期間滞在することが多くなっており、『2019년 2월호 출입국외국인정
책 통계월보』（2019年2月号 出入国外国人政策 統計月報、출입국・외국인정
책본부（2019））によると、韓国には同月時点で706,595人もの朝鮮族が滞
在しているとされている。こうした出稼ぎを可能にしている最も大きな要因
として、当然、言語面における意思疎通の利便性をあげることができるが、
実際のところ韓国に滞在する朝鮮族が韓国人との間でどのような言語使用を
行なっているのかは、ほとんど明らかにされていない状況にある[1]。中国朝鮮

1　言語に関係がある論考として、文学、教育、翻訳、語彙の対照といったものはみられ
るが、実際の接触場面（談話）を扱ったものは少ない。

語と韓国語という、1つの言語でありながら、大きく異なる特徴を持つ2つの変種を彼らはどのように使い分け（受け入れ）、言語生活を営んでいるのだろうか。本章では、こうした問いに答えるために、韓国ソウルで採録した（出稼ぎに出た）朝鮮族と韓国人（ソウル方言話者）との自由談話の分析をもとに中国朝鮮族の言語使用の特徴を探ることにする。本章の分析により、朝鮮族と韓国人の接触場面におけるコミュニケーション・スタイル（communication style）の異同が解明されるばかりか、対外的要因による中国朝鮮語の変容過程の分析が可能になるものと期待される。

7.2.　先行研究

　中国朝鮮語話者と韓国語話者（多くの場合はソウル方言）の接触場面談話を扱った研究は、管見の限り、全永男（전영남）によるものが大部分を占めている。ここでは、主にそれら一連の研究を概観することにする。

　全永男（2004）は、延辺朝鮮族方言話者のスタイル切換えについて分析した論文である。同論文では、延辺朝鮮族方言話者の発話が延辺方言話者と話す時と、韓国語話者と話す時でどのような変化をみせるかを分析しており、前者については延辺方言の使用が、後者については韓国語の使用が多くなることを明らかにしている。ただし、韓国語へのスタイル切り替えは対者敬語、語彙など一部に限られているとしており、接続助詞（原因・理由）や否定表現では切り替えが起こりにくいという。

　全永男（2007a）は、対韓国人接客場面における延辺朝鮮族の言語行動について分析した論文である。同論文では、吉林省 延吉市に位置する学校や病院、郵便局、ホテルなど10地点において実施した調査をもとに、韓国語話者が（業務に関する）問い合わせをした際、延辺方言話者はそれにどのように対応するかを分析している。この調査では職場における接客場面では韓国語の使用は少ないとの結果が示されたが、このような結果が現れるのは相手に対する好奇心、親切さなどの感情を自由に表現できないといった職場という場面の特殊性によるものであるとしている。

　全永男（2007b）は、対韓国人談話場面における延辺朝鮮族の言語行動を

分析した論文である。同論文では、吉林省 延吉市中心部において実施した道教え調査をもとに、延辺方言話者が話しかけた時と韓国語話者が話しかけた時でどのような言語的変化をみせるかを分析している。この調査では、言語変種選択においては全永男（2004）と同じような傾向が確認されており、この他にも韓国人話者には尊称[2]の表現を使うことが多いこと、女性に比べ男性への言葉遣いにより気を遣っていることなどが明らかにされている。

　髙木丈也（2015c）は、延辺朝鮮語における友人談話の発話形式を韓国語（ソウル方言）との比較の中で分析した論文である。同論文では、吉林省 延吉市とソウル市で採録した友人談話をもとに終止形語尾の使用様相の差異を分析しており、友人談話（相関的場面）においては延辺朝鮮語では下称が、韓国語（ソウル方言）では略待がそれぞれ基本等級として設定されていること、延辺朝鮮語においても韓国語（ソウル方言）の影響を受け、略待の使用がみられること、延辺朝鮮語の 40 代の談話においては中称の出現が確認される一方で、10 代、20 代の談話においては、その使用がほとんど確認されないことなどを明らかにしている。

　上記の（全永男による）論考は、いずれも中国国内において調査が実施されたものであるため、韓国に移動した朝鮮族の言語の使用実態を捉えたものではない。また、調査の分析対象となっている中国朝鮮語話者の人数が全永男（2004）では 2 人、全永男（2007a）では 1 人と少なく、全永男（2007b）では 215 人という一定数の話者を集めているものの、調査の性質上、中国朝鮮語話者の属性が明示されていないという点で分析に限界を認めざるを得ない[3]。

2　同論文では、김덕모（1994ab）の待遇法体系を援用し、尊称に「하십시오体」と「해요体」を認めている。

3　全永男（2007b）では、対韓国語話者は 161 人、対延辺方言話者は 54 人を対象にしているとしているが、話者の重複に関しては明記がない。なお、話しことばを扱ったものではないが、この他に在韓朝鮮族の小学生の書きことばについて分析したものとして채경애（2016）がある。

7.3. 研究の枠組み

　本章では、筆者が 2017 年 7 月に韓国ソウル特別市 永登浦区 大林二洞[4] で採録した韓国語（ソウル方言）話者と中国朝鮮語話者の談話の音声、文字化資料、および談話採録後に全ての話者に実施したフォローアップ調査を主たる分析対象とする。談話採録の枠組みとコンサルタントの情報は次ページに示す表のとおりで、いずれも初対面による 2 者間談話（計 12 談話、計 4,545 発話）となっている[5]。

　表をみてわかるように、中国朝鮮語話者の出身地は一様ではないが、本章では基本的には咸鏡道方言（一部、慶尚道方言）の話者に限定していることを明らかにしておく[6]。ただし、話者間において基層となる変種は厳密には様々であり、本章では詳細な分析を行なうことが難しい。この点については本研究の限界として認めざるを得ない。

4　『조선닷컴』（朝鮮ドットコム、2016 年 8 月 30 日）によると、永登浦区 大林二洞（영등포구 대림2동）は、ソウルでも特に漢族、朝鮮族人口の多い地区で、24,461 人の住民登録者のうち、約 40% にあたる 9,874 人が漢族、朝鮮族であるという。

5　DC11 が成人後に青島、大連、威海に住んだことがある他は、本調査のコンサルタントは出身地と韓国以外に外住歴のない人物を選定しているため、基本的には出身地＝言語形成地と考えてよい（なお、韓国内において DC4 は仁川に、DC9 は水原に住んだことがあるとしているが、いずれも中部方言圏であるため、分析に大きな支障はないものと考える）。なお、父親、母親の出身地については、フォローアップ調査で知り得た範囲で記している。

6　0.2.2. でみたように咸鏡道方言を基層とする中国朝鮮語は、吉林省 延辺だけでなく、黒龍江省 牡丹江（목단강）でも使用されている。一方、慶尚道方言は、黒龍江省では哈爾浜（할빈）を含む松花江（송화강）、綏化（수화）、合江（합강）地区で、吉林省では長春（장춘）、吉林（길림）、四平（사평）地区で使用される（북경대학 조선문화연구소 (1995)）。

【表7-1】談話採録調査の枠組み

話者1（韓国語話者）				話者2（中国朝鮮語話者）						
話者名	年齢	性別	出身地	話者名	年齢	性別	在韓歴	出身地	出身地（父親）	出身地（母親）
DK1	35	男性	ソウル	DC1	26	男性	0年6か月	吉林省吉林市	吉林省吉林市	吉林省吉林市
				DC2	24	女性	3年0か月	黒龍江省鶏西市	黒龍江省鶏西市	黒龍江省팔매퉁市
				DC3	30	男性	5年0か月	黒龍江省牡丹江市	黒龍江省牡丹江市	黒龍江省牡丹江市
				DC4	34	女性	7年0か月	吉林省和龍市	吉林省和龍市	吉林省和龍市
				DC5	55	男性	4年0か月	吉林省和龍市	不明	不明
				DC6	46	女性	8年0か月	黒龍江省鶏西市	黒龍江省팔매퉁市	黒龍江省팔매퉁市
DK2	30	女性	ソウル	DC7	17	男性	3年6か月	黒龍江省哈爾浜市	黒龍江省哈爾浜市	黒龍江省哈爾浜市
				DC8	17	女性	2年6か月	黒龍江省牡丹江市	黒龍江省磨刀石市	黒龍江省牡丹江市
				DC9	35	男性	6年2か月	吉林省延吉市	不明	不明
				DC10	27	女性	2年0か月	吉林省長春市	吉林省長春市	吉林省長春市
				DC11	40	男性	0年3か月	黒龍江省牡丹江市	不明	不明
				DC12	46	女性	20年0か月	黒龍江省牡丹江市	黒龍江省	黒龍江省

　上記のうち、文字化する範囲と時間は、各談話とも談話開始から20分00秒とした（総文字化時数：240分）。

7.4. 分析

　本章では、採録した談話資料の分析を行なう。具体的には、中国朝鮮語の使用、相互作用／談話展開上の特徴という観点から分析を行なっていく。

7.4.1. 中国朝鮮語の使用

　まず、中国朝鮮語の使用について語彙的特徴、文法的特徴という観点から

168　第 7 章　中国朝鮮語話者と韓国語話者の接触場面における談話の特徴

みる[7]。

7.4.1.1.　語彙

7.4.1.1.1.　方言語彙

方言語彙には、以下のようなものが確認された。

［例 7-1］

(1) DC6：그거느 **관내짝에** 많이 제요. 거기느 봇통 재해르 계속 와요, 해

　　　　 년마다 재해과요.

　　　　（それは**関内**[8]**の方に**多いですよね。あそこはいつも災害がずっと来

　　　　ますよ。毎年、災害が来ますよ）［관내쪽에］

(2) DC1：네, 턱별히 **우에** 북경에 베이징….

　　　　（はい、特に**上に**北京に、北京…）［위에］

(3) DC1：우런 **내하고** 여자친구는….（私達は、**私と**彼女は…）［나하고］

(4) DC6：혐녀광 사람들이 내 보통 와 **씨에게** 싸가여.

　　　　（黒龍江の人達が、はい、だいたい来て、たくさん買って行きます）

　　　　［많이］

(5) DC6：팽일에는 손님 **크게** 없구 하니까, **크게** 바쁘지 않구….

　　　　（平日にはお客さんが**たくさん**いなかったりするので、**とても**忙し

　　　　くはなくて…）［많이］

(6) DC6：조선조기까 한국말느 **어느쯔메** 하니까….

　　　　（**朝鮮族**なので、韓国語は**ある程度**、できるので…）［어느 정도］

　(1)〜(3) は名詞の例で、(1) では〜쪽（〜の方）が〜짝で、(2) では위（上）
が우で、(3) では나（私）が내で現れている。また、(4)〜(6) は副詞の例
で、많이（たくさん）といった語が (4) では씨에게＜세게（lit. 強く）、(5) では

7　本章ではこれまでの章とは異なり、韓国の正書法も考慮して談話を文字化している。
また、用例を提示する際には、必要に応じて日本語訳とともに韓国語における標準的な表
現を［　］に示す。なお、各話者の出身地（言語形成地）情報のみにより方言変種を同定
することが難しいため、本章では方言形が出現する用例を分析するに際しては、それが厳
密にどの方言に起因するものであるかは示さない。ただし、各用例にはそれがどの話者の
発話であるかを示してあるので、適宜、【表 7-1】の話者の出身地の欄を参照されたい。

8　明代における山海関より西側の地域の呼称。東側地域、即ち旧満洲地域は「関東」と
称された。

크게（lit. 大きく）で、(6) では어느 정도（ある程度）といった表現が어느 쪽에で現れている。上記のような語彙は、韓国語では使用されないものであるため、場合によっては意思疎通に問題が生じることが予想される[9].

7.4.1.1.2. 漢語語彙

漢語の影響により使用された語彙（漢字語）には、以下のようなものがあった[10]。

［例 7-2］

(1) DC5：대한민국의 국민학교 **피러(毕业)바믄** 초등학교 **피러하면** 한 열일곱쌀….

（韓国の小学校を**卒業したら**、小学校を**卒業したら**、だいたい 17歳…）［졸업하면］

(2) DC6：한국에서는 **선량(善良) 하게** 대하잖아요.

（韓国では、**親切に**接するじゃないですか）［친절하게］

(3) DC1：중국에서 인제 조선족들이 **기본상(基本上)** 다 한국에 와 있으니까….

（中国で、もう朝鮮族は、**基本的に**みんな韓国に来ているから…）［기본적으로］

(4) DC6：신고하며는 신고하며는 경찰들 와 가지구 고 **당시(当时)** 와서….

（通報すると、通報すると、警察（が）来て、**すぐに来て**…）［바로］

(5) DC6：아우 술 맘마이 머믐, 마으, 마으, 막, **치스(气死) 하잖아요**.

（あぁ、酒、気持ちが気持ち、気持ち、もう**腹が立つじゃないですか**）［화가 나잖아요］

(6) DC6：**상꽈(上课)에더** 조선말로 하거등요.

（**授業も**朝鮮語でするんですよ）［수업도］

(1)～(4) は漢語の単語、表現を朝鮮漢字音により音訳[11]したもので、

9　この他にも、中国朝鮮語の影響を受けた語彙使用として、오삿**까**（大阪）、히라**까**나（ひらがな）、가닥**까**나（カタカナ）など日本語由来の語において、語中の清音に対し（激音ではなく）濃音を充てる例が確認された。

10　［例 7-2］においては、借用した漢語語彙も（　）の中に併記する。

11　書きことばにおける漢語からの音訳語の使用については、8.3.2.2.1. を参照。

170　第7章　中国朝鮮語話者と韓国語話者の接触場面における談話の特徴

(1) では毕业（bìyè：卒業）が필업-(피러바믄)、(2) では善良（shànliáng：
親切）が선량-、(3) では基本上（jīběnshang：基本的に）が기본상、(4) で
は当时（dāngshí：すぐに）が당시で現れていることがわかる。また、(5)、
(6) は漢語の単語を音借したもので、(5) では气死（qìsǐ：腹が立つ）が치
스-、(6) では上课（shàngkè：授業）が상꾀で現れている[12]。本調査では、
このうち前者のような音訳の用例がより多く確認された。

　さらに漢語の影響を受けた以下のような単語結合、表現もみられた。

　［例7-3］

　(1) DC2：음, **작을 때부터** 한조각꾜 댕겼쓰.

　　　　（うーん、**小さい時から**漢族学校に通いましたよ）［어렸을 때부터］

　(2) DC2：**얼마 달라머 얼마 줘야 돼요**.

　　　　（**欲しいというだけ、あげなければなりません**）［달라는대로 줘야
　　　　돼요］

　(1) は「小时候」（lit. 小さい時）、(2) は「要多少就给多少」（lit. いくら欲し
いなら、いくらあげる）といった漢語式の表現を韓国語に当てはめた直訳調
の表現となっている。

7.4.1.2.　文法

7.4.1.2.1.　助詞

　助詞の使用における特徴としては、方言形の使用、脱落現象の2種がみら
れた。まず、方言形の使用には、以下のような例が確認された。

　［例7-4］

　(1)　DC4：살기는 **이쪽이가** 우리 중국에 말하면 물까 굉장히 좀 싸요.

　　　　　（住むのは、**こちらが**うちの中国に、言ったら、物価（が）とても、
　　　　　結構安いですよ）［이쪽이］

　(2)　DC2：네, **엄마르** 줘야 대죠.

　　　　　（はい、**お母さんに**あげなければなりませんね）［엄마를］

　(3)　DC6：네, 일료날은 **여기매** 사람들이 많이 모이거든요.

　　　　　（はい、日曜日は**ここに**人がたくさん集まるんですよ）［여기에］

12　(6) は音訳の例のようにもみえる。

7.4. 分析　171

(4)　DC1：지금 티비에서 보고 하면 **인터넷서** 보머….

　　　（今、テレビで見てすると、**インターネットで見ると**…）［인터넷
　　　에서］

(5)　DC6：**계서 (鶏西) 서** 왔어요. （**鶏西（地名）から**来ました）［계서에서］

(6)　DC12：애 **눈에느** 이게 어린 나이의 **애한테느** 또 그게 아니쟈….

　　　（子供の**目には**これが幼い年の**子供には**、またそうではない…）［눈
　　　에는/애한테는］

(7)　DC8：**팔이는** 안 아픈데, 근데 나도 긋또 아파요.

　　　（**腕は**痛くないんですが、でも私も xxx（不明）も痛いです）［팔은］

(8)　DC6：한국 **뿐는**, 우리 **음시긴는** 향이가 없거든여.

　　　（韓国の**方は**、私達の**食べ物は**香りがないんですね）［뿐은/음식
　　　은］

(9)　DC6：음, 우린 **옛날부텀**…. （うーん、私達は**昔から**…）［옛날부터］

　（1）は子音体言に主格助詞が結合する際に【子音体言＋ -이（主格助詞）＋
-가（主格助詞）】のように主格助詞が２重になって現れている例、（2）は母
音体言に結合する対格助詞 -를（〜を）から終声ㄹが脱落した例である。ま
た、（3）は向格助詞 -에（〜に）の方言形 -매が現れた例、（4）、（5）は処格
助詞 -에서（〜で、〜から）から에が脱落した例である。さらに（6）〜（8）は
特殊助詞 -는/은（〜は）が結合した例であるが、（6）は母音体言に結合す
る -는から終声ㄴが脱落した例、（7）は【子音体言＋ -이（主格助詞）＋ -는
（特殊助詞）】という構造により現れた例、（8）は子音体言に -는が結合した
り、あるいは（（7）のように）主格助詞 -이（〜が）に特殊助詞が結合する
際に -ㄴが挿入された例である[13]。最後に（9）は起点格助詞 -부터（〜から）
の方言形 -부텀が現れた例である。

　また、脱落現象には以下のような例がみられた。

［例 7-5］

（1）DC2：**거기 바다** 없어요. （**そこには海が**ありません）［거기엔 바다가］

13　助詞の前に主格助詞 -이が挿入される例は、-가、-는の他にも -도があり、「소용이
도」（使い道も）のような例が確認された。

172　第 7 章　中国朝鮮語話者と韓国語話者の接触場面における談話の特徴

(2) DC3 : **손님**, **한국말** 그, 필요 없어요.

　　　　　（**お客さん**|は|、**韓国語**|が|、その、必要ないんです）［손님은/한국
　　　　　말이］

　いずれの例も名詞のみが羅列されており、助詞が脱落していることがわか
る。こうした用例は、漢語優勢の話者の談話に多く現れた。

7.4.1.2.2.　活用形

　活用形における特徴としては、終止形、接続形、連体形の 3 種がみられた。
まず、終止形には以下のような例が確認された。

　［例 7-6］

(1) DC12 : 거기 거기느 **모잉까**, 악세사리나 이런 거 있잖아요.

　　　　　（そこ、そこは**何ですか**、アクセサリーとか、そういうのあるじゃ
　　　　　ないですか）［뭡니까］

(2) DC11 : 뭐, 뭐 **좋아한다요**?.（何、何（が）**好きですか**）［좋아해요］

(3)　DC8 : 친굼 많은데, **연락 아이 해요**.

　　　　　（友達は多いんですが、**連絡しません**）［연락 안 해요］

(4)　DC9 : 아, **좋아는 안 해요**, **좋아는 안 하는데**….

　　　　　（あ、**好きではありません**、**好きではないのですが**…）［좋아하지
　　　　　는 않아요/좋아하지는 않는데］

(5)　DC8 : 우리 같이 싸우나 **갔댔어요**.

　　　　　（私達、サウナに一緒に**行きました**）［갔었어요］

(6) DC11 : 한국씨땅 **만채요**.（韓国の食堂、**多いじゃないですか**）［많잖아요］

(7) DC2 : 스마트폰 **아녜요**.（スマートフォン**ではありません**）［아니에요］

(8)　DC6 : 휘대폰 요금, 집세, 그라메 뭐 비용 **마내요**. 많아.

　　　　　（携帯料金、家賃、それからまぁ費用が**多い**（**高い**）**です**、多いわ）
　　　　　［많아요］

(9)　DC1 : 한국말또 필요도 **없스요**.（韓国語も必要**ありません**）［없어요］

　(1) は上称の終止形語尾 -ㅂ니까?（〜です / ますか）の方言形 -ㅇ까? <
-ㅁ까? が、(2) は（韓国語では多く現れない）中称の（ここでは疑問形）終
止形語尾 -오?（〜です / ますか）が現れた例である。(3)、(4) は아이 〜야、
좋아 안 하다など方言形による否定形式が現れた例、(5)、(6) は韓国語で

7.4. 分析　173

は使用されない接尾辞 -댔- (大過去)、-잖/재- (確認)[14] が現れた例である。
さらに (7)〜(9) は方言形とみるのは難しいが、比較的多くの用例が確認さ
れたもので、用言語幹と略待上称語尾 -아요/어요の結合において音節数の
減少や母音の交替をみせたものである。このような用例が確認されるのは、
当該コンサルタントの保持する変種においては、一般に韓国語の同形式を使
用しないため、その生成に困難が伴うためだと判断される。
　また、接続形には以下のような例がみられた。

［例 7-7］

(1)　DC7：**머거 봐므** 맛있어요. (**食べてみると**おいしいです) ［먹어 보면］

(2)　DC2：네, **갔다 왔다 하믄서**….

　　　　　（はい、**行ったり来たりしながら**）［왔다 갔다 하면서］

(3)　DC6：…싸우고 머 **그랬다매** 하드라고요.

　　　　　（…喧嘩したとか、まぁ、**そうしたとか言いながら**やっていたんで
　　　　　すよ）［그랬다면서］

(4)　DC2：부모들이 다 **키워 주까너**….

　　　　　（両親がみんな、**育ててくれるから**…）［키워 주니까］

(5)　DC6：네네, 우린 **조선족이까**….

　　　　　（はいはい、私達は**朝鮮族だから**）［조선족이니까］

(6)　DC12：혼차 애 키우는 과정을 내가 직접 **보면서리**, **그리면서리**….

　　　　　（1 人で子供を育てる過程を私が直接**みながら**、そうしながら…）
　　　　　［보면서/그러면서］

(7)　DC2：제가 술 못 **먹으까나**, 그, 밥먹구 그저 얘기하구….

　　　　　（私が酒を**飲めないから**、その、ご飯食べて、ただ話をして…）
　　　　　［(못) 먹으니까］

　(1) は仮定・条件を表す -(으)면 (〜たら) の方言形 -므が[15]、(2)、(3)

_____

14　-잖/재- については、第 2 章を参照。

15　仮定・条件の接続形には、この他にも있쏘**모** (있으면：あれば)、장사하다 보**머** (장
사하다 보면：商売してみると)、피러바**믄** (필업(졸업)하면：卒業したら) などが確認さ
れた。

174 第7章　中国朝鮮語話者と韓国語話者の接触場面における談話の特徴

は並行動作を表す -(으)면서（〜ながら）の方言形 -믄서, -매がそれぞれ現れたものである。(4)、(5) は原因・理由を表す -(으)니까（〜から）が現れたものであるが、(4) は動詞語幹、(5) は指定詞語幹 -이- との結合において語尾の一部（-니-）が脱落していることがわかる。(6)、(7) は -리や -나など、군더더기（전학석（1996））と呼ばれる終助詞的要素が現れた例である[16]。

さらに連体形には、以下のような例がみられた。

［例 7-8］

(1)　DC10：어, 한국에 시집오니간 고모 있으니간 저도 이렇게 **왔는 거죠**.
　　　　　　（あ、韓国に嫁いできたから、おばがいるから、私もこうやって**来たのですよ**）［온 거죠］

(2)　DC4：벌만큼 다 **벌은 사람들은** 다 그렇게 하는….
　　　　　　（稼ぐだけ**稼いだ人達は**、みんなそうする…）［번 사람들은］

(3)　DC2：할매드리네 그 핸드펀 그리랑 **크는 거**….
　　　　　　（おばあさんところのあの携帯電話、そっちと**大きいの**…）［큰 거］

(1) は現在連体形語尾 -는 〜（…する〜）が過去形語幹 -았/었- に結合した例、(2) は子音語幹用言の過去連体形語尾 -은が ㄹ語幹動詞 벌다（稼ぐ）に結合した例で、いずれも方言形が現れたものと判断される[17]。一方 (3) では、動詞の現在連体形語尾 -는が形容詞 크다（大きい）に結合しているが、この発話の話者は他のコンサルタントに比べて朝鮮語の学習歴が短いため、個人方言（誤用）である可能性も排除できない。

7.4.2.　相互作用／談話展開上の特徴

相互作用／談話展開という観点から分析を行なった結果、韓国語への適

16　用例 (4) においても確認される。この他にも 키워야＞키**와**야（育ててこそ）、안 배워…＞안 배**와**…（学ばなくて…）のように、-아/어- 形（連用形）で -거＞-나 の交替が起こる例も確認された。

17　(2) の벌은（稼いだ〜）のように ㄹ語幹用言を子音語幹用言式に活用する例は、韓国語の話しことばにおいても 주머니에 **들은** 것（財布に入っているもの）のように、まれに現れる（一般には誤用とされる）。

7.4. 分析　175

応、(2) 朝鮮語能力の欠如という観点から特徴がみられた。

7.4.2.1. 韓国語への適応

　話者によって保持している方言は厳密には異なるものの、その発話を分析すると、コンサルタント群の発話は頭音法則の適用や略待上称の多用、ソウル方言形（例：ㅗ＞ㅜ）の積極的な使用など[18]、概ね韓国語への適応がみられる。しかし、その一方で、［例7-6］(7)～(9) でみたように用言語幹と略待上称語尾 -아요/어요の結合において音節数の減少、母音の交替といった特殊な用例が散見されるなど、韓国語への適応が困難な部分も存在する。ここでは、このように適応が難しいと思われる部分を相互作用という観点から過剰使用、修正、外来語使用の3点に分けて考察してみたい。

(1) 過剰使用

　-잖아요（～じゃないですか）、-거든요（～なんですよ）を過剰使用する話者が存在した。中国朝鮮語においては多く使用される表現ではないため、韓国語（ソウル方言）の特徴として、過剰一般化し使用しているものと思われる[19]。

［例7-9］

DC6：아, 근데 으, 우리 같으므, 나느 각짜를 끼며느 이 반응이 **있거등요**.

　　　（あ、でも、私達の場合、私は偽物（の指輪）をすると、この、アレルギー

　　　　が**あるんですね**）

DK1：아, 알레르기…?. （あ、アレルギー…？）

DC6：네, 그래가지, 각짜를 금뻔 **끼지 모타거등요**.

18　ㅗ＞ㅜの交替としては、거꾸로＞꺼꾸**루**（逆に）、못 해도＞모태**두**（できなくても）、사 가지고＞사 가지**구**（買って）のような例が確認された。ただし、듣는 **거두** 만쿠（聞くことも多くて）にみられるように겄도＞거두という結合が多くみられる点は特徴的である。このような発話形式の出現については、5.4.3.1. も参照。

19　以下のように敬語を過剰使用する例も確認された。このような例は、対話者の発話をそのまま繰り返すことによって生成されることが多い。

　DK2：원래 그럼 어디, 얼마나 되신 거예요, **한국 오신지는**…?

　　　　（元々、じゃあ、その、どれくらいになられるんですか、韓国にいらっしゃってからは…）

　DC11：한국 **오신지** 석딸 넘어써요. （韓国にいらっしゃってから3か月経ちました）

（はい、それで、偽物を絶対に**付けられないんですね**）

DK1：아, 맞아요. （はい、そうです）

DC6：그이, 각짜느 기시너 얼마에 귀걸이는 입뻐요.

（その、偽物はそれがいくらであってもイヤリングはかわいいです）

DK1：아, 가짜가 더 이뻐요?. （あ、偽物の方がかわいいですか？）

DC6：으이, 입쁘지. 파는 거 **이쁘잖아요**. 그저 깐딴하고….

（あ、かわいい。売ってるの、**かわいいじゃないですか**。ただシンプルで…）

DK1：화려한 거…?. （派手なの…？）

DC6：화려하지느 나씨라지. （派手なのは嫌いです）

DK1：심플하고…?. （シンプルで…？）

DC6：그저 이래 딱 붙꺼나 그런 거 좋아하는데 근데, 한국에는 이, 금, 파는 거는 여기가, 멜까지 **없거든요**. 중국에느 이 화양이가 여락캐고 있는데, 여기느 없어요. 근데 중국의 꺼느 사머너느 너무 이, 금이가 알쑤쑥큰 게 너무 **남구남그등요**.

（ただ、ぱっと見たら、そういうのが好きなんですけど、でも韓国にはこの、金を売るのは、ここが、いくつも**ないんですね**。中国には模様がいくつかがあるんですが、ここにはないんです。でも、中国のは買ったら、あまりにも、この金が高いのが結構**多いんですね**）

DK1：아. （あ）

DC6：나구나이까나 그거 읔치느치네요, 이게….

（だから、それは xxx（不明）ですね、これが…）

DK1：아. （あ）

DC6：그래노까나 이게 이래 묵찌카브느 그거 **잊어 먹그등요**. 어디 툭 달치 므 툭 잡아땡기므 툭 **떨어지잖아요**. **잊어 묵잖아요**.

（なので、これがこんなに重たいと、ただ**なくしてしまうんですね**。どこかにぱっとぶつかったり、ぱっと引っ張ると、**落ちるじゃないですか**。**なくしてしまうじゃないですか**）

(2) 修正

　語彙、表現の修正についてみると、［例7-10］(1) のように対話者に直接矯正をされるものがある一方で、［例7-10］(2)〜(3) のように対話者の発

7.4. 分析　177

話の影響を受けて、自発的に韓国語の語彙、表現に修正する例が確認された
（(2)、(3) の談話参与者は同一で、(2) の発話部分は、(3) に時間的に先行
する）。

［例 7-10］

(1) DK1：구십일 년생이…. (91 年生まれ…)

DC1：**이십일곱**…. (27 (歳)…)

DK1：네, 스물일곱 살…?. (はい、27 歳…？)【矯正】

DC1：네, 스물일곱…. (はい、27 (歳)…)【修正】

DK1：아, 스물일곱 살…. 아직 나이가 그렇게 많이….

(あ、27 歳…。まだ歳をそんなに取っては…)

(2) DC2：네, 엄마 여기서 가게 하자애요.

(はい、母がここで店をやってるじゃないですか)

DK1：아, 가게…. (あ、店…)

DC2：네. (はい)

DK1：아까 그 가게에서…?. (さっき、あの店で…？)

DC2：네네, 또 와서 **방조 (帮助)** 하고….

(はいはい、また来て**手伝って**…)

DK1：한국말은 따로 안 배우시고…?. (韓国語は特に学ばれないで…？)

(3) DK1：그럼 평일에는 어떤, 가게를 계속 **도와 주시는 거예요**?.

(じゃあ、平日にはどんな、店をずっと**手伝われるんですか**？)

DC2：네, 그저 오후에만 엄마를 **도와 주구**….

(はい、ただ午後だけ母を**手伝ってあげて**…)

ところで、例えば、先に ［例 7-7］(4)、(5) でみた発話（方言形）は、
それぞれ来韓 3 年、8 年の話者（DC2, DC6）の発話にみられるものであっ
たが、その一方で来韓 20 年の話者（DC12）の発話においては、以下に示す
［例 7-11］ように正確な韓国語の語形が確認された。当然、地域差、個人差
など様々な要因を考慮しなければならないが、［例 7-7］(4)、(5) と ［例
7-11］のコンサルタントの出身地が近いことを考えた時、居住歴が長いほど
韓国語への適応をみせるという傾向はありそうである。

178 第7章 中国朝鮮語話者と韓国語話者の接触場面における談話の特徴

[例7-11]

(1) DC12：제대로 찾아 못 갔는지 모르겠는데, 또 **가 보니까**….

（ちゃんと訪ねて行けなかったかは、わからないんですが、また**行ってみたら**…）

(2) DC12：근데, 중구기느 거의 다 자연쩍으로 **있는 거니까**…. [↓]

（でも中国は、ほとんど自然に**あるものだから**…[↓]）

(3) 外来語使用

外来語の使用を回避しようとする傾向が顕著にみられた。また対話者（韓国語話者）が外来語を使用した場合にその意味を把握していなかったり、発話者自身も正確に使用していない場合が散見された。以下の例は、中国朝鮮語話者が外来語 보너스（＜버노쑤、bonus: ボーナス）を使用した例であるが、서비스（service: サービス）の誤用であると思われる。

[例7-12]

DK1：재밌는 거 같아요. 이런 게 저희가 이런 저런 얘기를 하다 보니까…. 아, 커피라도….

（面白いと思います。こういうの私達があれこれ話をすると…。あ、コーヒーでも…）

DC6：음?. 쫌 다 오게쬬. （あれ、（飲み物）もう少ししたら来ますよね）

DK1：에. （はい）

DC6：이것도 **버노쑤** 있으니까…. （これも**サービス**があるから…）[서비스]

DK1：일단 시원하게 좀 드세요. （とりあえず、冷たいうちにお飲みください）

7.4.2.2.　朝鮮語能力の欠如

20代の漢族学校出身のコンサルタントにあっては、そもそも朝鮮語能力が低い話者が一定数、存在した。このような話者は、ダウンシフト（downshift）、単文の羅列、繰り返し、聞き返し、言いよどみといった談話展開上のストラテジー（strategy）を多用している。

(1)　ダウンシフト

本章では初対面談話の分析をしているため、韓国語（ソウル方言）における基本文体を考えた時、略待上称、あるいは上称の終止形語尾が多く現れるはずであるが、本調査で採録された談話にあっては、（年上の話者に対して

7.4. 分析　179

さえ）略待、下称の語尾を使用した例が多く確認された。このような用例が
現れるのは、より活用が単純な語形を選択しようとする意識が働いた結果に
よるものと思われる。

［例 7-13］

DC2：네. （はい）

DK1：중국 가서 친구들도 만나고 싶고…?.

　　　（中国に行って、友達にも会いたいし…？）

DC2：저는 요양 비자예요. ［↓］（私は（治療）療養ビザです ［↓］）

DK1：아, 예, 그니까…. （あ、はい、だから…）

DC2：그래, 삽, 삼똘, 걸려서 중국 **뜨러가**.

　　　（そう、3か月したら中国（に）**帰るよ**）［들어가요］

DK1：에. （はい）

DC2：어떤 때너 그, 중국 뜨러가서 머 하고….

　　　（ある時はその、中国に帰って何かして…）

(2) 単文の羅列、繰り返し、聞き返し、言いよどみ

単文の羅列、繰り返し、聞き返し、言いよどみを多用し、ターン（turn）
の交替を促進しようとする場面が多くみられた。以下の（1）は繰り返し／
聞き返しの例、（2）は言いよどみの例である。

［例 7-14］

(1)

DK2：지금 중국도 비가 많이 왔다고 하던데…?.

　　　（今、中国も雨がたくさん降ったって聞きましたけど…）

DC11：예. （はい）

DK2：한국보다 훨씬 많이 와요?. （韓国よりずっと多く降りますか）

DC11：**뭐요**?. （**何ですか？**）【聞き返し】

DK2：비요, 비…. （雨です、雨…）

DC11：**비**…?. （**ピ**…？）【繰り返し／聞き返し】

DK2：네. （はい）

DC11：어허, 비슷해요, 중국허구…. 청도와 날씨하구 또, 비슷해요.

　　　（あぁ、同じくらいです、中国と…。青島と天気とまた、似ています）

(2)

DC1 : 예, 공기가 안 좋죠. 그죠. (はい、空気が悪いですよね。そうですよね)

DK1 : 공사현장 같은 게 있었는데, 그 근처 반경 한 삼 키로 이상이 다 뿌
앟드라구요. 깜짝 놀랐는데….

(工事現場みたいなのがあったんですが、その近くの半径約３キロ以上が
全部、真っ白だったんですよ。ビックリしたんですが…)

DC1 : 턱버리, 북경이 엄정 그래. 학교 다닐 때, 대학 다닐 때는 북경에서
다년는…. 공기가 **안…**.

(特に北京がすごいの。学校通っていた時、大学通っていた時は北京で北
京で**通っ**…。空気が**よくな**…)【言いよどみ】

DK1 : 아, 공부 되게 잘하는 거 아니에요?.

(あ、勉強すごくよくできるんじゃないですか)

DC1 : **아니에…**. (いい…)【言いよどみ】

　以上の分析により、在韓朝鮮族と韓国人の接触場面における言語使用は、
韓国語化が進みながらも完全にそれと一致するには至っておらず、場面に応
じて話者が算出しやすい形式が適宜、選択されていることが確認された。特
に［例7-2］でみた漢語の影響を受けた語彙の使用や［例7-12］でみた外来
語における誤用などは、相互作用における障害ともなり得るものであるた
め、今後これらに対するより詳細な記述が必要であると考える。

7.5. 小結

　本章では、中国朝鮮語話者と韓国語話者の接触場面における談話の特徴に
ついて中国朝鮮語の使用、相互作用／談話展開上の特徴という観点から分析
を行なった。

　まず、中国朝鮮語の使用には語彙的特徴と文法的特徴が確認されたが、前
者には方言語彙、漢語語彙（音借、音訳）、後者には助詞（方言形の使用、
脱落現象）や活用形（終止形、接続形、連体形）が確認された。また、相互
作用／談話展開上の特徴においては、韓国語への適応と朝鮮語能力の欠如に

よるものが確認され、前者には特定表現や敬語の過剰使用、語彙、表現の修正、外来語の不正確な使用、回避といった特徴が、後者にはダウンシフトや単文の羅列、繰り返し、聞き返し、言いよどみの多用といった特徴が確認された。

　以上のように、発話形式という観点からみると、在韓中国朝鮮語話者の発話には一部、韓国語話者とは異なる言語使用がみられることが確認された。このうち、あるものは発話命題の伝達そのものに支障を与えるものではないが、あるものはコミュニケーションに大きな支障をもたらす可能性があるものである。

ソウル特別市 大林洞に位置する朝鮮族集住地域。漢族も多く住む。
（2017 年 8 月 31 日）

第8章

中国朝鮮族高校生の
朝鮮語書きことばに関する一考察

8.1. はじめに

　これまで第7章まででは、中国朝鮮語の談話を対象に定め分析を行なってきたが、【言語使用編】の最後の章となる第8章では、書きことばにおける中国朝鮮語の使用様相を分析することにする。現在、朝鮮族社会は移住第3～5世代が大部分を占めているが、彼らの朝鮮語能力は移住第1、2世代に比べ、相対的に低くなっていることが知られている。そこで本章では、高校生の書きことばの使用状況に焦点を当てて、彼らの言語使用の実態に迫ることにする。本章の分析により、これまでほとんど明らかにされてこなかった朝鮮族若年層の文語使用の実態が明らかになるばかりか、それらが学校教育による中国朝鮮語の規範をどの程度反映したものであるか、他言語、他変種との関係において、いかなる特徴をみせるものであるかを解明することも可能になると期待される。

8.2. 研究の枠組み

8.2.1. 誤用と特徴

　本章では、朝鮮族高校生の朝鮮語書ことばに関する分析を行なうにあたって、誤用と特徴という2つの観点を取り入れる。前者は中国朝鮮語の言語規

範に照らした時、形態論、語用論的に非規範的とされるもので、その解釈の根拠は調査当時、規範として通用していた『조선말규범집』（朝鮮語規範集、중국조선어사정위원회（2007））のうち、「조선말맞춤법」（朝鮮語正書法)、「조선말띄여쓰기」（朝鮮語分かち書き)、「조선말문장부호법」（朝鮮語文章符号法）の各項に求める[1]。また、後者は中国朝鮮語の言語規範に照らした時には必ずしも非規範的と断定されるものではないが、言語使用上、揺れがみられるもの、他変種や話しことばの影響を受けているものを指す。

8.2.2. 調査の概要

本章では、主に吉林省の朝鮮族高校[2]に通う学生（移住世代から数えて、4、5世代目の生え抜き）が使用する書きことばとしての朝鮮語を分析するが、その対象となる言語資料は以下の２つである。

[資料A] 筆者が2016年8、9月に吉林省 延吉、長白、長春、通化、遼寧省 桓仁の朝鮮族高校で実施した言語使用、意識を問う質問紙調査の中でも、とりわけ記述回答の部分にみられる朝鮮語[3]。

[資料B] 2016年秋に吉林省 延吉の朝鮮族高校で実施された글짓기 대회（作文大会）にエントリーした作品にみられる朝鮮語。

上記の２つの資料を収集した地点、およびコンサルタントの情報は、以下のとおりである[4]。

1　語彙の表記に関しては、연변사회과학원 언어연구소（2009）の記述も参照する。また、2016年に改訂が行なわれた中国朝鮮語の言語規範は、本調査の実施時点（2016年夏、秋）においては、まだ通用していなかったため、本章では2007年の版に依拠して分析を行なうことにする。

2　日本の高等学校に相当する教育機関を漢語（中国語）では「（高級）中学」（(gāojí) zhōngxué）と称するが、混同を避けるために本書では、日本語の「高校」という名称を使用する。なお、高校を調査地としたのは、将来の朝鮮族社会の担い手である同世代を分析することにより、中長期的な言語使用の推移も視野に入れたいと考えたからである。

3　この質問紙調査の回答内容の分析は、第９章で行なう。

4　【表8-1】の学校の開校年は、동북조선민족교육과학연구소（1997）による。また、【表8-2】の年齢は、調査日基準の満年齢により示している（コンサルタントの選定にあたっては、調査時の学生の在籍状況による影響を受けざるを得ないため、年齢、性別には、ばらつきがある）。

【表 8-1】調査地点

都市名			学校名	開校年	収集資料
	漢語表記（ピンイン）	朝鮮語表記			
延吉	延吉（yánjí）	연길	吉林省 延辺第一中学	1952	A、B
長白	長白（chángbái）	장백	長白朝鮮族自治県 第二中学	1946	A
長春	長春（chángchūn）	장춘	長春市 朝鮮族中学	1956	A
通化	通化（tōnghuà）	통화	通化市 朝鮮族学校	1945	A
桓仁	桓仁（huánrén）	환인	桓仁満族自治県 朝鮮族学校	1957	A

【表 8-2】コンサルタントの情報

		資料 A					資料 B	合計
		延吉	長白	長春	通化	桓仁	延吉	
14歳	男	1(0.9)	0(0)	3(2.9)	0(0)	6(11.3)	−	10(2.0)
	女	8(7.2)	1(1.0)	9(8.7)	4(5.8)	4(7.5)	−	26(5.2)
15歳	男	17(15.3)	6(6.1)	14(13.6)	10(14.5)	3(5.7)	8(12.3)	58(11.6)
	女	50(45.0)	22(22.2)	37(35.9)	25(36.2)	3(5.7)	13(20.0)	150(30.0)
16歳	男	15(13.5)	13(13.1)	18(17.5)	13(18.8)	6(11.3)	17(26.2)	82(16.4)
	女	18(16.2)	28(28.2)	17(16.5)	16(23.2)	9(17.0)	27(41.5)	115(23.0)
17歳	男	1(0.9)	9(9.1)	2(1.9)	1(1.4)	7(13.2)	−	20(4.0)
	女	1(0.9)	16(16.2)	3(2.9)	0(0)	9(17.0)	−	29(5.8)
18歳	男	0(0)	4(4.0)	0(0)	0(0)	2(3.8)	−	6(1.2)
	女	0(0)	0(0)	0(0)	0(0)	4(7.5)	−	4(0.8)
合計		111(100)	99(100)	103(100)	69(100)	53(100)	65(100)	500(100)

8.3. 分析

　本章では、収集した言語資料をもとに朝鮮族高校生の書きことばにおける朝鮮語の誤用、特徴を分析することにする。

8.3.1. 誤用分析

本節では、『조선말규범집』(朝鮮語規範集、중국조선어사정위원회（2007））に照らした時に誤用と判断される言語使用のうちいくつかを変種的誤用、韓国語からの影響による誤用という観点から分析していく。

8.3.1.1. 変種的誤用

変種的誤用としては、字母、分かち書き、語彙、助詞、活用形、文・テクストといったレベルにおける例が確認された[5]。

8.3.1.1.1. 字母

字母の表記の誤用には、初声字母、中声字母、終声字母、子音同化における誤表記という4種が確認された。

まず、初声字母の誤表記には、以下のようなものがみられた[6]。

［例 8-1］

(1) **정지인** (政治家)［→정치인］〈A 延〉

(2) 부모와 **대화할대** (両親と**会話する時**)［→대화할때］〈A 春〉

(3) **격어본것이** 많으니…

(**経験したことが多いので…**)［→겪어본것이］〈A 白〉

(1) は激音 (ㅊ) を平音 (ㅈ) で表記した例、(2) は濃音 (ㄸ) を平音 (ㄷ) で表記した例、(3) は平音 (ㄱ) を濃音 (ㄲ) で表記した例である。このように初声字母の誤表記は、平音、激音、濃音の混同によるものが散見された。

5　本章では、諸般の制約から誤用の生成要因については、部分的に扱うに留めることにする（調査の性質上、誤用と単純ミスの区別もしないことにする）。なお、漢語が朝鮮語習得に与える影響を考察したものとしては、김영수 (2009)、최순희 (2007)、호취월 (2007)を参照（いずれも漢族の朝鮮語学習者の誤用分析である）。

6　本章で提示する用例は分析資料をそのまま転写したもので、提示に際しては分析部分の日本語訳とともに中国朝鮮語の書きことばにおける規範的な表記を［→○○］に示す（日本語訳は誤用に対するものではなく、コンサルタントが意図したであろう内容に対するものである。また、分析対象箇所以外であっても明らかな誤用が認められた場合には、読者の便宜を図るために、用例中に（→○○）により修正例を提示することがある）。なお、各用例には、それがどの調査地点において現れたものであるかも併記するが、資料 Aについては以下の略号を用いることにする。

　　延吉 =〈A延〉、長白 =〈A白〉、長春 =〈A春〉、通化 =〈A通〉、桓仁 =〈A桓〉

8.3. 分析　187

次に中声字母における誤表記には、以下のようなものがみられた。

［例 8-2］

(1) **공공정소애서**…（公共の場所で…）［→공공정소에서］〈A 延〉

(2) 세상을 **외곡하지만**…（世の中を歪曲するけれど…）［→왜곡하지만］〈B〉

(3) **조선족운**…（朝鮮族は…）［→조선족은］〈A 白〉

(1) では에を애、(2) では왜を외、(3) では은を운と表記していることが
わかる。このように中声においては、音価が類似した母音の混同や (3) の
ような順行同化による誤表記が複数みられたため、実際に発音するとおりに
表記した学生が多かったであろうことが推測される。

また、終声字母における誤表記には、以下のようなものがみられた。

［例 8-3］

(1) **어렸습니다.**（難しいです）［→어렵습니다］〈A 白〉

(2) **성생이라** 부른다.（先生と呼ぶ）［→선생이라］〈A 春〉

(3) 택시를 **탔을때.**（タクシーに乗った時）［→탔을때］〈A 延〉

(1) は口音の終声（[ᵖ]、[ᵗ]、[ᵏ]）の混同による終声字母の誤表記、(2) は
鼻音の終声（[m]、[n]、[ŋ]）の混同による終声字母の誤表記、(3) は二重
終声字母の誤表記の例である。このうち (1)(2) については、音価が類似
した子音字母による誤表記であったため、やはり実際に発音するとおりに表
記した学生が多かったであろうことが推測される。

最後に子音同化に関する誤表記には、以下のようなものがみられた。

［例 8-4］

(1) **석거서** 말합니다.（混ぜて話します）［→섞어서］〈A 通〉

(2) 조금 **다름니다.**（少し違います）［→다릅니다］〈A 延〉

(3) **엄척** 많다.（とても多い）［→엄청］〈A 桓〉

(1) は終声の初声化（連音化）における誤表記、(2) は口音の鼻音化にお
ける誤表記、(3) は実際には起こらない子音同化（口音の鼻音化）を過剰に
表記に適用させた例である。子音同化に関する誤表記は、音韻論的特徴の他
に形態論的境界に対する認識が大きく関わっているため、その要因を一概に
決めることは困難であるが、上記のような例をみた時、コンサルタント群は
話しことば優勢の言語能力を有しており、任意の音に対応する文字の算出に

188　第8章　中国朝鮮族高校生の朝鮮語書きことばに関する一考察

困難を感じていることが窺える。

8.3.1.1.2.　分かち書き

　分かち書きの誤用としては、本来、分かち書きをすべき箇所でしていない
用例が確認された。特に連体形＋体言、代名詞＋体言、副詞＋用言といった
場合が特徴的である。

　［例8-5］

(1) **친한친구와** 대화할때 (**親しい友人と**会話する時)［→친한 친구］〈A延〉

(2) **우리반은** 이미 그전에 있었던….

　　(**うちのクラスは**、既にその前にあった…)［→우리 반은］〈B〉

(3) **잘알아들수** 있지만 잘 말할수없다.

　　(**よく聞き取ることが**できるが、上手に話せない)［→잘 알아들을수］〈A
桓〉

　文節の切れ目における分かち書きについては、「조선말띄여쓰기」第2章
第11項 に「자립적인 동사나 형용사는 앞뒤의 단어와 띄여쓰는것을 원칙으
로 한다」(自立的な動詞や形容詞は、前後の単語と分けて書くことを原則と
する (筆者訳)) との規則がみられるが、(1) では分かち書きをしていない
ことがわかる。また、代名詞の分かち書きについては、「조선말띄여쓰기」
第1章 第9項に「대명사는 아래 단어와 원칙적으로 띄여쓴다」(代名詞は
後の単語と原則的に分けて書く (筆者訳)) との規定がみられるが、これも
(2) のように分かち書きをしない例が確認された[7]。さらに副詞の分かち書き
については、「조선말띄여쓰기」第3章第16項に「부사는 아래의 단어와 띄
여쓴다」(副詞は後の単語と分けて書く (筆者訳)) との規定がみられるが、
これもやはり (3) のように分かち書きをしない例が確認された[8]。

7　ただし、그전에 (その前に) は分かち書きをせずに綴るのが正しい。これは、第1章
第5項 に「시간이나 공간의 뜻을 나타내는 "앞, 뒤, 안, 밖, 우, 아래, 속 , 가운데, 밑, 옆, 곁,
끝, 곳, 사이, 동안, 다음, 때, 날, 달, 해, 이래, 초엽, 말엽, 초순, 중순, 동쪽…" 등 명사들이
토가 붙지 않은 단어뒤에 올 경우에는 붙여쓴다」(時間や空間の意を表す「前、後、中、
外、上、下、奥、真ん中、下、横、そば、端、ところ、間、～の間、次、時、日、月、年、
以来、初葉、末葉、初旬、下旬、東の方…」などの名詞が吐が付かない単語の後に来る時
には、付けて書く」(筆者訳)) との記述があるためである。

8　［例8-5］(3) は副詞 잘 (よく、上手に) が後続する用言と付けて書かれた例である

8.3.1.1.3. 語彙

語彙における誤用には、以下のようなものが確認された（ここでは、主に形態論的な誤用をみる）。

［例 8-6］

(1) 우리 말보다 **빨리다**. （朝鮮語より**速く話す**）［→빨리 한다］〈A桓〉

(2) 60, 70대 사람들이 하는 조선어는 아주 **믿음스럽고** 류리합니다.

    （60、70代の人達が話す朝鮮語は、とても**信頼できて**流暢です）［→믿음직스럽고］〈A白〉

  (1) では副詞 빨리（速く）に -다を結合させ用言化していることから、品詞の同定において誤認をしていることがわかる。また、(2) は形容詞 믿음직스럽다（頼りになる）において語彙形態素の一部が欠落した誤用である。

8.3.1.1.4. 助詞

助詞の誤用には、形態、格、不使用、過剰使用という 4 種が確認された。まず、体言と助詞の結合における形態論的誤用には、以下のようなものがみられた。

［例 8-7］

(1) **한국어을** 잘하면…（**韓国語を**上手に話せたら…）［→한국어를］〈A通〉

(2) **조문로** 하는게 편리하고…

    （**朝鮮語で**話すのが楽で…）［→조문으로］〈A白〉

  (1) は対格助詞 -를/을（〜を）、(2) は具格助詞 -(으)로（〜で）における誤用である。例をみると、いずれも前接する母音体言／子音体言によって区別される形態論的規則から逸脱した結合をしていることがわかるだろう。

次に助詞の格における誤用には、以下のようなものがみられた。

［例 8-8］

(1) 부끄럽고 **마음에서** 좀 불편합니다.

    （恥ずかしく、**心が**ちょっと落ち着きません）［→마음이］〈A桓〉

が、「시간이더」（時間がもっと）のように副詞が前の文節に付けて書かれた例も確認された。

(2) **조선말이** 잘합니다.（**朝鮮語を**上手に話します）［→조선말을］〈A白〉

（1）は主格助詞 -가/이（〜が）が処格助詞 -에서（〜で）で、（2）は対格助詞 -를/을（〜を）が主格助詞 -가/이（〜が）で現れた誤用である。

また、助詞が使用されなかった例には、以下のようなものがみられた[9]。

［例 8-9］

（1）**조선말**φ **한족말**φ 결합하여 말한다.

（**朝鮮語と漢語を**合わせて話す）［→조선말과/한족말을］〈A白〉

（2）북조선의 **조선어**φ **사투리**φ 많다.

（北朝鮮の**朝鮮語には**、**方言が**多い）［→조선어에는/사투리가］〈A延〉

（1）では共格助詞 -와/과（〜と）、対格助詞 -를/을（〜を）、（2）では向格助詞と特殊助詞の結合形 -에는（〜には）、主格助詞 -가/이（〜が）が現れるべき位置にそもそも助詞が現れていないことがわかる。このような誤用は、明示的な格表示マーカーを持たない漢語の影響を受けたものであると考えられる。

最後に助詞を過剰使用する例には、以下のようなものがみられた。

［例 8-10］

（1）**우리와의** 말투가 조금 달라…

（**私達と**口調が少し違って…）［→우리와φ］〈A延〉

（2）가족와(→과) **쇼핑랑때**（家族と**買い物する時**）［→쇼핑할때］〈A桓〉

（1）は属格助詞 -의（〜の）を不必要な位置に挿入した例、（2）は用言の連体形にすべきところに助詞を挿入した例である。このうち（1）のような属格助詞の過剰使用がみられるのは、漢語において連体修飾句・節を構成する際に現れる「〜的」からの類推が働いた可能性が高い。

以上のような用例は、母語（mother tongue, native language）として韓国語を使用するモノリンガル（monolingual）話者の誤用とは大きく異なるものであり、むしろ漢語を母語とする朝鮮語学習者の中間言語（interlanguage）に相通ずる要素を含んでいるといえる。このように移住第 4、5 世代のコンサルタント群にあっては、その朝鮮語使用に漢語の影響が一定程

9　φは、当該の位置に形態が現れなかったことを表す。

度、及んでおり、助詞の使用はその最たるものであるといえよう。

8.3.1.1.5.　活用形

活用形の誤用には、終止形、連体形、その他の活用形における用例が確認された。ここでは、主に形態、統語論レベルにおける誤用をみることにする。

まず、用言＋終止形における誤用には、以下のようなものが確認された。

［例 8-11］

(1) 많이 **사용하다**. (たくさん**使用する**) [→사용한다] 〈A 桓〉

(2) 알아듣기 **어려운다**. (聞き取り**にくい**) [→어렵다] 〈A 白〉

例をみると、下称の終止形において (1) は動詞 사용하다 (使用する) を形容詞型で活用していること、(2) は形容詞 어렵다 (難しい、〜しにくい) を連体形と同形に活用していることがわかる。

次に用言＋連体形における誤用には、以下のようなものが確認された。

［例 8-12］

(1) **못 들는 명언** (聞き取れない名言) [→못 듣는 명언] 〈A 白〉

(2) 한어를 **쓰을 인구** (漢語を**使う人口**) [→쓸 인구] 〈A 延〉

(1) は動詞 (ㄷ変格用言) 듣다 (聞く) の現在連体形、(2) は動詞 쓰다 (使う) の未実現連体形の生成における誤用である。

最後に終止形、連体形以外の活用形における誤用には、以下のようなものが確認された[10]。

［例 8-13］

(1) 조선어를 잘 **배워면**… (朝鮮語をしっかり**学べば**…) [→배우면] 〈A 桓〉

(2) **쓰지 안 하다**. (**使わない**) [→쓰지 않는다] 〈A 桓〉

(1) は接続形 -(으)면 (〜たら) に前接する動詞 배우다 (習う) の語幹における誤用、(2) は動詞 쓰다 (使う) の後置否定形生成における誤用である。

8.3.1.1.6.　文・テクスト

文・テクスト (text) の誤用には、文のねじれ、スピーチレベル (speech

10　接続形に関する誤用は、終止形、連体形のそれに比べて少なかった。

192　第8章　中国朝鮮族高校生の朝鮮語書きことばに関する一考察

level）の不一致、質問に対する不適格な回答という3種が確認された。

　まず、文のねじれ、即ち、文構造レベルにおける誤用には、以下のような
例がみられた。

　　［例8-14］

　　　왜냐하면 한족이 조선족보다 더 많고 그들은 조선어를 **알아 듣지 못한다**.

　　　（<u>なぜなら</u>、漢族が朝鮮族より多く、彼らは朝鮮語を<u>**聞き取れないためだ**</u>）

　　　［→왜냐하면 ～ 알아듣지 못하기 때문이다］〈A延〉

　これは、왜냐하면 ～기 때문이다（なぜなら、～ためだ）という理由・根
拠表現の呼応における文のねじれの例である。

　次に、同一テクスト内におけるスピーチレベルが一致しない場合の例をみ
てみよう。

　　［例8-15］

　　　있습니다. 한국어（φ→는）대부분은（→이）영어발음이기때문에 조금 알
　　아듣기 **어렵다**.

　　　（<u>ある</u>。韓国語は大部分が英語の発音なので、少し聞き取るのが<u>**難しい**</u>）［→
　　있다］〈A 春〉

　上の例では、있습니다（あります＝上称）と어렵다（難しい＝下称）とい
う異なる文体が同一のテクスト内に混在していることがわかる。

　さらに質問に対する回答が不適格な例もみられた。質問文と回答文を共に
示す。

　　［例8-16］

　　　Q：…적극적으로 공부하고**싶습니까**?（…積極的に**勉強したいですか**？）

　　　A：**싶습니다**.（<u>勉強したいです</u>）［→공부하고싶습니다］〈A通〉

　この例では、希望表現 ～고싶다（～たい）における前部要素が現れてお
らず、回答において著しい省略をみせていることがわかる。

8.3.1.2.　韓国語からの影響による誤用

　韓国語からの影響を受けた誤用としては、字母、分かち書き、活用形にお
ける例が確認された。

8.3.1.2.1.　字母

　韓国語からの影響を受けた字母の誤用としては、初声字母に対する表記が

特徴的である。

［例 8-17］

(1) a. **웹사이트** (ウェブサイト) ［→웹싸이트］〈A 延〉

    b. **라디오방송** (ラジオ放送) ［→라지오방송］〈B〉

(2) a. **예를 들어** (例えば) ［→례를 들어］〈A 延〉

    b. **여자** (女性) ［→너자］〈A 通〉

(1) は韓国語の外来語表記の影響を受けた例、(2) は韓国語の正書法にみられる頭音法則の影響を受けた例である。

8.3.1.2.2. 分かち書き

韓国語からの影響を受けた分かち書きの誤用としては、過剰な分かち書きをした用例が確認された。具体的には、連体形の後の形式名詞[11]の分かち書きが特徴的である。

［例 8-18］

朝鮮語로 **하는 게 편할 때는** 여러 사람들과 **대화할 때**, 汉语로 하는게 **편할 때는** 없는듯 합니다.

(朝鮮語で**話すのが楽な時は**、色々な人達と**会話する時**、漢語で話すのが**楽な時は**ないように思います) ［→하는게/편할때는/대화할때/편할때는］〈A 延〉

「조선말띄여쓰기」第 1 章 第 4 項をみると、「불완전명사는 앞에 단어에 붙여쓴다」(形式名詞 (不完全名詞) は前の単語に付けて書く (筆者訳)) との規則がみられるが、上の例では当該要素が一部、分かち書きされていることがわかる。こうした誤用は、それを分かち書きする韓国語の正書法の影響を受けたものと思われる。

8.3.1.2.3. 活用形

韓国語からの影響を受けた活用形の誤用には、以下のようなものが確認された。

---

11 単独で用いられず、必ず前に何らかの要素を伴わなければ生起することができない名詞。中国や北朝鮮の朝鮮語学では불완전명사 (不完全名詞)、韓国の国語学では의존명사 (依存名詞) と称される。

194 第8章 中国朝鮮族高校生の朝鮮語書きことばに関する一考察

［例8-19］

(1) 큰 영향이 **되어**…（大きな影響に**なって**…）［→되여］〈A延〉

(2) 왜 이정도밖에 **안될까**.

　（なぜ、この程度にしか**ならないのだろうか**）［→안될가］〈B〉

　(1) は、되다（なる）の -아/어- 形（連用形）であるが、本来、되여となるべきところ、韓国語の活用形の影響を受け、되어という形が現れている。さらに (2) は終止形語尾 -(으)ㄹ가（〜だろうか）の 가が까で表記された例で、やはり韓国語の正書法の影響を受けて表記されたものである[12]。

　このような韓国語からの影響そのものは、第7章まででみてきた話しことば資料にも共通してみられたものである。ところで、2016年に改訂された『조선말규범집』（朝鮮語規範集、중국조선어사정위원회（2016））においては、形式名詞や数詞、代名詞、動詞・形容詞、補助用言の分かち書きにおいて大幅な修正が加えられた[13]。その結果、中国朝鮮語は全体として韓国語の影響を強く受けた規範を持つことになったが、こうした変化が今後の言語使用にどのような影響を与えるかは注視していく必要があると考える。

8.3.2.　特徴分析

　本節では、中国朝鮮語の言語規範に照らした時には、必ずしも非規範的と断定されるものではないが、言語使用上、揺れがみられるもの、他変種や話しことばの影響を受けているものなどを広く取り上げ、分析資料の特性に接近することにする。具体的には、変種的特徴、漢語からの影響による特徴という観点から分析していく。

12　리춘희（2015）では、韓国語の表記法が朝鮮語文教育に与える影響を分析しているが、これによると、表記面においては頭音法則（두음법칙）、間の人（사이시옷）、여変格（여불규칙）、正書法（맞춤법）の影響があるとしている。

13　筆者はこの規範が発表された前後に中国国内において朝鮮語雑誌、書籍を発行する出版社を複数訪問したが、いずれの出版社においても大幅な改定に編集者がすぐには適応しきれず、苦労しているようであった。中国朝鮮語の規範化方針に関しては、김철준（2017）、植田晃次（2018）に詳しい。

8.3. 分析 195

8.3.2.1. 変種的特徴

変種的特徴としては、中国朝鮮語に特徴的な語彙、話しことばの使用といった例が確認された。

8.3.2.1.1. 中国朝鮮語に特徴的な語彙

中国朝鮮語に特徴的な方言語彙には、以下のようなものが確認された[14]。

［例 8-20］

(1) 친구와 합(→함)께! **자기절로** 말한다.

　　（友達と一緒に！　**自然に**話す）［자연스럽게］〈A春〉

(2) **남새를** 가득 실은 트럭이…

　　（**野菜を**たくさん載せたトラックが…）［야채를］〈B〉

また、韓国語でも使用されるが、使用域が異なると判断される語彙には、以下のようなものが確認された。

［例 8-21］

(1) 중국에서 **낳고** 중국에서 자라고 앞으로도 중국에서 발전할것이다.

　　（中国に**生まれて**、中国で育って、今後も中国で発展していくはずだ）

　　［(태어)나고］〈A桓〉

(2) 설에 한국에 가서 음식 사먹을때 한국말 **잘할** 기회가 있습니다.

　　（お正月に韓国に行って食べ物を買う時、韓国語を**よく使う**機会があります）［자주 할］〈A通〉

さらに疑問詞が平叙文で用いられて、不定の意味を表す例として、以下のようなものが確認された。

［例 8-22］

(1) **어느 사람이** 신을 밟을때 조선어로 욕하기…ㅠㅠ.

　　（**ある人が**靴を踏んだ時（誰かに靴を踏まれた時）、朝鮮語で悪口を言う…泣）［어떤 사람이］〈A春〉

(2) 이야기 나눌때 조선어가 편하고 **무엇을** 해석할때 한어가 더 편하다.

　　（話をする時（は）朝鮮語が楽で、**何かを**解釈する時（は）漢語が楽だ）［무언가를］〈A通〉

14　以降［例 8-22］までは、分析部分に対応する韓国語を［○○］により示す 。

196　第8章　中国朝鮮族高校生の朝鮮語書きことばに関する一考察

　［例8-21］、［例8-22］のような語彙の用法は、必ずしも規範的なものではないため、厳密には誤用とみなければならないという立場も存在するだろう。しかし、その一方で共時態としての中国朝鮮語では、話しことば、書きことばを問わずこれらの表現が多用されており、その存在は無視できないものとなっている。

8.3.2.1.2.　話しことばの使用

　書きことばにおいて話しことばの語形を使用している例には、以下のようなものが確認された。

　［例8-23］

(1) 이쁘지 않은 말 （きれいでない言葉）［→예쁘지 않은 말］〈A延〉

(2) 중국에서 살고 있으니깐.

　　（中国に住んでいるから）［→살고있으니까］〈A延〉

　(1) では예쁘다 （きれいだ）という語、(2) では-(으)니까 （～から）という語尾において、それぞれ이쁘다、-(으)나깐という話しことば形への交替が起こっていることが確認できる。

　また、話しことばの語形の中には、以下のような方言形が使用された例も確認された。

　［例8-24］

(1) 조선족까 말할때…（朝鮮族と話す時…）［→조선족과］〈A延〉

(2) 어떨때에는 잘 알아듣지 못함다.

　　（ある時は、よく聞き取ることができません）［→못합니다］〈A延〉

　(1) は共格助詞 -와/과 （～と）の方言形 -까、(2) は終止形語尾 -ㅂ니다（～です、ます）の方言形 -ㅁ다が現れた例である。

8.3.2.2.　漢語からの影響による特徴

　漢語からの影響を受けた特徴としては、語彙の借用、漢語併用といった用例が確認された。

8.3.2.2.1.　語彙の借用

　語彙レベルにおける漢語からの影響としては、第5章でもみたように音訳、音借、意訳、半音訳・半意訳によるものがあるが（김기종 (1990))、本調査では音訳や意訳の用例が多く確認された。例えば、以下のようなもので

ある。

[例 8-25]

(1) 감정정서가 **부동합니다**. (感情情緒が**違います**) [→다릅니다] 〈A 延〉

(2) **기본상** 한어로 쓰는것이 더 편합니다.

　　(**基本的に**漢語で書くのが楽です) [→기본적<u>으로</u>] 〈A 延〉

(3) **단어량이** 아주 **크다**.

　　(**語彙力が**とても**豊富だ**) [→어휘력이/풍부하다] 〈A 春〉

(4) **축구를 찰**때에. (**サッカーをする**時に) [→축구를 할] 〈A 白〉

(1)、(2) は漢語語彙を朝鮮語に音訳した例で、(1) では形容詞 不同 (bùtóng：違う) が부동-、(2) では副詞 基本上 (jīběnshang：基本的に) が기본상とそれぞれ朝鮮漢字音により実現していることがわかる。また、(3)、(4) は漢語語彙の朝鮮語への意訳の例で、(3) では 词汇大＜丰富 (lit. 単語量が大きい＜豊富だ)、(4) では 踢足球 (lit. サッカーを蹴る) といった漢語表現が意訳されている。このうち、本調査で特に多く確認されたのは、音訳の例である。ここであげたものの他にもよく確認された例を代表的な意味とともに示すと、次ページの表のようになる[15]。

15　こうした漢語語彙の朝鮮漢字音への音訳が多いことは、1つには 1950 年代末に台頭した共通成分増加論 (漢語からの語彙の音訳を多くし、各民族間の言語の差異を小さくするという方針) によるところが大きい。なお、この他にも本章では分析の対象としていないが、同時代の中国朝鮮語では (特に話しことばにおいて) 日本語、ロシア語、英語などに由来する広義の借用語が用いられており、多言語の影響を強く受けた変種であるといえる。ところで、〜하다による生産的な動詞、形容詞の生成は、3.4.2.2.1. における遼寧省朝鮮語の分析、5.4.5.2. における黒龍江省朝鮮語の分析の他、金美善 (2001) の記述も参照。

198 第8章 中国朝鮮族高校生の朝鮮語書きことばに関する一考察

【表8-3】漢語から音訳された朝鮮語（名詞）

	朝鮮語 （音訳）	漢語	朝鮮語 （非音訳）		朝鮮語 （音訳）	漢語	朝鮮語 （非音訳）
1	경제체	経済体	경제실체	13	반급	班級	반
2	고중	高中	고등학교	14	보도	輔導	과외, 지도
3	곤난	困難	어려움	15	비례	比例	비율, 비중
4	과당	課堂	수업, 교실	16	상점	商店	가게
5	구별점	区別点	차이점	17	수평	水平	수준
6	남방	南方	남쪽지방	18	신심	信心	자신
7	단위	単位	직장	19	어문	語文	국어
8	답안	答案	답	20	차별	差別	차이
9	대방	対方	상대방	21	초중	初中	중학교
10	동학	同学	동창, 학우	22	친인	親人	친족
11	령도자	領導者	지도자	23	평시	平時	평상시
12	류수	流水	흐르는 물				

【表8-4】漢語から音訳された朝鮮語（動詞、形容詞）

	朝鮮語 （音訳）	漢語	朝鮮語 （非音訳）		朝鮮語 （音訳）	漢語	朝鮮語 （非音訳）
1	개변하다	改変	고치다	11	유람하다	游覧‐	관광하다
2	견강하다	堅強‐	강하다, 굳세다	12	장악하다	掌握‐	숙달하다
3	교류하다	交流‐	말하다, 접하다	13	전변하다	転変‐	바뀌다
4	단련하다	鍛錬‐	훈련하다	14	참관하다	参観‐	견학하다
5	류리하다	流利‐	류창하다	15	표달하다	表達‐	(감정을)나타내다
6	몽롱하다	朦朧‐	모호하다	16	필업하다	毕业‐	졸업하다
7	발양하다	発揚‐	발전시키다	17	하학하다	下学‐	학교가 파하다
8	복무하다	服務‐	봉사하다	18	학습하다	学習‐	배우다
9	상과하다	上课‐	수업을 하다/듣다	19	휴식하다	休息‐	쉬다
10	엄중하다	厳重‐	심각하다				

　なお、第1章から第6章で分析した延辺朝鮮語、遼寧省朝鮮語、黒龍江省朝鮮語の談話では、漢語の単語を音借した語彙（例：电视（テレビ）→덴스、上班儿（出勤する）→쌍발하다）も比較的多く確認されたが、書きことばを対象とした本調査においては、上课（授業に出る）→상가/상과（＜ shàng-kè）、掌握（マスターする）→장와/장워（＜ zhǎngwò）程度しか確認されなかった（なお、上课は상과、掌握は장악のように朝鮮漢字音による音訳の

8.3.2.2.2. 漢語の併用

朝鮮語と漢語を併用した例には、以下のようなものが確認された。

［例 8-26］

(1) **声调在** 차이가 있습니다.（**声調**に違いがあります）［→성조에］〈A 延〉

(2) 어투나 **专有名词** 방면에서 차이를 느낀다.

　　（語調や**固有名詞**の面で違いを感じる）［→고유명사］〈A 延〉

（1）は朝鮮語と漢語において同一の漢字を使用する語彙であるため、両言語が併用された表記であるとみることも可能である。しかし、その一方で（2）の場合は、朝鮮語と漢語で異なる漢字により構成される語彙であるため、意図的に漢語語彙を使用したものと判断される。

また、以下のように文レベルでの言語の切り替えが起こるような例も確認された。

［例 8-27］

북조선의 조선어 사투리많다. **语调强烈**。

（**語調が強い**）［→어조가 세다］〈A 延〉

8.4. 小結

　本章では、朝鮮族高校生の朝鮮語の誤用と特徴について、書きことば資料をもとに分析を行なった。分析の結果、誤用は変種的誤用と韓国語からの影響による誤用に大分され、前者には字母、分かち書き、語彙、助詞、活用形、文・テクストにおける誤用が、後者には字母、分かち書き、活用形における誤用が確認されることがわかった。また、特徴は変種的特徴と漢語からの影響による特徴に大分され、前者には中国朝鮮語の語彙や話しことばの使用における特徴が、後者には語彙の借用や漢語の併用における特徴が確認されることがわかった。一連の分析により同時代の朝鮮族学生の朝鮮語使用は、同じ民族語、母語でありながらもモノリンガルとしての韓国語話者の誤用とは大きく異なることが確認されたが、このような差異が生じる要因としては、朝鮮族高校生にあっては他言語（漢語）や他変種（韓国語）からの影

響が常に存在すること、彼らの多くが朝鮮語を話しことば優勢の言語として位置づけており、書きことば使用における能力が相対的に低いことなどが関わっていることが示唆された。

調査中の一コマ。(2016 年 9 月 8 日、易麗秋氏撮影)

【言語意識編】

第9章

中国朝鮮族 第4、5世代の言語使用と意識
——主に吉林省の高校における質問紙調査の結果から——

9.1. はじめに

本章では、朝鮮族高校生の言語使用と意識を分析する。次節でも述べるように既存の朝鮮族の言語（あるいは民族、文化）意識に関する研究は、延辺朝鮮族自治州の中心地である吉林省 延吉市在住者を対象としたものが多かった。しかし、朝鮮族は自治州以外の地域にも分散して居住しており、その言語使用や意識は必ずしも同一ではないことが予想される。そこで本章では、延吉市のみならず（主に吉林省内の）他都市に居住する話者についても広範囲に分析することで、当地域における話者の持つ多様性を解明したいと思う。居住地域の差は朝鮮語話者の言語使用、意識にいかなる影響を与えているのだろうか。本章では、こうした点を他言語や他変種との関係も視野に入れて捉えていくことにする。本章の分析により朝鮮族 第4、5世代が自らの言語をいかに捉え、それが民族アイデンティティとどのように関係しているかを解明することが可能になると考える。

9.2. 先行研究

本章では、吉林省在住の朝鮮族の意識に関連する代表的な先行研究を概観する。なお、言語意識のみを扱った論考は少ないため、ここでは、より広義

に民族、文化に対する意識も併せてみることにする。

劉京宰（2001）は、延吉市の大学で実施した質問紙調査をもとに朝鮮族のエスニック・アイデンティティの構造について分析した論文である。同論文では、被験者群のアイデンティティは朝鮮族的アイデンティティと中国人的アイデンティティがほぼ同じ比率で構成されており、中でも行動、認知的側面は朝鮮族的アイデンティティの方が若干優勢であることを明らかにしている。

任榮哲（2005）は、在外韓国人（在日韓国人、在米韓国人、在中韓国人）の言語生活について分析した論文である。このうち在中韓国人については、延辺地域で実施した質問紙調査の結果をもとに二言語使用の実態を分析している。同論文によると、当地域では家庭内においては韓国語[1]優位の複合型二重言語生活を営んでおり、韓国語の使用率には社会生活環境、民族的アイデンティティ、韓国語の学習経験の有無や伝承意識などが関与しているという。

趙南実（2007）は、延吉市の大学で実施した質問紙調査をもとに朝鮮族の民族語に対する意識とアイデンティティについて分析した論文である。同論文によると、近年、朝鮮族は漢族と混在しつつあるが、風俗習慣や言語・文字などにみられる民族意識は依然として高度に保たれているという。ただし、同論文では、彼らの意識は第一に中国人であることが先行しており、朝鮮族として自らをアイデンティファイすることは、その次であるとも指摘している。

金英実（2009）は、吉林省出身の中朝バイリンガル（bilingual）に実施したインタビュー調査をもとに朝鮮語、中国語、日本語、英語、その他の言語に対する言語意識について分析した論文である。同論文によると、中朝バイリンガルの言語意識は政治的、経済的、教育的、家庭的要因と深い関連性があり、バイリンガルが言語を肯定的に捉えるのには異言語教育が果たす役割が重要であるという。

権寧俊（2014）は、主に延辺地域において実施したアンケート調査をもとに朝鮮族の民族教育と生活実態について分析した論文である。同論文による

1　ここでいう韓国語とは、中国朝鮮語（延辺朝鮮語）のことである。

と、朝鮮族は民族教育を熱心に行なってきた結果、民族の伝統文化がよく維持・継承されており、民族教育を受けたものほど高い民族アイデンティティと流動性を示すとしている。また、その一方で、近年は人口流出に起因する朝鮮民族地域の空洞化[2] が進んでいることも指摘している。

　趙貴花（2016）は、吉林省 延吉市、黒龍江省 哈爾浜市の朝鮮族学校で実施したインタビュー調査の結果をもとに、二言語教育の実態とその変容について分析した研究書である（第1章）。同書によると、中国の改革開放以降、中国語の需要が高まる中で子供を漢族学校に通わせる家庭が増加する一方で、特に延吉市においては依然として漢族との接触が少ない朝鮮族学校に通わせる家庭が比較的、多く存在しているとしている[3]。

　以上、吉林省在住の朝鮮族の言語、民族意識に関連するいくつかの先行研究を概観した。上掲の論考をみてわかるように、既存の研究は朝鮮族の人口が相対的に多い延辺朝鮮族自治州（延吉市）を対象としたものが多く、その他の地域に居住する朝鮮族の意識を扱ったものは、そう多くない。そこで、本章では主に吉林省内の複数の都市に居住する朝鮮族を比較、分析することで、同地域における言語意識がいかなる異同をみせるかを分析したい。

9.3.　研究の枠組み

　本章では、筆者が2016年8、9月に吉林省 延吉、長白、長春、通化、遼寧省 桓仁の朝鮮族高校の学生435人（移住世代から数えて、4、5世代目の

2　文銀実（2017）でも述べられているように、このような現象は1990年代から加速化しており、経済発展地域である環渤海湾（遼寧省 瀋陽市、大連市）、首都圏（北京市、天津市）、山東省（威海市、煙台市、青島市）、長江デルタ経済圏（上海市、杭州市、義烏市、蘇州市）、珠江デルタ経済圏（深圳市、広州市）、さらには韓国や日本への人口移動が顕著になっている（なお、筆者が2019年3月に米国 ロサンゼルス市、ニューヨーク市を訪れた際には、これらの地域にも朝鮮族集住地域が形成されていることを確認した）。このように東北3省から他地域に移住した人々の言語使用、意識については第12章を参照。
3　延吉市においては、中学から高校、大学に至るまで朝鮮語による教育課程が整備されていることも一因だとしている。

生え抜き）を対象に実施した質問紙調査の結果を分析する。これらの都市を
選定した理由は、延吉は延辺朝鮮族自治州の、長白は長白朝鮮族自治県[4] の
それぞれ中心地であること、長春は吉林省の省都であることによる。また、
通化は吉林省の中都市、桓仁は（遼寧省）満族自治県の事例として比較分析
の対象とする。なお、本調査が被験者を移住第4、5世代に限定しているの
は、今後の朝鮮族社会を担う若年層の話者の言語使用と意識を調査したいと
の意図からである[5]。本調査における調査地点と被験者の情報は、以下のとお
りである[6]。

【表9-1】各都市における調査地点[7]

都市名			学校名	開校年
	漢語表記(ピンイン)	朝鮮語表記		
延吉	延吉(yánjí)	연길	吉林省延辺第一中学	1952
長白	长白(chángbái)	장백	長白朝鮮族自治県第二中学	1946
長春	长春(chángchūn)	장춘	長春市朝鮮族中学	1956
通化	通化(tōnghuà)	통화	通化市朝鮮族学校	1945
桓仁	桓仁(huánrén)	환인	桓仁満族自治県朝鮮族学校	1957

---

4 長白朝鮮族自治県（장백조선족자치현、长白朝鲜族自治县［chángbái cháoxiānzú
zìzhìxiàn]）は、1958年9月15日に成立した中国国内における唯一の朝鮮族自治県。吉
林省東南部に位置し、7つの鎮、1つの郷、77の行政村、11の社区、56の自然屯から成
る。総面積は2,498 km²。2013年12月末における自治県全体の人口は83,276人で、その
うち朝鮮族が約11,400人（13.7%）を占める（鄭信哲（2015））。

5 劉京宰（2001）では、Ellman（1997）を引きながらエスニック・アイデンティティ形
成の重要な段階にある若年層は、自己帰属感を比較的、率直に表現する傾向があると述べ
ている。

6 本章以降、【言語意識編】で提示する表中の数値の単位は、特に断りがない限り「人（比
率）」である。また、本章以降において示す被験者の年齢は、調査日基準の満年齢による。
なお、第9章から第11章では、東北3省における朝鮮族学校の学生を対象に実施した質
問紙調査の結果を分析するが、ここでの被験者の選定は、調査時の学生の在籍状況による
影響を受けざるを得ないため、年齢や性別には、ばらつきがある。そのため、これらの章
ではデータ分析にあたって、年齢や性別の異同を考慮しないことにする。

7 本章の分析対象となる質問紙調査の中でも記述回答部分における言語的特徴について
は、第8章の分析を参照。

【表 9-2】 被験者の情報

		延吉	長白	長春	通化	桓仁	合計
14 歳	男	1(0.9)		3(2.9)		6(11.3)	10(2.3)
	女	8(7.2)	1(1.0)	9(8.7)	4(5.8)	4(7.5)	26(6.0)
15 歳	男	17(15.3)	6(6.1)	14(13.6)	10(14.5)	3(5.7)	50(11.5)
	女	50(45.0)	22(22.2)	37(35.9)	25(36.2)	3(5.7)	137(31.5)
16 歳	男	15(13.5)	13(13.1)	18(17.5)	13(18.8)	6(11.3)	65(14.9)
	女	18(16.2)	28(28.2)	17(16.5)	16(23.2)	9(17.0)	88(20.2)
17 歳	男	1(0.9)	9(9.1)	2(1.9)	1(1.4)	7(13.2)	20(4.6)
	女	1(0.9)	16(16.2)	3(2.9)		9(17.0)	29(6.7)
18 歳	男		4(4.0)			2(3.8)	6(1.4)
	女					4(7.5)	4(0.9)
合計		111(100)	99(100)	103(100)	69(100)	53(100)	435(100)

9.4. 分析

本章では、質問紙調査の結果について分析を行なう。具体的には言語使用状況、言語全般に対する意識、朝鮮語に対する意識、韓国語に対する意識の順に分析していく[8]。

9.4.1. 言語使用

本節では、言語使用状況について教育、居住地域、家庭環境といった観点から考察する。まず、朝鮮族高校に進学する前に小学校、中学校は朝鮮族学校、漢族学校のいずれに通ったかを問うたデータをみてみよう[9]。

---

8 第9章から第12章の【言語意識編】における質問項目の設定にあたっては、一部、박경래 외 (2012)、손영 (2013) を参考にしていることを明らかにしておく。なお、本書では調査時期によって使用した調査票が若干異なるため、「最も優勢だと考える言語（変種）」（第9章）、「最も自信のある言語（変種）」（第10章）、「使いやすい言語（変種）」（第11章）などのように一部、本文中における表現が異なる箇所が存在する。これらについては統一せずに実際に調査時に使用した表現をそのまま使用することにする。

9 朝鮮族学校、漢族学校という名称は、朝鮮族の間でよく用いられる名称を便宜的に使用しているものであり、必ずしも中国の教育課程における正式名称を指すものではない。なお、前者においては（主に朝鮮族に対して）（中国）朝鮮語による教育が、後者におい

208　第９章　中国朝鮮族 第４、５世代の言語使用と意識

【表 9-3】出身小学校、中学校

		延吉	長白	長春	通化	桓仁
小学校	朝鮮族学校	111(100)	97(98.0)	98(95.1)	69(100)	53(100)
	漢族学校		2(2.0)	3(2.9)		
	その他			2(1.9)		
中学校	朝鮮族学校	111(100)	99(100)	99(96.1)	69(100)	53(100)
	漢族学校			3(2.9)		
	その他			1(1.0)		
合計		111(100)	99(100)	103(100)	69(100)	53(100)

　表をみると、いずれの都市においても朝鮮族高校に通う学生は、初等教育を朝鮮族学校で受けており、漢族学校からの進学者はほぼいないことがわかる。このことは調査地の朝鮮族高校においては事実上、小中学校からの一貫教育が可能な状況にあることを意味するものである[10, 11]。

　また、居住地区における朝鮮族人口は多いかを問うた結果は次ページの【表 9-4】のようであった。

　表をみてわかるとおり、自治州、自治県の中心都市である延吉、長白では「多い」を選択する被験者が多かった。特に延吉においては「少ない」、「とても少ない」を選んだ被験者が相対的に少ないことから、同都市においては居住地区を問わず、朝鮮族の居住が一定数あるであろうことが予想される。

ては（漢族、あるいはその他の民族に対して）漢語による教育が実施されている。

10　生越直樹（2016）では、（本調査における調査校でもある）吉林省 延辺第一中学では、朝鮮族小学校、中学校出身の学生のみを受け入れているとの報告がある。また、筆者も通化市 朝鮮族学校、桓仁満族自治県 朝鮮族学校などでは、高校に隣接して幼稚園、小学校、中学校があることを確認しており、各校の教員からも基本的にはエスカレート式の教育を実施しているとの情報を得ている。

11　なお、朝鮮族小学校、中学校からの進学者が多い状況は類似しているものの、各学校における学生の構成は若干、異なりをみせているようである。即ち、自治州、自治県に位置する延吉、長白においては地元出身者が大多数を占めているのに対して、それ以外の都市では地元出身者の他に、長春では梅河口市（通化市下の県級市）、通化市、延吉市、通化では集安市（通化市下の県級市）、桓仁では撫順市、瀋陽市など、同一省内、他都市の朝鮮族学校出身の学生が混在しており、周辺地域からの進学者の受け皿としても位置づけられていることが確認された。

また、長春においては「とても多い」、「多い」を選んだ被験者がそれぞれ7.8%、36.9%と一定数、存在するものの、「少ない」、「とても少ない」を選んだ被験者もそれぞれ20.4%、16.5%おり、地区による人口の偏りが大きいことが予想される。さらに通化も長春ほどではないにせよ、地区による人口の偏りがあること、桓仁は満族自治県であるということもあり、朝鮮族の集住地域が極めて少ないことが確認される。

【表9-4】居住地区における朝鮮族人口

	延吉	長白	長春	通化	桓仁
とても多い	15(13.5)	6(6.1)	8(7.8)	16(23.2)	1(1.9)
多い	57(51.4)	45(45.5)	38(36.9)	13(18.8)	4(7.5)
半々だ	26(23.4)	31(31.3)	19(18.4)	25(36.2)	9(17.0)
少ない	12(10.8)	16(16.2)	21(20.4)	10(14.5)	36(67.9)
とても少ない	1(0.9)	1(1.0)	17(16.5)	5(7.2)	3(5.7)
合計	111(100)	99(100)	103(100)	69(100)	53(100)

また、次ページ以降に示す【表9-5】は周囲にいる相手（祖父、祖母、父親、母親、兄弟・姉妹、担任教師、親しい友人（朝鮮族））によってどのような言語（変種）で会話するか（していたか）を問うた結果、【表9-6】は混合語を選択した被験者の内訳である[12]。

表をみると、対話者が祖父、祖母、父親、母親、兄弟・姉妹、担任教師、親しい友人（朝鮮族）のいずれの場合においても有意差が認められることが確認される（$p < 0.001$）。

まず、祖父に対する使用言語（変種）をみると、延吉では朝鮮語、長白では漢語、通化では混合語の使用率が高いことがわかる。また、【表9-6】により混合語における使用言語の割合をみると、延吉で圧倒的に朝鮮語優勢の混合語使用をしている他、その他の地域でも概ね朝鮮語優勢の混合語使用をしていることがわかる。

12　以降、【言語意識編】における表中の「朝鮮語」は、基本的に「中国朝鮮語」のことを指す。

210 第9章 中国朝鮮族 第4、5世代の言語使用と意識

【表9-5】対話者による使用言語（変種）[13]

	言語	延吉	長白	長春	通化	桓仁	p値
祖父	朝鮮語	69(62.2)	28(28.3)	39(37.9)	13(18.8)	15(28.3)	<0.001
	漢語	5(4.5)	33(33.3)	24(23.3)	10(14.5)	9(17.0)	
	韓国語	2(1.8)	2(2.0)	4(3.9)	4(5.8)	2(3.8)	
	混合語	35(31.5)	36(36.4)	36(35.0)	42(60.9)	27(50.9)	
祖母	朝鮮語	70(63.1)	30(30.3)	39(37.9)	20(29.0)	9(17.0)	<0.001
	漢語	5(4.5)	26(26.3)	21(20.4)	8(11.6)	7(13.2)	
	韓国語	3(2.7)	1(1.0)	4(3.9)	4(5.8)	3(5.7)	
	混合語	33(29.7)	42(42.4)	39(37.9)	37(53.6)	34(64.2)	
父親	朝鮮語	31(27.9)	7(7.1)	12(11.7)	6(8.7)	2(3.8)	<0.001
	漢語	6(5.4)	32(32.3)	27(26.2)	13(18.8)	12(22.6)	
	韓国語	4(3.6)	4(4.0)	4(3.9)	5(7.2)	5(9.4)	
	混合語	70(63.1)	56(56.6)	60(58.3)	45(65.2)	34(64.2)	
母親	朝鮮語	40(36.0)	8(8.1)	15(14.6)	4(5.8)	4(7.5)	<0.001
	漢語	7(6.3)	39(39.4)	26(25.2)	20(29.0)	11(20.8)	
	韓国語	5(4.5)	2(2.0)	5(4.9)	4(5.8)	4(7.5)	
	混合語	59(53.2)	50(50.5)	57(55.3)	41(59.4)	34(64.2)	
兄弟・姉妹	朝鮮語	21(18.9)	4(4.0)	6(5.8)	3(4.3)	1(1.9)	<0.001
	漢語	7(6.3)	44(44.4)	45(43.7)	21(30.4)	21(39.6)	
	韓国語		3(3.0)	1(1.0)	3(4.3)	2(3.8)	
	混合語	49(44.1)	45(45.5)	42(40.8)	34(49.3)	17(32.1)	
	いない	34(30.6)	3(3.0)	9(8.7)	8(11.6)	12(22.6)	
担任教師	朝鮮語	31(27.9)	25(25.3)	5(4.9)	4(5.8)	3(5.7)	<0.001
	漢語	8(7.2)	2(2.0)	36(35.0)	38(55.1)	10(18.9)	
	韓国語					3(5.7)	
	混合語	72(64.9)	72(72.7)	62(60.2)	27(39.1)	37(69.8)	
親しい友人（朝鮮族）	朝鮮語	29(26.1)	4(4.0)	3(2.9)	1(1.4)	3(5.7)	<0.001
	漢語	2(1.8)	14(14.1)	42(40.8)	10(14.5)	21(39.6)	
	韓国語	2(1.8)			1(1.4)	3(5.7)	
	混合語	78(70.3)	81(81.8)	58(56.3)	57(82.6)	26(49.1)	
		111(100)	99(100)	103(100)	69(100)	53(100)	

13　検定には Fisher's exact test（Monte Carlo method による有意確率）を適用した。

【表9-6】混合語における使用言語（変種）の割合（単位：%）

	言語	延吉	長白	長春	通化	桓仁
祖父	朝鮮語	77	67	62	62	54
	漢語	23	33	38	38	46
祖母	朝鮮語	82	68	60	65	54
	漢語	18	32	40	35	46
父親	朝鮮語	70	50	46	51	38
	漢語	30	50	54	49	62
母親	朝鮮語	70	50	55	59	40
	漢語	30	50	45	41	60
兄弟・姉妹	朝鮮語	57	45	41	47	34
	漢語	43	55	59	53	66
担任教師	朝鮮語	57	58	46	51	33
	漢語	43	42	54	49	67
親しい友人 （朝鮮族）	朝鮮語	62	41	30	39	23
	漢語	38	59	70	61	77

　次に祖母に対する使用言語（変種）をみると、祖父の場合と概ね同様の傾向を示していることがわかる。このことから祖父母の世代に対する言語使用には、性別による大きな差異が存在していないことがわかる。

　また、父親に対する使用言語（変種）をみると、延吉で朝鮮語、長白で漢語の使用率が高いことがわかる。なお、地域差が存在する一方で、混合語の使用が多いという点では、いずれの地域とも類似した傾向を示していることも確認される。ただし、【表9-6】により混合語における使用言語の割合をみると、延吉では圧倒的に朝鮮語が優勢であるのに対し、長白、長春、通化では概ね同程度、桓仁では漢語が優勢であるという違いをみせている。

　さらに母親に対する使用言語（変種）をみると、父親の場合と概ね同様の傾向を示していることがわかる。このことから父母の世代に対する言語使用には、性別による大きな差異が存在していないことがわかる。

　続いて兄弟・姉妹に対する使用言語（変種）をみると、延吉では朝鮮語、長白、長春では漢語の使用率が高いことがわかる。また、【表9-6】により混合語における使用言語の割合をみると、やはり延吉だけは朝鮮語優勢の混合語使用をしているのに対し、その他の地域では漢語優勢の混合語使用をし

212 第9章 中国朝鮮族 第4、5世代の言語使用と意識

ていることがわかる[14]。

　次に担任教師に対する使用言語（変種）をみると、延吉では朝鮮語、長白では朝鮮語と混合語、長春、通化では漢語の使用率が高いことがわかる。また、【表9-6】により混合語における使用言語の割合をみると、延吉、長白では朝鮮語優勢の混合語使用をしているのに対し、通化では概ね同程度の混合語使用を、長春、桓仁では漢語優勢の混合語使用をしていることがわかる。

　最後に親しい友人（朝鮮族）に対する使用言語（変種）をみると、延吉では朝鮮語、長白、通化では混合語、長春、桓仁では漢語の使用率が高いことがわかる。ただし、【表9-6】により混合語における使用言語の割合をみると、延吉においては圧倒的に朝鮮語優勢の混合語使用をしているのに対し、長白、長春、通化、恒仁においては漢語優勢の混合語使用をしていることが確認される。

　以上の分析から、移住第4、5世代である被験者の言語使用は、大きな傾向として移住第2、3世代である祖父母に対しては朝鮮語、あるいは朝鮮語優勢の混合語の使用が多いこと、移住第3、4世代である父母に対しては混合語の使用が多いこと、同じ移住第4、5世代である兄弟・姉妹や親しい友人（朝鮮族）に対しては、漢語優勢の混合語や漢語それ自体の使用が増加することなどが確認された。ただし、自治州が置かれる延吉に限っては、いずれの話者に対しても朝鮮語の使用が他地域より多く現れており、朝鮮語優勢の話者の比率が相対的に高いことが確認された[15]。

14　兄弟・姉妹がいないと回答した人の比率は、延吉市で最も高い数値をみせた（30.6%）。これは、同都市においては、被験者の父母世代の中に韓国に出稼ぎに行っている人が比較的多いこととも関係がありそうである。延辺地区における朝鮮族の留守児童の問題については、権香淑（2014）、冨田久枝、睦蓮淑（2017）、張麗花、坂西友秀（2018ab）といった研究を参照。ところで、中国では1979年より一人っ子政策が施行されたが、少数民族については例外的に第2子以降の出産における優遇措置がとられた。しかしながら、国務院人口普査办公室他（2012）をみると、朝鮮族人口は、45歳人口：39,085人 ⇒ 25歳人口：30,639人 ⇒ 5歳人口：9,940人と減少の一途を辿っていることがわかる（なお、高齢化や労働人口の減少が顕在化してきたことから、2015年に一人っ子政策は廃止されている）。

15　中国朝鮮族若年層の言語使用は、もはや単一の言語に還元できない場合が多いため、

9.4. 分析　213

　最後にテレビ放送の平均視聴時間についてみてみよう。本調査では吉林省
延吉市から発信される延辺广播电视台（延辺テレビジョン放送局）[16] をはじ
めとする朝鮮語テレビ放送、中国内各地から発信される漢語テレビ放送、韓
国から（主に衛星放送により）発信される韓国語テレビ放送の3つに分け、
それぞれの1日あたりの平均視聴時間を調査した。

【表9-7】言語（変種）別1日あたりのテレビ平均視聴時間（単位：分）

	延吉	長白	長春	通化	桓仁
朝鮮語テレビ放送	8.2	8.7	9.2	17.2	17.0
漢語テレビ放送	37.5	76.5	81.2	64.3	89.6
韓国語テレビ放送	45.1	39.6	49.4	53.0	35.3

　まず、朝鮮語テレビ放送の平均視聴時間をみると、どの地域においてもさ
ほど高い数値を示していないことがわかる。その一方で韓国語テレビ放送の
平均視聴時間は、都市により幅はあるものの、いずれの調査地においても朝
鮮語テレビ放送の2.1倍（桓仁）から5.5倍（延吉）と、より高い数値を示
すことが確認される[17]。当然、チャンネル数のうえでは韓国語テレビ放送の
方が圧倒的に多い状況であることは考慮されなければならないが、少なくと
も被験者の世代にあっては居住地を問わず、韓国（語）の放送にごく日常的
に接しており、韓国語の影響を強く受けていることは確かである。また、漢
語テレビ放送の平均視聴時間をみると、多くの都市が（韓国語テレビ放送よ
りさらに多い）1時間以上の視聴時間を示しているのに対し、延吉のみ他都
市より大幅に少ない37.5分との結果を示している。これは、延吉における

場面別の使用言語（変種）を問う際に（いくら混合語という概念を導入したとはいえ）選
択式の設問を設定したのは、本調査における限界として認めざるを得ない。このような反
省から第9章、第10章の後続研究である第11章（黒龍江省 哈爾浜市における調査）で
は、全体の言語使用を「100」とした際の比率により尋ねる方式に変更した（【表11-3】、
【表11-4】、【表11-5】などを参照）。

16　朝鮮語の名称は、연변라디오TV방송국（lit. 延辺ラジオTV放送局）。吉林省 延吉市
局子街に本社を置き、朝鮮語や漢語による番組を放送している。

17　通化、桓仁において朝鮮語テレビ放送の平均視聴時間が相対的に長いことの理由は、
解明ができなかった。この点については、今後さらなる調査を要する。

214 第9章 中国朝鮮族 第4、5世代の言語使用と意識

調査地点である吉林省 延辺第一中学が朝鮮族高校の中でも、とりわけ学力
水準の高い進学校であり、そもそもテレビの視聴時間が短いということとも
無関係ではないと思われるが、それに加えて後にみる優勢言語（変種）の相
違という事実とも関わりがありそうである。

9.4.2. 言語意識

9.4.2.1. 言語全般に対する意識

　本項では、言語全般に対する意識について運用能力、運用のしやすさ、重
要性といった観点から考察する。まず、技能領域（話す、書く、聞く、読む）
別に朝鮮語、漢語の運用能力の自己評価を問うた以下のデータをみてみよう。

【表 9-8】技能領域別朝鮮語能力の自己評価

	評価	延吉	長白	長春	通化	桓仁	p 値
朝鮮語－話す	とても上手だ	48(43.2)	5(5.1)	11(10.7)	4(5.8)	3(5.7)	<0.001
	上手だ	52(46.8)	41(41.4)	31(30.1)	43(62.3)	14(26.4)	
	少しできる	9(8.1)	52(52.5)	54(52.4)	20(29.0)	33(62.3)	
	全くできない	2(1.8)	1(1.0)	7(6.8)	2(2.9)	3(5.7)	
朝鮮語－書く	とても上手だ	46(41.4)	7(7.1)	11(10.7)	12(17.4)	3(5.7)	<0.001
	上手だ	42(37.8)	60(60.6)	45(43.7)	42(60.9)	20(37.7)	
	少しできる	19(17.1)	29(29.3)	44(42.7)	15(21.7)	27(50.9)	
	全くできない	4(3.6)	3(3.0)	3(2.9)		3(5.7)	
朝鮮語－聞く	とても上手だ	53(47.7)	15(15.2)	15(14.6)	8(11.6)	5(9.4)	<0.001
	上手だ	48(43.2)	61(61.6)	45(43.7)	49(71.0)	21(39.6)	
	少しできる	10(9.0)	21(21.2)	40(38.8)	12(17.4)	24(45.3)	
	全くできない		2(2.0)	3(2.9)		3(5.7)	
朝鮮語－読む	とても上手だ	48(43.2)	11(11.1)	16(15.5)	11(15.9)	7(13.2)	<0.001
	上手だ	53(47.7)	60(60.6)	40(38.8)	45(65.2)	26(49.1)	
	少しできる	8(7.2)	26(26.3)	45(43.7)	13(18.8)	17(32.1)	
	全くできない	2(1.8)	2(2.0)	2(1.9)		3(5.7)	
		111(100)	99(100)	103(100)	69(100)	53(100)	

　【表 9-8】は朝鮮語能力の自己評価を示したものである。表をみると、い
ずれの技能領域においても有意差が認められることが確認される（p<0.001）。

9.4. 分析　215

　まず、［話す］についてみると、延吉では「とても上手だ」、通化では「上手だ」の回答率が比較的高い一方で、長白、長春、桓仁では「少しできる」の回答率が高く、対照的な結果をみせている。

　次に［書く］についてみると、延吉では「とても上手だ」、長白、通化では「上手だ」の回答率が高い一方で、長春、桓仁では「少しできる」の回答率が比較的高いという違いをみせた。なお、各地域のデータをみると、長白、長春、通化、桓仁では［書く］の自己評価が［話す］の自己評価に比べて相対的に高いことがわかるが、延吉では［話す］の方が［書く］より高いという逆転現象がみられた。

　また、［聞く］についてみると、延吉では「とても上手だ」、長白、通化では「上手だ」の回答率が高い一方で、長春、桓仁では「少しできる」の回答率が比較的高く、［書く］と類似した傾向が確認された。

　さらに［読む］についてみると、延吉では「とても上手だ」、長白、通化では「上手だ」、長春では「少しできる」の回答率が比較的高かった。なお、桓仁を除く全ての地域では［聞く］の自己評価と［読む］の自己評価は大きな差異をみせないのに対して、桓仁では［聞く］に比べ［読む］の自己評価が相対的に高いという結果が得られた。

　以上の分析から、大きな傾向として朝鮮語能力の自己評価は、自治州に位置する延吉においては、いずれも高く、長春、桓仁においては比較的低いこと、長白、通化は概ね高いものの延吉には及ばないことが明らかになった。また、自己評価が高い「とても上手だ」と「上手だ」、および自己評価が低い「全くできない」と「少しできる」をそれぞれの比率の合計値により比較した場合、4つの技能領域の中で自己評価が相対的に高いのは、延吉では［話す］、［聞く］、［読む］、長白、長春、通化では［聞く］（通化では［読む］も）、桓仁では［読む］であった。その一方で最も自己評価が低いのは、延吉では［書く］、延吉以外では［話す］との結果が得られた。このような差異は、ある程度、朝鮮語との接触頻度、使用状況を反映したものであると思われる[18]。

18　例えば、最も朝鮮族の集住率、および家庭での朝鮮語使用率が低い桓仁では、朝鮮語

216　第9章　中国朝鮮族 第4、5世代の言語使用と意識

【表9-9】は漢語能力の自己評価を示したものである。表をみると、いずれの技能領域においても有意差が認められることが確認される（話す、書く、読む：p<0.001、聞く：p=0.005）。

【表9-9】技能領域別漢語能力の自己評価

	評価	延吉	長白	長春	通化	桓仁	p 値
漢語－話す	とても上手だ	38(34.2)	44(44.4)	54(52.4)	34(49.3)	25(47.2)	<0.001
	上手だ	41(36.9)	52(52.5)	41(39.8)	32(46.4)	25(47.2)	
	少しできる	27(24.3)	3(3.0)	8(7.8)	3(4.3)	2(3.8)	
	全くできない	5(4.5)				1(1.9)	
漢語－書く	とても上手だ	28(25.2)	25(25.3)	40(38.8)	22(31.9)	12(22.6)	<0.001
	上手だ	46(41.4)	63(63.6)	50(48.5)	40(58.0)	34(64.2)	
	少しできる	33(29.7)	11(11.1)	13(12.6)	7(10.1)	6(11.3)	
	全くできない	4(3.6)				1(1.9)	
漢語－聞く	とても上手だ	41(36.9)	45(45.5)	53(51.5)	36(52.2)	21(39.6)	0.005
	上手だ	48(43.2)	51(51.5)	40(38.8)	29(42.0)	29(54.7)	
	少しできる	21(18.9)	3(3.0)	10(9.7)	4(5.8)	2(3.8)	
	全くできない	1(0.9)				1(1.9)	
漢語－読む	とても上手だ	35(31.5)	34(34.3)	47(45.6)	35(50.7)	20(37.7)	<0.001
	上手だ	44(39.6)	58(58.6)	46(44.7)	28(40.6)	29(54.7)	
	少しできる	29(26.1)	7(7.1)	10(9.7)	6(8.7)	3(5.7)	
	全くできない	3(2.7)				1(1.9)	
		111(100)	99(100)	103(100)	69(100)	53(100)	

まず、［話す］についてみると、長白では「上手だ」、延吉では「少しできる」、「全くできない」の回答率が比較的高いことがわかる。

次に［書く］についてみると、長春で「とても上手だ」、長白で「上手だ」の回答率が高い一方で、やはり延吉においては、「少しできる」、「全くできない」の回答率が比較的高いことがわかる。なお、［話す］との比較では、どの地域も［話す］への自己評価は［書く］への自己評価より高く現れ

の習得は主に学校教育に依存するところが大きいと考えられる。また、筆者が桓仁の学校において参与観察を行なった際には、教科書は朝鮮語で書かれていても授業内における教授言語は漢語であることを確認した。このような現実を考えると、彼らの朝鮮語能力は読解（文字言語によるインプット）偏重型になっている可能性が高い。

ていることが確認される。

また、[聞く]は延吉で「少しできる」の回答率が比較的高いことがわかる。

さらに[読む]は通化で「とても上手だ」、長白で「上手だ」の回答率が高く、延吉ではやはり「少しできる」の回答率が高いことが確認される。なお、[聞く]と[読む]の比較では、概ねどの地域も[聞く]への自己評価が[読む]への自己評価より高く現れていることが確認される。

以上の分析から、大きな傾向として漢語能力の自己評価は、自治州に位置する延吉で低く、それ以外の地域においては、比較的高いことが明らかになった。また、自己評価が高い「とても上手だ」と「上手だ」、および自己評価が低い「全くできない」と「少しできる」をそれぞれの比率の合計値により比較した場合、4つの技能領域の中で自己評価が相対的に高いのは、延吉では[聞く]、延吉以外では[話す]、[聞く](長春、恒仁では[読む]も)となっており、地域により差がみられた他、最も自己評価が低いのは、いずれの地域においても[書く]となった[19]。

また、以上のような技能領域別の能力とは別に自身の最も優勢だと考える言語（変種）は何かを問うたデータをみてみよう。

19　生越直樹 他（2018）では、朝鮮族学生の言語能力を決定する要因としては、大きく以下の3種があるとしている。
　1）生徒の生得的特徴（性別、出生地、両親の言語能力など）
　2）社会的特徴（学校の教授言語、地域社会の使用言語など）
　3）生徒の行動上の特徴（よく付き合う人、韓国人・韓国との接触度、インターネットでの朝鮮語情報など）

同論文では、朝鮮語能力に最も影響を与えるのは、このうち「社会的特徴」であるとの仮説を示しているが、本章の分析でもこの結果を概ね支持する結果が出ているといえる。ただし、11.3.2.2.で示すように黒龍江省においては、（朝鮮語の学習に）家庭の役割が重要であると考えている話者も相対的に多く、特に散在地域においては依然として家庭の役割も無視できない。

218　第9章　中国朝鮮族 第4、5世代の言語使用と意識

【表9-10】最も優勢だと考える言語（変種）

	延吉	長白	長春	通化	桓仁
朝鮮語	88(79.3)	34(34.3)	55(53.4)	26(37.7)	29(54.7)
漢語	18(16.2)	62(62.6)	38(36.9)	38(55.1)	21(39.6)
韓国語	5(4.5)	2(2.0)	8(7.8)	5(7.2)	3(5.7)
その他		1(1.0)	2(1.9)		
合計	111(100)	99(100)	103(100)	69(100)	53(100)

　これをみると、延吉、長春、桓仁では朝鮮語を最も優勢な言語として認識している被験者が多いのに対し、長白、通化では漢語を最も優勢な言語として認識している被験者が多いことがわかる。なお、朝鮮語を選んだ3都市を比較してみると、延吉が圧倒的に高い比率を示しており、【表9-8】でみた言語能力に対する自己評価を反映したデータであることが確認できる。また、桓仁は【表9-8】においては、朝鮮語能力に対する自己評価が他の地域に比べて相対的に低く現れていたにも関わらず、朝鮮語を最も優勢な言語として認識している被験者の比率が比較的高く現れている点で注目される。これは、運用能力（あるいは、使用頻度）とは別に朝鮮語を民族の言語として位置づけていることを反映したものであるといえよう。

　最後に、今後最も重要だと考える言語（変種）は何かを問うたデータをみてみよう。

【表9-11】今後最も重要な言語（変種）

	延吉	長白	長春	通化	桓仁
朝鮮語	11(9.9)	28(28.3)	26(25.2)	12(17.4)	12(22.6)
漢語	98(88.3)	59(59.6)	58(56.3)	27(39.1)	27(50.9)
韓国語	1(0.9)	12(12.1)	19(18.4)	30(43.5)	14(26.4)
その他	1(0.9)				
合計	111(100)	99(100)	103(100)	69(100)	53(100)

　この表をみると、延吉、長白、長春、桓仁では最も重要な言語として漢語を選ぶ被験者が多く、その理由については、いずれの地域においても「これからも中国で生活していくため」、「周囲では漢語が多く使われているため」といった現実的側面を指摘する被験者が多かった（自由記述式による回答）。また、最大の集住地域である延吉においては漢語を選んだ被験者が9

割弱と圧倒的に多く、それ以外の長白、長春、通化、桓仁では朝鮮語を選んだ被験者が相対的に多いことも確認される。このような結果が現れるのは【表9-9】でみた延吉における漢語の運用能力に対する自己評価の低さ、【表9-8】でみたその他の都市における朝鮮語の運用能力に対する自己評価の低さが1つの要因となっているものと思われる。なお、通化市においては韓国語を選択する被験者が多いが、やはり韓国との接触機会が相対的に少ない地域であることから、これに対する学習の必要性を感じているため、このように高い数値をみせたものと思われる[20]。

9.4.2.2. 朝鮮語に対する意識

本項では、朝鮮語に対する意識について分析する。まず、自己の話す朝鮮語が朝鮮半島のどの地域の方言[21]を基層としたものであるかを選択式により問うたところ、以下のような回答が得られた。

【表9-12】基層方言に対する知識

		延吉	長白	長春	通化	桓仁
知らない		52(46.8)	11(11.1)	30(29.1)	2(2.9)	19(35.8)
知っている	咸鏡道方言	12(10.8)	29(29.3)	3(2.9)	1(1.5)	4(7.5)
	両江道方言	1(0.9)	37(37.4)	5(4.9)		
	平安道方言	3(2.7)	5(5.1)	3(2.9)	37(53.6)	26(49.1)
	黄海道方言	9(8.1)	1(1.0)	4(3.9)		
	江原道方言	5(4.5)	2(2.0)	4(3.9)	4(5.8)	
	ソウル方言	11(9.9)	7(7.1)	28(27.2)	8(11.6)	2(3.8)
	京畿道方言	2(1.8)	3(3.0)	13(12.6)	1(1.5)	2(3.8)
	忠清道方言	1(0.9)		1(1.0)	6(8.7)	
	慶尚道方言	7(6.3)	2(2.0)	4(3.9)	7(10.1)	
	全羅道方言	6(5.4)		1(1.0)	3(4.3)	
	済州道方言	2(1.8)	2(2.0)	7(6.8)		
合計		111(100)	99(100)	103(100)	69(100)	53(100)

20　重要な言語に韓国語を選択した被験者の比率が、なぜ通化で最も高かったのかについては、本調査では解明に至らなかった。この要因については、今後改めて調査を行なうことにしたい。

21　本設問では、序章脚注12で示した朝鮮語方言学で一般に用いられる方言区画をもとにして選択肢を作成している。

220 第9章 中国朝鮮族 第4、5世代の言語使用と意識

　表をみると、延吉、長春、桓仁の被験者は、自身の基層方言を知らないとする回答が比較的多いことがわかる。特に延吉における認知度の低さが際立っているが、このように移住第4、5世代においては朝鮮族の集住地域においてさえ、自己の出自に対する認識が希薄化していることがわかるだろう[22]。

　なお、具体的な方言による回答をみると、長春や通化をはじめ、多くの都市でソウル方言を選択した被験者が存在することがわかる。移住第1世代がソウル方言話者である可能性が低いことを考えると、これは、メディアや大衆文化から受けている影響を想定した回答であると思われる。また、移住第1世代の出身地を想定した回答としては、延吉では咸鏡道方言が、長白では咸鏡道方言、および両江道方言が、通化、桓仁では平安方言が多く、いずれも各地域における主たる移住経路を反映したものとなっている。

　ところで、世代の異なる話者が使用する朝鮮語に対する意識は、どのようなものであろうか。40、50代の話者の朝鮮語に対する意識を自由記述式により問うたところ、「流暢である」、「方言の使用が多い」、「自身の朝鮮語と似ている」、「発音に特徴がある」、「聞き取れない」、「漢語の使用が多い」、「固有語の使用が多い」といった回答がみられた。このうち各地域において多かった回答は、以下のようなものであった[23]。

〈40、50代話者の朝鮮語に対する意識〉　単位：人

延吉：方言の使用が多い（23）、自身の朝鮮語と似ている（13）、聞き取れない（10）、漢語の使用が多い（10）

長白：流暢である（30）、方言の使用が多い（16）、聞き取れない（10）

長春：流暢である（13）、自身の朝鮮語と似ている（6）、聞き取れない（3）

通化：発音に特徴がある（14）、自身の朝鮮語と似ている（8）、流暢であ

22　김송원（2009）では、吉林省 延吉市に位置する延辺大学に通う学生を対象に「自身が使用する方言変種が何であるか」を尋ねた結果を分析しているが、ここでは咸鏡道方言（67.3％）、全羅道方言（13.5％）、平安道方言（11.5％）、慶尚道方言（7.7％）という結果になっている。ところで、【表9-12】のような結果が現れる要因には、家庭における教育の有無、本国との人的往来、交流の頻度、周囲における朝鮮族人口と移動の程度など様々なものが考えられる。

23　なお、ここでいう方言や固有語の定義は、被験者によって異なることが予想されるため、本書では恣意的な解釈を避けることにする。

る（7）

桓仁：流暢である（29）、漢語の使用が多い（14）

また、60、70代の話者の朝鮮語に対する意識を自由記述式により問うたところ、「方言の使用が多い」、「流暢である」、「固有語の使用が多い」、「聞き取れない」、「発音に特徴がある」、「日本語（からの借用語）を使用する」、「諺や慣用句を多く使用する」といった回答がみられた。このうち各地域において多かった回答は、以下のようなものであった。

〈60、70代代話者の朝鮮語に対する意識〉　単位：人

延吉：方言の使用が多い（38）、聞き取れない（14）、固有語の使用が多い（11）

長白：固有語の使用が多い（21）、方言の使用が多い（12）、聞き取れない（10）

長春：流暢である（14）、聞き取れない（7）、方言の使用が多い（6）

通化：発音に特徴がある（13）、方言の使用が多い（11）、聞き取れない（8）

桓仁：方言の使用が多い（20）、流暢である（19）

さらに将来自身の子供に（中国）朝鮮語を教えたいかを尋ねたところ、以下のような回答が得られた。

【表9-13】子供への（中国）朝鮮語教育

	延吉	長白	長春	通化	桓仁
必ず教えたい	65(58.6)	45(45.5)	64(62.1)	39(56.5)	27(50.9)
できれば教えたい	26(23.4)	23(23.2)	21(20.4)	17(24.6)	13(24.5)
本人が望めば教えたい	11(9.9)	18(18.2)	11(10.7)	10(14.5)	4(7.5)
あまり教えたくない	5(4.5)	4(4.0)	2(1.9)	1(1.4)	1(1.9)
まったく教えたくない		2(2.0)	1(1.0)		3(5.7)
わからない	4(3.6)	7(7.1)	4(3.9)	2(2.9)	5(9.4)
合計	111(100)	99(100)	103(100)	69(100)	53(100)

表をみると、いずれの地域においても「必ず教えたい」を選択した被験者が最も多いことがわかり、地域における大きな差異はみられないことが確認される。このように朝鮮族学校に通う学生の場合、言語能力、言語（変種）への意識の差異はあれど、民族語継承への意欲は総じて高いということがで

222 第9章 中国朝鮮族 第4、5世代の言語使用と意識

きそうである。

　最後に「洗練されている」や「優雅だ」といった10の評価項目に対する朝鮮語のイメージを「かなりそう思う／少しそう思う／普通だ／あまりそう思わない／全くそう思わない」という5つの選択肢により問うたデータをみてみることにしよう。

【表9-14】朝鮮語のイメージ

		延吉	長白	長春	通化	桓仁	p 値
洗練されている	かなり思う	28(25.2)	9(9.1)	17(16.5)	9(13.0)	8(15.1)	
	少し思う	26(23.4)	37(37.4)	15(14.6)	20(29.0)	6(11.3)	
	普通だ	41(36.9)	37(37.4)	48(46.6)	27(39.1)	32(60.4)	0.002
	あまり思わない	9(8.1)	10(10.1)	13(12.6)	11(15.9)	5(9.4)	
	全く思わない	7(6.3)	6(6.1)	10(9.7)	2(2.9)	2(3.8)	
優雅だ	かなり思う	33(29.7)	26(26.3)	13(12.6)	18(26.1)	12(22.6)	
	少し思う	30(27.0)	24(24.2)	21(20.4)	17(24.6)	21(39.6)	
	普通だ	31(27.9)	27(27.3)	50(48.5)	23(33.3)	16(30.2)	0.007
	あまり思わない	9(8.1)	15(15.2)	14(13.6)	9(13.0)	1(1.9)	
	全く思わない	8(7.2)	7(7.1)	5(4.9)	2(2.9)	3(5.7)	
優しい	かなり思う	40(36.0)	18(18.2)	14(13.6)	9(13.0)	6(11.3)	
	少し思う	37(33.3)	32(32.3)	17(16.5)	18(26.1)	17(32.1)	
	普通だ	22(19.8)	36(36.4)	51(49.5)	35(50.7)	22(41.5)	<0.001
	あまり思わない	8(7.2)	6(6.1)	17(16.5)	4(5.8)	2(3.8)	
	全く思わない	4(3.6)	7(7.1)	4(3.9)	3(4.3)	6(11.3)	
愛嬌がある	かなり思う	28(25.2)	16(16.2)	13(12.6)	18(26.1)	7(13.2)	
	少し思う	20(18.0)	27(27.3)	27(26.2)	19(27.5)	13(24.5)	
	普通だ	33(29.7)	35(35.4)	41(39.8)	21(30.4)	17(32.1)	0.011
	あまり思わない	17(15.3)	14(14.1)	18(17.5)	8(11.6)	3(5.7)	
	全く思わない	13(11.7)	7(7.1)	4(3.9)	3(4.3)	13(24.5)	
おとなしい	かなり思う	28(25.2)	12(12.1)	13(12.6)	9(13.0)	8(15.1)	
	少し思う	40(36.0)	30(30.3)	23(22.3)	19(27.5)	17(32.1)	
	普通だ	30(27.0)	43(43.4)	53(51.5)	29(42.0)	22(41.5)	0.039
	あまり思わない	9(8.1)	11(11.1)	13(12.6)	10(14.5)	3(5.7)	
	全く思わない	4(3.6)	3(3.0)	1(1.0)	2(2.9)	3(5.7)	

		延吉	長白	長春	通化	桓仁	p 値
信頼 できる	かなり思う	33(29.7)	14(14.1)	11(10.7)	8(11.6)	8(15.1)	<0.001
	少し思う	32(28.8)	35(35.4)	23(22.3)	17(24.6)	21(39.6)	
	普通だ	32(28.8)	37(37.4)	57(55.3)	28(40.6)	14(26.4)	
	あまり思わない	8(7.2)	2(2.0)	7(6.8)	13(18.8)	8(15.1)	
	全く思わない	6(5.4)	11(11.1)	5(4.9)	3(4.3)	2(3.8)	
口調が ソフトだ	かなり思う	52(46.8)	20(20.2)	16(15.5)	26(37.7)	19(35.8)	<0.001
	少し思う	27(24.3)	35(35.4)	22(21.4)	16(23.2)	13(24.5)	
	普通だ	21(18.9)	24(24.2)	52(50.5)	15(21.7)	11(20.8)	
	あまり思わない	4(3.6)	13(13.1)	8(7.8)	10(14.5)	7(13.2)	
	全く思わない	7(6.3)	7(7.1)	5(4.9)	2(2.9)	3(5.7)	
情感が ある	かなり思う	50(45.0)	37(37.4)	17(16.5)	23(33.3)	13(24.5)	<0.001
	少し思う	38(34.2)	34(34.3)	23(22.3)	19(27.5)	16(30.2)	
	普通だ	16(14.4)	17(17.2)	51(49.5)	18(26.1)	15(28.3)	
	あまり思わない	2(1.8)	2(2.0)	10(9.7)	6(8.7)	4(7.5)	
	全く思わない	5(4.5)	9(9.1)	2(1.9)	3(4.3)	5(9.4)	
知的だ	かなり思う	33(29.7)	19(19.2)	13(12.6)	13(18.8)	11(20.8)	0.030
	少し思う	28(25.2)	29(29.3)	19(18.4)	18(26.1)	11(20.8)	
	普通だ	33(29.7)	34(34.3)	52(50.5)	25(36.2)	26(49.1)	
	あまり思わない	12(10.8)	7(7.1)	15(14.6)	9(13.0)	2(3.8)	
	全く思わない	5(4.5)	10(10.1)	4(3.9)	4(5.8)	3(5.7)	
たくま しい	かなり思う	33(29.7)	26(26.3)	24(23.3)	18(26.1)	10(18.9)	0.064
	少し思う	27(24.3)	32(32.3)	15(14.6)	14(20.3)	16(30.2)	
	普通だ	37(33.3)	24(24.2)	49(47.6)	21(30.4)	22(41.5)	
	あまり思わない	10(9.0)	12(12.1)	9(8.7)	12(17.4)	3(5.7)	
	全く思わない	4(3.6)	5(5.1)	6(5.8)	4(5.8)	2(3.8)	
		111(100)	99(100)	103(100)	69(100)	53(100)	

　表をみると、朝鮮語への意識は「たくましい」以外で有意差がみられ、いずれの項目も特に延吉で最も肯定的なイメージを持つ被験者が多いことがわかった。また、「かなりそう思う」と「少しそう思う」を肯定的イメージ、「全くそう思わない」、「あまりそう思わない」を否定的イメージとして、それぞれの比率の合計値により比較した場合、肯定的イメージを最も強く持つ項目は、延吉、長白、長春、通化では「情感がある」（長春では「愛嬌がある」、通化では「口調がソフトだ」も）、恒仁では「優雅だ」である一方、否

定的イメージを最も強く持つ項目は、延吉、恒仁では「愛嬌がある」、長白では「優雅だ」、長春では「洗練されている」、通化では「信頼できる」、「たくましい」であることが確認された。以上の結果から、(恒仁における数値も決して低くないことを鑑みた時) 朝鮮語へのイメージは、いずれの地域においても「情感がある」が先行していることが確認された。

9.4.2.3. 韓国語に対する意識

本項では、韓国語に対する意識について分析する。まず、テレビ以外に韓国語に接触する機会があるかを問うたところ、以下のような結果が得られた。

【表9-15】テレビ以外の韓国語との接触

	延吉	長白	長春	通化	桓仁
ある	63(56.8)	51(51.5)	57(55.3)	40(58.0)	36(67.9)
ない	48(43.2)	48(48.5)	46(44.7)	29(42.0)	17(32.1)
合計	111(100)	99(100)	103(100)	69(100)	53(100)

表をみると、いずれの地域においてもテレビ以外の韓国語との接触経路を持つ被験者が過半数を超えていることがわかる。

また、無意識に韓国語の影響を受けて話していることがあるかを尋ねた結果、以下のような結果が得られた。

【表9-16】無意識な韓国語の使用

	延吉	長白	長春	通化	桓仁
ある	52(46.8)	43(43.4)	42(40.8)	27(39.1)	32(60.4)
ない	59(53.2)	56(56.6)	61(59.2)	42(60.9)	21(39.6)
合計	111(100)	99(100)	103(100)	69(100)	53(100)

表をみると、桓仁で比較的高い数値を示しており、その他の地域も4割程度の被験者が無意識な韓国語の使用があると答えていることがわかる。なお、具体的にどのような影響を受けるかを自由記述式により問うたところ、流行語、外来語、文法、頭音法則、挨拶ことばといった回答がみられた。こ

のうち各地域において多かった回答は、以下のようなものであった[24]。

〈韓国語からの影響〉　単位：人

延吉：流行語（18）、外来語（13）、頭音法則（7）

長白：文法（23）、外来語（11）、流行語（7）

長春：外来語（9）、流行語（4）

通化：外来語（10）、流行語／文法（5）

桓仁：流行語（5）、外来語（3）

　さらに韓国語を聞いた時、理解するのが難しい部分があるかを問うたところ、以下のような結果が得られた。

【表9-17】理解が難しい韓国語

	延吉	長白	長春	通化	桓仁
ある	60(54.1)	62(62.6)	49(47.6)	28(40.6)	41(77.4)
ない	51(45.9)	37(37.4)	54(52.4)	41(59.4)	12(22.6)
合計	111(100)	99(100)	103(100)	69(100)	53(100)

　表をみると、やはり桓仁で高い数値を示していることがわかる。これは、【表9-8】でみたように、当地域ではそもそも朝鮮語への自己評価が低い被験者が多いこととも無関係ではないと思われる。また、その他の地域をみても、4割以上の被験者が理解の難しい韓国語があると答えていることがわかる。なお、具体的にどのような部分が理解するのが難しいかを自由記述式により問うたところ、外来語[25]、文法、発音、流行語といった回答がみられた。このうち各地域において多かった回答は、以下のようなものであった。

24　この中で延吉においてのみ、頭音法則をあげる被験者が多かったという点は興味深い。【表9-8】でみたように同校の学生は、他校の学生に比べて朝鮮語能力への自己評価が相対的に高かった。このことはつまり、（中国）朝鮮語と韓国語の差異に対する深い洞察力を持つ学生も多くなるという結果に繋がるようである。

25　このような意識を反映して、2015年9月現在、東北3省などで読まれている『흑룡강신문（黒龍江新聞）』（本社：黒龍江省 哈爾浜市、http://www.hljxinwen.cn/）には、韓国語で多用される外来語を紹介するコラムが定期連載されていた。

〈理解が難しい韓国語〉 単位：人

延吉：外来語（35）、発音（7）

長白：外来語（25）、文法（7）

長春：外来語（15）、文法（3）

通化：外来語（7）

桓仁：外来語（20）文法（6）

　最後に「洗練されている」や「優雅だ」といった10の評価項目に対する韓国語のイメージを「かなりそう思う／少しそう思う／普通だ／あまりそう思わない／全くそう思わない」という5つの選択肢により問うたデータをみてみることにしよう。

【表9-18】韓国語のイメージ

		延吉	長白	長春	通化	桓仁	p 値
洗練 されて いる	かなり思う	29(26.1)	10(10.1)	6(5.8)	17(24.6)	6(11.3)	<0.001
	少し思う	33(29.7)	32(32.3)	18(17.5)	13(18.8)	3(5.7)	
	普通だ	35(31.5)	38(38.4)	56(54.4)	26(37.7)	34(64.2)	
	あまり思わない	10(9.0)	6(6.1)	10(9.7)	12(17.4)	6(11.3)	
	全く思わない	4(3.6)	13(13.1)	13(12.6)	1(1.4)	4(7.5)	
優雅だ	かなり思う	35(31.5)	25(25.3)	13(12.6)	17(24.6)	14(26.4)	0.018
	少し思う	29(26.1)	30(30.3)	20(19.4)	19(27.5)	14(26.4)	
	普通だ	38(34.2)	25(25.3)	44(42.7)	23(33.3)	15(28.3)	
	あまり思わない	5(4.5)	13(13.1)	16(15.5)	8(11.6)	8(15.1)	
	全く思わない	4(3.6)	6(6.1)	10(9.7)	2(2.9)	2(3.8)	
優しい	かなり思う	41(36.9)	18(18.2)	12(11.7)	16(23.2)	6(11.3)	<0.001
	少し思う	37(33.3)	25(25.3)	20(19.4)	13(18.8)	17(32.1)	
	普通だ	24(21.6)	35(35.4)	51(49.5)	28(40.6)	20(37.7)	
	あまり思わない	6(5.4)	9(9.1)	11(10.7)	7(10.1)	3(5.7)	
	全く思わない	3(2.7)	12(12.1)	9(8.7)	5(7.2)	7(13.2)	
愛嬌が ある	かなり思う	46(41.4)	33(33.3)	21(20.4)	27(39.1)	16(30.2)	<0.001
	少し思う	32(28.8)	30(30.3)	19(18.4)	11(15.9)	10(18.9)	
	普通だ	23(20.7)	20(20.2)	42(40.8)	15(21.7)	13(24.5)	
	あまり思わない	6(5.4)	9(9.1)	11(10.7)	11(15.9)	5(9.4)	
	全く思わない	4(3.6)	7(7.1)	10(9.7)	5(7.2)	9(17.0)	

		延吉	長白	長春	通化	桓仁	p 値
おとなしい	かなり思う	19(17.1)	10(10.1)	17(16.5)	9(13.0)	11(20.8)	0.467
	少し思う	29(26.1)	26(26.3)	19(18.4)	21(30.4)	15(28.3)	
	普通だ	48(43.2)	48(48.5)	47(45.6)	26(37.7)	21(39.6)	
	あまり思わない	14(12.6)	12(12.1)	14(13.6)	11(15.9)	3(5.7)	
	全く思わない	1(0.9)	3(3.0)	6(5.8)	2(2.9)	3(5.7)	
信頼できる	かなり思う	18(16.2)	12(12.1)	6(5.8)	15(21.7)	8(15.1)	0.030
	少し思う	32(28.8)	31(31.3)	25(24.3)	15(21.7)	24(45.3)	
	普通だ	49(44.1)	39(39.4)	52(50.5)	31(44.9)	14(26.4)	
	あまり思わない	10(9.0)	10(10.1)	13(12.6)	6(8.7)	5(9.4)	
	全く思わない	2(1.8)	7(7.1)	7(6.8)	2(2.9)	2(3.8)	
口調がソフトだ	かなり思う	42(37.8)	35(35.4)	11(10.7)	24(34.8)	20(37.7)	<0.001
	少し思う	35(31.5)	29(29.3)	19(18.4)	15(21.7)	11(20.8)	
	普通だ	27(24.3)	22(22.2)	55(53.4)	22(31.9)	11(20.8)	
	あまり思わない	4(3.6)	4(4.0)	9(8.7)	6(8.7)	4(7.5)	
	全く思わない	3(2.7)	9(9.1)	9(8.7)	2(2.9)	7(13.2)	
情感がある	かなり思う	27(24.3)	23(23.2)	10(9.7)	21(30.4)	16(30.2)	<0.001
	少し思う	38(34.2)	26(26.3)	21(20.4)	27(39.1)	20(37.7)	
	普通だ	34(30.6)	31(31.3)	51(49.5)	14(20.3)	8(15.1)	
	あまり思わない	8(7.2)	9(9.1)	12(11.7)	7(10.1)	3(5.7)	
	全く思わない	4(3.6)	10(10.1)	9(8.7)		6(11.3)	
知的だ	かなり思う	26(23.4)	15(15.2)	11(10.7)	21(30.4)	7(13.2)	0.009
	少し思う	26(23.4)	26(26.3)	20(19.4)	14(20.3)	15(28.3)	
	普通だ	48(43.2)	42(42.4)	52(50.5)	24(34.8)	24(45.3)	
	あまり思わない	9(8.1)	5(5.1)	11(10.7)	9(13.0)	3(5.7)	
	全く思わない	2(1.8)	11(11.1)	9(8.7)	1(1.4)	4(7.5)	
たくましい	かなり思う	18(16.2)	15(15.2)	19(18.4)	19(27.5)	9(17.0)	0.039
	少し思う	17(15.3)	26(26.3)	15(14.6)	15(21.7)	11(20.8)	
	普通だ	46(41.4)	42(42.4)	49(47.6)	22(31.9)	25(47.2)	
	あまり思わない	24(21.6)	5(5.1)	11(10.7)	10(14.5)	6(11.3)	
	全く思わない	6(5.4)	11(11.1)	9(8.7)	3(4.3)	2(3.8)	
		111(100)	99(100)	103(100)	69(100)	53(100)	

　表をみると、韓国語への意識は、「おとなしい」以外で有意差がみられることが確認された。「かなりそう思う」と「少しそう思う」を肯定的イメージ、「全くそう思わない」、「あまりそう思わない」を否定的イメージとして、

それぞれの比率の合計値により比較した場合、肯定的イメージを最も強く持つ項目は、延吉、長春では「愛嬌がある」、長白では「口調がソフトだ」、通化、恒仁では「情感がある」である一方、否定的イメージを最も強く持つ項目は、延吉では「たくましい」、長白では「優しい」、長春では「優雅だ」、通化、恒仁では「愛嬌がある」であることが確認された。以上の結果から韓国語へのイメージは地域によって差をみせており、特に「愛嬌がある」というイメージは、地域によって正反対のイメージを持たれていることなどが確認された。

9.5. 小結

本章では、吉林省延吉、長白、長春、通化、遼寧省恒仁の朝鮮族高校に通う朝鮮族 第4、5世代の学生435人に実施した質問紙調査の結果をもとに言語使用と意識について分析した。分析により明らかになったことのうち、主要な項目を整理すると、以下のようになる。

1. 被験者群の言語使用は、対話者の年齢が上がるほど朝鮮語の使用が多くなり、下がるほど漢語の使用が多くなる傾向がある。ただし、延吉に限っては、いずれの話者に対しても朝鮮語の使用が他地域より多く現れており、朝鮮語優勢の言語生活が営まれている。
2. 朝鮮語能力への自己評価は、自治州に位置する延吉において高く、長春、恒仁において比較的低い。また、長白、通化は、概ね高いものの、延吉には及ばない。漢語能力の自己評価は、延吉で低く、それ以外の地域においては比較的高い。
3. 自己の朝鮮語の基層方言について知識を持たず、上の世代の朝鮮語を異質なものと認識する被験者が存在する一方で、いずれの地域においても子供には朝鮮語を継承したいという被験者が多く存在する。
4. いずれの地域においてもテレビ以外の韓国語との接触経路を持ち、韓国語からの影響を受けていると自覚する被験者が一定数いる一方で、外来語に対しては理解が難しいと感じている被験者も多く存在する。

本章の分析により、居住地域の差は朝鮮語話者の言語使用と意識に差をもたらす一方で、移住第 4、5 世代に共通する言語意識もみられることが明らかになった。

吉林省 延辺第一中学の正門。朝鮮族高校の中で最難関の学校。(2017 年 9 月 6 日)

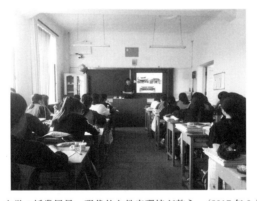

延辺第一中学の授業風景。現代的な教室環境が整う。(2017 年 9 月 6 日)

第10章

遼寧省朝鮮語話者の言語使用と意識
—瀋陽市朝鮮族高校における質問紙調査の結果から—

10.1. はじめに

　第9章では、主に吉林省に居住する朝鮮族の言語使用と意識について分析を行なった。本章では、第9章に引き続き、遼寧省朝鮮語の話者である瀋陽市在住の朝鮮族高校生の言語使用と意識について分析を行なう。当地域における学生がいかなる言語意識を持ち、言語使用を行なっているのかを解明することで、中国朝鮮語の多様性により深く接近できるものと考える。

10.2. 先行研究

　本章では、吉林省以外に居住する朝鮮族の意識に関連する先行研究を概観する。なお、言語意識のみを扱った論考は少ないため、ここでも9.2.と同様に、より広義に民族、文化に対する意識を併せてみることにする。

　金正淑（1998）は、黒龍江省で実施したインタビュー調査をもとに朝鮮人意識の受容と拒否について分析した論考である。これによると、朝鮮族の朝鮮人意識は（1）朝鮮人意識を受容し、漢族文化も吸収する型、（2）朝鮮人意識を拒否し、漢族文化を吸収する型、（3）朝鮮人意識を受容し、漢族文化を拒否する型、（4）朝鮮人意識も漢族文化も拒否する型に大別されるという。

　손영（2013）は、遼寧省 丹東市、東港市で実施した質問紙調査、インタ

ビュー調査の結果をもとに同地域における朝鮮族社会の形成と変化、言語の民族語的特性、二重言語生活的特性について分析した論考である[1]。これによると、当地域では朝鮮語を母語と認識する人の比率が高いが、青年層においては、その4分の1が漢語を母語と認識しているという[2]。また、言語使用にあっては朝鮮語がやや多いものの、朝鮮語と漢語を半々程度、使用しているとしている。

　以上、吉林省以外に居住する朝鮮族の言語、民族意識に関連するいくつかの先行研究を概観した[3]。既存の研究には、遼寧省の朝鮮族の意識を扱ったものは、そう多くない。本章では遼寧省 瀋陽市在住者を分析対象とすることで、同地域における言語意識が他地域といかなる異同をみせるかを分析したい。

10.3.　研究の枠組み

　本章では、筆者が2015年7月に遼寧省 瀋陽市 朝鮮族第一中学[4]の学生133人（移住世代から数えて、4、5世代目の生え抜き）を対象に実施した質問紙調査の結果を分析する。調査地を瀋陽市としたのは、遼寧省の省都であり一定数の被験者を確保しやすいため、調査対象者を移住第4、5世代に限

1　当論文において使用されているデータは、東北3省における言語使用実態調査の報告書である박경래 외（2012）を援用したものである。ただし、本章の分析対象である遼寧省地域に関しては、손영（2013）においてより詳細に記述されているため、本章では同論文を代表させ、取り上げることにする。

2　同論文における言語名は、조선말（lit. 朝鮮の言葉）、한족말（lit. 漢族の言葉）であるが、ここでは朝鮮語、漢語としている。なお、この조선말、한족말という言葉は、中国朝鮮語話者が日常生活の中で比較的よく使うものである。当該論文の筆者は、質問紙調査やインタビュー調査において被験者が回答しやすいように配慮して、意図的にこの語を使用したものと思われる。

3　この他に朝鮮語、漢語に対する言語意識を扱った論考に中田敏夫（2012）がある。ただし、同論文は瀋陽市在住の朝鮮族に対するインタビュー調査の転写資料であり、具体的分析はない。

4　瀋陽市朝鮮族第一中学は、瀋陽市 向山路に位置する高校で、1948年に開校した伝統校である。2017年9月現在の同校の学生数は680人、教職員数は130人。

定したのは、今後の言語使用を担う若年層の話者の言語意識を調査したいとの意図からである[5]。本調査における被験者の情報は、以下のとおりである。

【表 10-1】 被験者の情報

	男性	女性	計
16 歳	14(27.5)	19(23.2)	33(24.8)
17 歳	35(68.6)	61(74.4)	96(72.2)
18 歳	2(3.9)	2(2.4)	4(3.0)
合計	51(100)	82(100)	133(100)

　被験者の主たる生育地（言語形成地）は、いずれも遼寧省で、瀋陽市 129 人（97.0%）、撫順市 2 人（1.5%）、大連市 1 人（0.8%）、盤錦市 1 人（0.8%）となっている。

10.4.　分析

　本章では、質問紙調査の結果について分析を行なう。具体的には、朝鮮語に対する意識、韓国語に対する意識、朝鮮語と韓国語に対する意識、言語使用と言語使用に対する意識の順に分析していく。

10.4.1.　言語意識

10.4.1.1.　朝鮮語に対する意識

　本項では、朝鮮語に対する意識について分析する。まず、自身が話す朝鮮語が朝鮮半島のいかなる方言を基層としているか、知っているかを問うたデータをみてみよう。

5　本調査が移住第 4、5 世代の中でも高校生を対象としているのは、遼寧省 瀋陽市には延辺大学（吉林省 延吉市）のような朝鮮族学生の比率の高い大学が存在しない、という調査実施上の制約にもよる。

234 第10章 遼寧省朝鮮語話者の言語使用と意識

【表10-2】基層方言に対する知識

知っている	知らない
13(9.8)	120(90.2)

　表をみると、自身の朝鮮語の基層方言を知っていると回答した被験者は、
1割にも満たないことがわかる。これは、移住第4、5世代の被験者群にあ
っては、（先祖の）朝鮮半島における出自が、もはや重要視されていないこ
とを意味するものであり、中国における定着がかなり進んだ段階にあること
を示したものである。なお、基層方言を知っていると回答した被験者にその
具体的変種を問うたところ、平安道方言（4人）、慶尚道方言（3人）、全羅
道方言（2人）、忠清道方言（1人）、韓国江原道方言（1人）、韓国の方言（2
人）との回答を示した（自由記述による）[6]。
　では、彼らは朝鮮語話者としてコミュニティ内部における世代の異なる話
者の朝鮮語に対しては、いかなる意識を抱いているのであろうか。父母の世
代、小学生の言葉について、自身の世代と差異を感じるかを問うた結果をみ
てみよう。

【表10-3】上下世代の朝鮮語との差異

世代	差異を感じる	差異を感じない
父母	93(69.9)	40(30.1)
小学生	72(54.1)	61(45.9)

　表をみると、父母の世代、小学生の世代いずれに対しても差異を感じると
回答した被験者が多く、特に前者については7割もの被験者が差異を感じて
いることがわかる。父母の世代の朝鮮語に対して差異を感じると回答した被
験者にその理由を問うたところ、方言の使用が多い（40人）とした人が多
く、より具体的には、単語や語尾が異なる（19人）、流暢である（18人）、固

6　なお、基層方言を知らないと回答した被験者の割合は、第9章で分析した（主に）吉
林省の高校生【表9-12】参照）に比べて、本章で分析している遼寧省の高校生の方で高
くなっているが、これは1つには第9章の調査では基層方言を選択式で提示したのに対
し、本章の調査では記述式での回答を求めたことによるものと思われる。

有語の使用が多い（17人）、発音が異なる（12人）などがあげられた。また、小学生の世代の朝鮮語に対して差異を感じると回答した理由としては、流行語、新造語の使用が多い（22人）、外来語の使用が多い（20人）、韓国語の影響を受けている（12人）、流暢でない（11人）、発音が異なる（6人）などがあげられた（いずれも自由記述による）。このように上下の世代の言葉に対する差異を強く感じているという事実は、遼寧省朝鮮語が大きな変化の過程にあることを示すものであるといえよう。

　次に延辺朝鮮族自治州において使用されている延辺朝鮮語について、自己の変種である遼寧省朝鮮語と違いを感じるかを問うたデータをみてみよう。

【表10-4】延辺朝鮮語との差異

差異を感じる	差異を感じない
115(86.5)	18(13.5)

　表をみると、差異を感じると回答した被験者が圧倒的に多いことがわかる。差異を感じると回答した被験者にその理由を問うたところ、発音が異なる（72人）、単語や語尾が異なる（25人）、方言のようである（13人）、何を言っているか、わからない（7人）などの回答が得られた（自由記述による）。このようなデータから、被験者群においては、省を接する延辺朝鮮語について身近なものとしては認識していないことがわかる。

10.4.1.2.　韓国語に対する意識

　本項では、韓国語に対する意識について分析する。まず、韓国語の影響を受けた表現を無意識に使用することがあるかを問うた結果をみてみよう。

【表10-5】無意識な韓国語の使用

ある	ない
79(59.4)	54(40.6)

　表をみてわかるように、約6割もの被験者が韓国語的表現の無意識な使用があると回答している。無意識な韓国語的表現の使用があると回答した被験者にその具体例を問うたところ、流行語や新造語（24人）、外来語（24人）、単語や語尾（6人）、イントネーション（5人）といった回答が得られた（自由

236　第10章　遼寧省朝鮮語話者の言語使用と意識

記述による）。このような韓国語からの影響は、被験者群の韓国語への接触
機会の多さがその背景にあると考えるのが自然である。実際に本調査では、
言語（変種）別のテレビ平均視聴時間について以下のようなデータが得られた[7]。

【表 10-6】言語（変種）別 1 日あたりのテレビ平均視聴時間

漢語テレビ放送	韓国語テレビ放送
92 分	118 分

　表をみると、韓国語テレビ放送の視聴時間は、漢語テレビ放送のそれに比
べて約 1.3 倍長いことがわかる[8]。박경래 외（2012）では、吉林省、黒龍江省、
遼寧省などにおける韓国語テレビ放送の視聴時間を比較し、1 時間以上視聴
する人の割合は全体の 80.1 % と、遼寧省が最も高いとしているが、本調査で
も平均で約 2 時間、視聴しているというデータが得られ、被験者群が韓国文
化を積極的に受容していることが明らかになった。
　さらにテレビ以外にも定期的に韓国語に接する機会があるかを問うたとこ
ろ、以下のような回答が得られた。

【表 10-7】テレビ以外の韓国語との接触

ある	ない
96（72.2）	37（27.8）

　表をみてわかるように、全体の 7 割以上の被験者がテレビ以外の韓国語と
の接触機会があると回答している。なお、接触機会があると回答した被験者
は、具体的な接触場面として、友人・知人との会話（55 人）[9]、訪韓（12 人）、
親族との会話（7 人）、買い物（3 人）といった場面をあげた（自由記述によ
る）。このように、友人・知人との会話をあげる被験者が多かったのは、調

7　日常的にテレビを見る習慣がある被験者 99 人を対象にしたデータである。

8　9.4.1. でみたように中国国内における朝鮮語テレビ放送局として延辺广播电视台（延辺
テレビジョン放送局）が存在するが、これは主に吉林省で放送されているものであるた
め、ここでは分析対象から除外している。

9　友人・知人との会話の他に、友人・知人とのチャット（9 人）との回答もみられた。

査校が国際部[10] を開設しており、韓国人留学生を多く受け入れていることと関係がある。また、訪韓との回答がみられたのは、彼らの保護者の中には就労目的で韓国に中・長期滞在している人が多く、長期休暇などの際に親元を訪問する機会があることによる。

　以上のデータより、被験者群は韓国との接触機会を多く有しており、そのため自然に韓国語からの影響も多く受けていることが予想される。

　ところで、こうした韓国語との接触やその使用が多い一方で、韓国語を聞いた際、聞き取るのが難しいことがあるかを問うたところ、以下のような回答が得られた。

【表 10-8】聞き取りが困難な韓国語

ある	ない
75(56.4)	58(43.6)

　表をみると、6割弱の被験者が聞き取りの困難な韓国語があると回答していることがわかる。なお、聞き取りが困難な韓国語があると回答した被験者は、その具体例として、外来語（40人）、流行語や新造語（7人）、単語（7人）、方言（2人）などをあげており（自由記述による）、外来語をあげる被験者が圧倒的に多いことがわかる。このようなデータから、無意識に使用してしまう韓国語として外来語をあげる被験者がいる一方で、その使用には一定の困難を感じている人が多いことが窺える[11]。

　このように朝鮮語とは異なる変種として認識されている韓国語について、彼らは積極的に学ぶ必要性を感じているのであろうか。以下のデータをみてみよう。

10　韓国からの留学生を受け入れる組織である。調査校の教員の話によると、ここでは中国の有名大学に入るための英才教育が行われているという（なお、以前は100人以上の学生が在籍していたこともあったが、近年は減少傾向にあるとのことである）。韓国人の朝鮮族学校への留学については、趙貴花（2008）を参照。

11　9.4.2.3. でみた（主に）吉林省の高校生の韓国語への意識と類似した結果を示している点も興味深い。

238 第 10 章　遼寧省朝鮮語話者の言語使用と意識

【表 10-9】積極的に韓国語を学ぶ必要性

ある	ない
90(67.7)	43(32.3)

　表をみてわかるように、積極的に学ぶ必要性があるとの回答が、必要性が
ないとの回答を 2 倍以上、上回っている。このことは被験者群が韓国文化へ
の接触を大衆メディアや人的交流といった表層的な部分のみならず、より深
層的な部分で志向していることを示唆するものである。

10.4.1.3.　朝鮮語と韓国語に対する意識

　本項では、朝鮮語と韓国語に対する意識について分析する[12]。「洗練されて
いる」や「優雅だ」といった 10 の評価項目に対する朝鮮語と韓国語のイメ
ージを「かなりそう思う／少しそう思う／普通だ／あまりそう思わない／全
くそう思わない」という 5 つの選択肢により問うたデータをみてみることに
しよう。

　【表 10-10】は朝鮮語のイメージ、【表 10-11】は韓国語のイメージを示し
たものである。「かなりそう思う」、「少しそう思う」を肯定的イメージ、「全
くそう思わない」、「あまりそう思わない」を否定的イメージとすると、「優
しい」、「口調がソフトだ」、「情感がある」、といった項目においては、朝鮮
語も韓国語も肯定的な回答が多いことがわかる。ただし、「情感がある」に
ついては、朝鮮語が若干、韓国語を上回っている。また、「愛嬌がある」は
韓国語で、「たくましい」は朝鮮語でより肯定的な回答が多く（韓国語で否
定的な回答が多く）なっており対照的である。このように韓国語に対し「愛
嬌がある」というイメージを持つのは、ドラマや歌などテレビ放送を通じて
受けた影響によると思われる。さらに「おとなしい」、「信頼できる」は朝鮮
語で肯定的な回答が多く、特に後者については中国朝鮮族としての民族アイ
デンティティの強さを表出したものと考えられる。最後に「洗練されてい
る」、「優雅だ」、「知的だ」では、大きな差異は認められないようである。

12　本項における「朝鮮語」は、基本的には遼寧省朝鮮語を指す。

【表 10-10】朝鮮語のイメージ

	全く思わない	あまり思わない	普通だ	少し思う	かなり思う
洗練されている	6(4.5)	12(9.0)	75(56.4)	28(21.1)	12(9.0)
優雅だ	2(1.5)	12(9.0)	68(51.1)	30(22.6)	21(15.8)
優しい	11(8.3)	8(6.0)	52(39.1)	40(30.1)	22(16.5)
愛嬌がある	5(3.8)	16(12.0)	62(46.6)	33(24.8)	17(12.8)
おとなしい	4(3.0)	8(6.0)	66(49.6)	38(28.6)	17(12.8)
信頼できる	6(4.5)	11(8.3)	64(48.1)	33(24.8)	19(14.3)
口調がソフトだ	8(6.0)	8(6.0)	47(35.3)	37(27.8)	33(24.8)
情感がある	6(4.5)	7(5.3)	47(35.3)	33(24.8)	40(30.1)
知的だ	4(3.0)	16(12.0)	69(51.9)	26(19.5)	18(13.5)
たくましい	9(6.8)	15(11.3)	60(45.1)	34(25.6)	15(11.3)

【表 10-11】韓国語のイメージ

	全く思わない	あまり思わない	普通だ	少し思う	かなり思う
洗練されている	6(4.5)	14(10.5)	65(48.9)	33(24.8)	15(11.3)
優雅だ	5(3.8)	12(9.0)	57(42.9)	43(32.3)	16(12.0)
優しい	3(2.3)	13(9.8)	57(42.9)	42(31.6)	18(13.5)
愛嬌がある	4(3.0)	9(6.8)	39(29.3)	46(34.6)	35(26.3)
おとなしい	5(3.8)	13(9.8)	75(56.4)	34(25.6)	6(4.5)
信頼できる	4(3.0)	14(10.5)	76(57.1)	32(24.1)	7(5.3)
口調がソフトだ	7(5.3)	9(6.8)	49(36.8)	51(38.3)	17(12.8)
情感がある	2(1.5)	17(12.8)	53(39.8)	41(30.8)	20(15.3)
知的だ	3(2.3)	16(12.0)	64(48.1)	33(24.8)	17(12.8)
たくましい	4(3.0)	26(19.5)	68(51.1)	27(20.3)	8(6.0)

10.4.2. 言語使用と言語使用に対する意識

　本節では、前節における分析を踏まえ、言語使用と言語使用に対する意識について分析する。まずは、技能領域（話す、書く、聞く、読む）別に最も自信のある言語（変種）を問うたデータをみてみよう（次ページ【表10-12】）。

　表をみると、［話す］、［聞く］という音声を媒介とする能力においては、漢語を選んだ被験者が圧倒的に多いことがわかる。これは優勢言語である漢語環境に身を置く中で、生活言語としての漢語の使用頻度が高いこととの関

わりが深いといえるだろう。また、[書く]、[読む]という文字を媒介とする能力においては、朝鮮語を選んだ被験者が若干多かった。これは朝鮮族高校に通学する学生の大部分が初等教育、中等教育（中学校課程）も朝鮮族学校で受けていることと関係があるものであり、（アカデミック言語としての）朝鮮語にはある程度、抵抗を感じないという意識、あるいは（漢族学校の学生に比べ）漢語の文語に関して十分な教育を受けていないという意識を反映したものと思われる[13]。

【表 10-12】技能領域別最も自信のある言語（変種）

	朝鮮語	漢語	韓国語
話す	38(28.6)	83(62.4)	12(9.0)
書く	61(45.9)	56(42.1)	16(12.0)
聞く	40(30.1)	76(57.1)	17(12.8)
読む	63(47.4)	57(42.9)	13(9.8)

　また、最も耳に心地よい言語（変種）を問うたところ、以下のような回答が得られた。

【表 10-13】最も耳に心地よい言語（変種）

朝鮮語	漢語	韓国語
34(25.6)	55(41.4)	44(33.1)

　最も耳に心地よい言語としては、漢語を選ぶ被験者が最も多く、漢語により肯定的な意識を持っていることがわかる。ただし、その一方で韓国語を選ぶ被験者が朝鮮語より多くなっている点は注目に値する。こうした意識は、【表 10-9】でみたように、より積極的に韓国語に接触し、それを学習しようとする1つの要因になっていると考えられる。
　さらに最も上手でなければならないと思う言語（変種）を問うたところ、以下のような回答が得られた。

13　第9章でみた桓仁（散在地域）の朝鮮族高校生の言語意識の中でも朝鮮語能力の自己評価が［読む］で最も高くなるという現象がみられた。

【表10-14】最も上手でなければならない言語（変種）

朝鮮語	漢語	韓国語
47(35.3)	81(60.9)	5(3.8)

　最も上手でなければならない言語（変種）においても、やはり漢語を選ぶ被験者が多いが、朝鮮語を選ぶ被験者が相対的に多い点も注目される。上手でなければならない言語として漢語を選んだ理由としては、中国に住んでいるから（36人）、中国人であるから（17人）、今後世界的に漢語の需要が高まるから（7人）などが、朝鮮語を選んだ理由としては、民族の言語であるから（47人）があげられ（いずれも自由記述による）、習得すべき言語への意識は、より実利的な理由[14]とアイデンティティに関わる理由が混在していること、アイデンティティについては自らを中国人として同定する意識と朝鮮族として同定する意識が混在していることが確認される。

　最後に日常生活における対話者による使用言語（変種）の比率（内省による平均値）をみてみよう。

【表10-15】対話者による使用言語（変種）（単位：%）

	朝鮮語	漢語	韓国語
対父母	37	51	12
対友人	24	66	10

　表をみると、対父母、対友人ともに漢語の使用が多く、被験者群の言語生活における朝鮮語の位置は相対的に低いことが確認される。ただし、対話者ごとの分布を比較すると、対父母では朝鮮語、対友人では漢語の使用比率がより高いことがわかる。このように対父母において朝鮮語が相対的に多く使用されるのは、10.4.1.1.でみたように父母の世代にあっては、朝鮮語の方が優勢であると認識する被験者が多いためだと思われる[15]。また、対友人にお

14　第9章でみた吉林省における調査では、集住地域（自治州）では漢語の、散在地域では朝鮮語の重要性をあげる回答が相対的に多かった。

15　林成虎（1988）や任榮哲（2005）でも上の世代→同世代→下の世代 の順に漢語を使

いて漢語が相対的に多く使用されるのは、【表10-13】、【表10-14】でみたように、同世代にあっては漢語への肯定的意識がより強いためである。なお、対父母、対友人いずれにおいても韓国語の使用は少なくなっており、韓国語が日常の言語生活における中心的な使用言語（変種）とはなっていないことも確認される。

10.5. 小結

　本章では、瀋陽市の朝鮮族高校に通う移住第4、5世代の学生133人に実施した質問紙調査の結果をもとに、遼寧省に居住する朝鮮族の言語使用と意識について分析を行なった。分析の結果、被験者群において朝鮮語は、基層方言に対する知識の欠如や上下世代の言葉に対する意識の差異の大きさなど、継承における不安定要素は認められるものの、読み書きや家庭内における年長者との対話など、依然として一定の使用域を持つことが明らかになった。また、漢語については「耳に心地よい」や「最も上手でなければならない」といった肯定的意識を最も強く持っており、これには中国人としてのアイデンティティと実利的な要因が関係していることが明らかになった。また、韓国語については、その無意識な使用や接触機会の多さが認められており、今後ますますその影響が大きくなることが予想される。

　上記の結果は、劉京宰（2001）や趙南実（2007）でも指摘されている、意識の上で中国人という上位レベルの国家帰属アイデンティティを持ちつつも、下位レベルにおいては朝鮮族であるという民族的アイデンティティを持つ、という朝鮮族のアイデンティティ構造の特徴と大きな枠組みでは一致するものである。ただし、調査地域においては地理的な近さも関係し韓国語の影響を多く受けていること、被験者群である10代の話者は将来においては漢語の重要性をより強く感じていることなども明らかになり、今後遼寧省朝鮮語のあり方が大きく変容していくであろうことが示唆された。

用する割合が増えていくとの調査報告がある。なお、任榮哲（2005）では、これを伝統的な儒教的価値観と関係があるとの分析もしている。

第11章

黒龍江省朝鮮語話者の言語使用と意識
──哈爾浜市朝鮮族中学校、高校における質問紙調査の結果から──

11.1. はじめに

第9章、第10章では、吉林省、遼寧省における朝鮮語話者の言語使用と意識について分析を行なった。本章では、上記の分析に続いて東北3省を構成する今1つの省である黒龍江省在住の朝鮮語話者の言語使用、意識を分析する。黒龍江省朝鮮語話者は、延辺朝鮮語話者、あるいは遼寧省朝鮮語話者といかなる共通性、あるいは特殊性を示すのか。本章の分析により、その一端が解明されると期待される。

11.2. 研究の枠組み

本章では、筆者が2018年5月に黒龍江省 哈爾濱市 朝鮮族第一中学[1] の学生125人（移住世代から数えて、4、5世代目の生え抜き）を対象に実施した質問紙調査の結果を分析する。調査地を哈爾浜市としたのは、黒龍江省の省都であり一定数の被験者を確保しやすいため、調査対象者を移住第4、5世代に限定したのは、今後の言語使用を担う若年層の話者の言語意識を調査

---

1 哈爾濱市朝鮮族第一中学は、哈爾浜市 香坊区に位置する6年制の中高一貫校で、1947年に開校した伝統校である。2018年5月現在の同校の学生数は530人、教職員数は93人。

244　第11章　黒龍江省朝鮮語話者の言語使用と意識

したいとの意図からである。本調査における被験者の情報は、以下のとおり
である。

【表11-1】被験者の情報

	男性	女性	計
13歳	4(10.8)	8(9.1)	12(9.6)
14歳	3(8.1)	10(11.4)	13(10.4)
15歳	9(24.3)	27(30.7)	36(28.8)
16歳	12(32.4)	28(31.8)	40(32.0)
17歳	9(24.3)	15(17.0)	24(19.2)
合計	37(100)	88(100)	125(100)

　表をみてわかるように被験者群には5歳程度の年齢の開きがあるが、いず
れの被験者も現在、中高生であり、朝鮮族社会全体としてみた場合は若年層
としてまとめることができるだろう。

　被験者群が現在の学校に進学する前に通っていた小学校、中学校が朝鮮族
学校、漢族学校のいずれであったかを問うたデータは以下のとおりである
（現在、中学生である被験者は、中学校は「朝鮮族学校」を選択している）。

【表11-2】出身小学校、中学校

	小学校	中学校
朝鮮族学校	115(92.0)	121(96.8)
漢族学校	4(3.2)	
その他		1(0.8)
無記入	6(4.8)	3(2.4)
合計	125(100)	125(100)

　表をみると、朝鮮族中学校、高校に通う学生は、その大多数が初等教育
（および中等教育（中学校課程））も朝鮮族学校で受けており、漢族学校から
の進学者はほぼいないことがわかる。このことは調査校においては事実上、
小中高という一貫教育が可能な状況にあることを意味するものである。

11.3. 分析

　本章では、質問紙調査の結果について分析を行なう。具体的には言語使用状況、言語全般に対する意識、朝鮮語・韓国語に対する意識の順に分析していく[2]。

11.3.1. 言語使用

　本節では、言語使用状況について対話者による使用言語（変種）、場面による使用言語（変種）という観点から考察する。まず、次の表は周囲にいる相手（①**祖父**、②**祖母**、③**父親**、④**母親**、⑤**兄・姉**、⑥**弟・妹**、⑦親しい朝鮮族の友人：**朝鮮族1**、⑧親しくない朝鮮族の知人：**朝鮮族2**、⑨比較的最近、来中した**韓国人**）と普段、どのような言語（変種）で会話しているか（いたか）を比率により問うた結果である[3]。

【表11-3】対話者による使用言語（変種）（単位：％）[4]

	①祖父	②祖母	③父親	④母親	⑤兄・姉	⑥弟・妹	⑦朝鮮族1	⑧朝鮮族2	⑨韓国人
朝鮮語	45.1	46.4	24.8	29.0	12.2	13.5	30.0	28.6	34.4
韓国語	10.5	13.4	11.0	11.6	8.9	9.4	9.3	6.0	44.4
漢語	43.5	40.2	63.9	59.3	78.9	77.2	60.5	65.4	19.8
その他	1.0		0.3				0.2		1.4
合計	100	100	100	100	100	100	100	100	100

　表をみると、移住第2、3世代である祖父、祖母には朝鮮語と漢語がそれぞれ4割以上現れており、両言語をほぼ同比率で使用している一方で、移住第3、4世代である父親、母親に対しては朝鮮語の使用比率が3割以下にまで下がっており、その分漢語の使用比率が約6割と2倍以上、高くなってい

2　実際の調査で使用した調査票は、巻末の【付録2】を参照。

3　以降、本章で提示する表における分析項目の凡例は、表を提示する直前の本文中に**ボールド（下線）**により示すことにする。

4　本表の比率は、「該当なし」と回答した被験者のデータを除外して計算したものである。

ることが確認される。さらに被験者と同じ移住第4、5世代であるきょうだい（兄・姉、弟・妹）に対しては、朝鮮語の使用が1割ほどしか現れておらず、その分やはり漢語の使用比率が高くなっており、その数値は8割にも迫っていることがわかる。また、移住第2、3世代である祖父、祖母と、移住第3、4世代である父親、母親を比較すると、いずれも女性（祖母、母親）において男性（祖父、父親）より朝鮮語、韓国語の比率がやや高くなっており、若干の性差が存在することもわかる。これは、（特に移住第3、4世代においては）男性の方が漢語の使用比率の高い都市部（허덕행 외（1990））で就業する機会が多いこととも関わりがあるものと思われる。

さらに朝鮮族の友人、知人に対する使用言語（変種）をみると、親疎の差は言語（変種）の使用に大きな差を及ぼしていないようである。つまり、父親、母親に対する場合と同じように、漢語の使用比率が朝鮮語の2倍以上、現れている。ただし、ここで興味深いのは、朝鮮族の友人に対しては、同世代でありながらも同じ移住第4、5世代であるきょうだい（兄・姉、弟・妹）より朝鮮語の使用比率が高いということである。これは、本設問に対し被験者群が自身と同じ朝鮮族学校に通学する学生を念頭に置いて回答したため、やや朝鮮語の使用が伸びたものと予想される[5]。最後に韓国人に対しては、韓国語を意識的に使用する被験者が約4割と最も多く、その後に朝鮮語、漢語と続くことがわかる。こうしたことから被験者群は、朝鮮語と韓国語を異なる使用域を持つ変種として使用していることが窺える。なお、最後に韓国人以外の全ての対話者への使用言語（変種）の比率をみると、いずれの対話者においても韓国語の使用が1割前後みられ、ある程度は韓国語が浸透していることも確認される。

このように対話者による言語使用をみると、親族に対しては相手の年代が下がるほど漢語の使用比率が高くなり、朝鮮語の使用比率が低くなること、上の世代の話者に対しては若干の性差が存在すること、友人に対しては朝鮮語の使用が、韓国人に対しては韓国語の使用が比較的増えることなどが確認

5　このようなデータから、「学校」という場の存在自体が民族語継承に一定の役割を果たしていることを読み取ることができよう。

された。

　続いて、メディア使用場面（①**携帯**電話のメッセージ、アプリによる知人、友人との連絡、②インター**ネット**検索、③**テレビ**放送の視聴）による使用言語（変種）の差異についてみてみよう。

【表 11-4】場面による使用言語（変種）（1）（単位：%）

	①携帯	②ネット	③テレビ
朝鮮語	9.4	5.7	9.8
漢語	78.4	82.6	63.0
韓国語	7.9	9.0	23.1
その他	1.9	0.4	2.6
該当なし	2.4	2.4	1.6
合計	100	100	100

　表をみると、携帯電話、インターネットといった IT メディアの使用においては漢語の使用が約 8 割と圧倒的に高い比率を示していることがわかる。その一方で、テレビの視聴においては、漢語で約 6 割と相対的に低い比率を示しながらも、韓国語で 2 割以上の比率をみせており、前 2 者とは異なる傾向を示していることがわかる。フォローアップ調査の結果によると、このようにテレビ視聴において韓国語の比率が高いのは、同時代の韓国ドラマや映画、音楽番組などを好んで視聴していることとの関わりが深いようである[6]。また、韓国語、朝鮮語の使用比率が携帯電話、インターネットで低く、テレビで高いことからは、被験者群は朝鮮語、韓国語をアウトプットよりインプットにおいてより多く使用している状況が伺える。つまり、哈爾浜市の朝鮮族 第 4、5 世代における民族語使用は、典型的な受動型バイリンガルの様相を呈しているといってよいだろう。

　さらには咄嗟の場面（①果物や野菜を声に出して**数える**時、②急いで**メモ**

6　本調査では、韓国のドラマや映画、音楽番組を見ている場合は、衛星放送（テレビ回線）で見ているか、オンライン配信で見ているかは問わず、一律に「テレビ」と回答するように依頼している。

248 第 11 章 黒龍江省朝鮮語話者の言語使用と意識

をとる時、③どこかに足をぶつけて「痛い！」と叫ぶ時、④道で朝鮮族の知
人とすれ違って、呼んだり挨拶する時：**呼びかけ**）による使用言語（変種）
の差異についてみてみよう。

【表 11-5】場面による使用言語（変種）(2)[7]

	①数える	②メモ	③「痛い！」	④呼びかけ
朝鮮語	17(13.6)	8(6.5)	47(37.6)	66(52.8)
漢語	104(83.2)	113(91.1)	56(44.8)	45(36.0)
韓国語	2(1.6)	3(2.4)	16(12.8)	7(5.6)
その他	2(1.6)		6(4.8)	7(5.6)
合計	125(100)	124(100)	125(100)	125(100)

　表をみると、同じ咄嗟の場面であっても数える時、メモをとる時は漢語の
使用比率が圧倒的に高く、「痛い！」と叫ぶ時、呼びかける時には朝鮮語、
あるいは韓国語の比率が相対的に高いことがわかる。このデータからは、理
性的な思考、判断を伴う言語使用場面においては漢語を、感情的、あるいは
交話的（phatic）な言語使用場面においては朝鮮語や韓国語を使用するとい
う大きな傾向が読み取れ、漢語、および朝鮮語、韓国語が、ある程度明確な
使用域を持っていることがわかる。

11.3.2.　言語意識

11.3.2.1.　言語全般に対する意識

　本項では、言語全般に対する意識について使いやすい言語（変種）、母語
や重要な言語（変種）への意識といった観点から考察する。まずは、技能領
域別の使いやすい言語（変種）（①**話しやすい**言語（変種）、②**書きやすい**言
語（変種）、③**聞きやすい**言語（変種）、④**読みやすい**言語（変種））を問う
たデータをみてみよう（次ページ【表 11-6】）。

　表をみると、4 つの領域に対する意識は、［話す］、［聞く］と、［書く］、

7　本調査の被験者数は 125 人であるが、一部の被験者においては、記入漏れが確認され
た。その場合は、有効回答数を母集団として比率を計算している。

［読む］において異なる傾向を示していることがわかる。即ち、前者においては漢語が約9割と圧倒的に高い比率を示すのに対し、後者においては漢語が約6〜7割と相対的に低く、その分、朝鮮語でやや高い数値を示していることがわかる。このように［書く］や［読む］において朝鮮語の比率が相対的に高くなるのは、学校教育の影響が大きいと思われる。つまり、調査地の朝鮮族学校においては多くの場合、授業、教員－生徒間の相互作用は、漢語で行なわれているが[8]、教科書は朝鮮語で書かれたものを使用しているため、被験者群にあっては書きことばとしての朝鮮語をある程度、抵抗なく受け入れることが可能なものと思われる。なお、このような結果は、第9章でみた桓仁（散在地域）や第10章でみた遼寧省の事例とも並行するものであり、（日常生活において朝鮮語が比較的、多用される）自治州において朝鮮語の4領域のうち［書く］への自己評価が最も低かったという事実とは対照的で興味深い。このように調査地では、使いやすい言語（変種）はインプット、アウトプットといった差異よりは、文字領域、音声領域という因子により認識されていることが明らかになった。

【表 11-6】技能領域別使いやすい言語（変種）

	①話しやすい	②書きやすい	③聞きやすい	④読みやすい
朝鮮語	11(8.9)	45(36.0)	9(7.2)	30(24.2)
漢語	108(87.8)	70(56.0)	110(88.0)	84(67.7)
韓国語	4(3.3)	9(7.2)	6(4.8)	10(8.1)
その他		1(0.8)		
合計	123(100)	125(100)	125(100)	124(100)

　また、各被験者における言語（変種）の位置づけ（①**母語**だと思う言語（変種）、②今後**重要**な言語（変種）、③将来**子供**に**習得**させたい言語（変種））を問うたデータをみてみよう。

8　調査校の教員によると、近年は、授業中に（あるいは授業外で）学生に朝鮮語で話しかけても、返答は漢語である場合が多いという。このような朝鮮語の発話、聴解能力の低下を学校としても懸念しているようである。

250　第11章　黒龍江省朝鮮語話者の言語使用と意識

【表11-7】言語（変種）への各種意識

	①母語	②重要	③子供習得
朝鮮語	58(47.2)	20(16.7)	43(35.2)
漢語	57(46.3)	73(60.8)	33(27.0)
韓国語	8(6.5)	8(6.7)	17(13.9)
その他		19(15.8)	29(23.8)
合計	123(100)	120(100)	122(100)

　表をみると、母語だと思う言語（変種）においては、朝鮮語と漢語がほぼ同比率を示していることがわかる。これは、11.3.1.で分析した言語使用において朝鮮語がさほど高い数値を示さなかったことを考えると意外な結果であるように思えるが、【表11-2】でみたように被験者群が初等教育を朝鮮族学校で受けたことによる影響が大きいものと考えられる。このように朝鮮族学校で教育を受けた学生は、言語使用程度や能力とは関係なく、一定の民族意識を持っているといえそうである。

　また、今後重要な言語（変種）を尋ねると、やはり漢語の比率が高いことが確認される。これは、被験者の多くが将来、中国において進学、就職を希望しているという事実を反映したもので[9]、散在地域における漢語の使用率の高さを示したものであるばかりか、東北3省に居住する朝鮮族 第4、5世代に概ね共通した言語意識を示したものでもある。

　最後に将来子供に習得させたい言語（変種）をみると、今後重要な言語（変種）とは異なり、漢語の比率が3割弱と相対的に低い一方で、朝鮮語や韓国語の比率が高いことがわかる（朝鮮語と韓国語を合わせると5割弱）。これは第9章でみた（主に）吉林省の朝鮮族高校の学生（移住第4、5世代）を対象に実施した（将来、子供に朝鮮語を教えたいかを問うた）質問紙調査の結果とも類似するものであり、朝鮮族学校に通う学生の場合、言語の能力、重要度への意識の差異はあれど、民族語継承への意識そのものは比較的高いということができそうである。

9　質問紙により、10年後に居住していると思われる国や地域を問うた結果、被験者の82.6%が「中国」との回答を示した。

11.3.2.2. 朝鮮語と韓国語に対する意識

本項では、朝鮮語と韓国語に対する意識について分析する。まず朝鮮語への意識（①今、住んでいる社会で朝鮮語を使用できることは、社会的、経済的に**有利**である、②朝鮮語を使用する朝鮮族が減少していることを**残念**に思う、③朝鮮語をもっと**学んでおけば**よかった、④朝鮮語を**継承**するために**努力**したい）を問うたデータをみてみよう。

【表 11-8】朝鮮語への意識

	①有利	②残念	③学んでおけば	④継承努力
かなり思う	36(28.8)	64(51.2)	51(40.9)	48(38.7)
少し思う	44(35.2)	43(34.4)	39(31.2)	49(39.5)
普通だ	37(29.6)	15(12.0)	27(21.6)	21(16.9)
あまり思わない	8(6.4)	2(1.6)	5(4.0)	1(0.8)
全く思わない		1(0.8)	3(2.4)	5(4.0)
合計	125(100)	125(100)	125(100)	124(100)

「かなりそう思う」と「少しそう思う」を肯定的イメージ、「全くそう思わない」、「あまりそう思わない」を否定的イメージとして、それぞれの比率の合計値により比較した場合、いずれの項目でも肯定的イメージが6〜8割を占めており、概ね朝鮮語の習得、あるいは継承に対しプラスのイメージを持っていることがわかる。ただし、朝鮮語ができることが経済的に有利であるかについては、「かなり思う」の比率が相対的に低い一方で、「普通だ」あるいは「あまり思わない」の比率が4割弱となっている点には注目しておきたい。これは朝鮮語ができないことが残念だと考える被験者が多いこととは、相反する結果だといえるが、（民族意識はともかく）現実の社会においては、朝鮮語の使用に理想ほどのメリットを感じていないことを示すものと捉えることができるだろう。

続いて、朝鮮語教育への意識（①民族文化を継承するためには、朝鮮語の**教育が重要**である、②朝鮮族の朝鮮語学習は**学校の役割**が大きい、③朝鮮族の朝鮮語学習は**地域の役割**が大きい、④朝鮮族の朝鮮語学習は**家庭の役割**が大きい）を問うた結果をみてみよう。

252 第11章 黒龍江省朝鮮語話者の言語使用と意識

【表11-9】朝鮮語教育への意識

	①教育が重要	②学校の役割	③地域の役割	④家庭の役割
かなり思う	74(59.7)	40(32.3)	33(26.6)	54(43.5)
少し思う	32(25.8)	46(37.1)	35(28.2)	39(31.5)
普通だ	18(14.5)	34(27.4)	51(41.1)	24(19.4)
あまり思わない		4(3.2)	5(4.0)	7(5.6)
全く思わない				
合計	124(100)	124(100)	124(100)	124(100)

　表をみると、まず朝鮮語の教育が重要であると考えている被験者は、肯定的イメージで8割を超える比率をみせており、否定的イメージを選択した被験者が皆無であることも含めて考えると、極めてプラス寄りのイメージを持っていることが窺える。しかし、その教育を担う場所について問うた場合は、家庭>学校>地域の順で肯定的イメージの比率が高くなっており、より私的な空間ほどその役割を強く担っていると認識されていることがわかる。

　最後に韓国（語）や朝鮮半島への意識（①今、住んでいる社会で韓国語を使用できることは、社会的、経済的に**有利**である、②朝鮮族の言語が**韓国語の影響**を受けるのはよいことである、③韓国、北朝鮮の人々の文化と朝鮮族の文化は大きく**異なる**、④**韓流以降**、韓国に対して以前より興味を持つようになった）を問うた結果をみてみよう。

【表11-10】韓国（語）や朝鮮半島への意識

	①有利	②韓国語の影響	③異なる	④韓流以降
かなり思う	36(30.3)	16(12.9)	25(20.2)	25(20.0)
少し思う	35(29.4)	31(25.0)	24(19.4)	39(31.2)
普通だ	38(31.9)	51(41.1)	57(46.0)	45(36.0)
あまり思わない	9(7.6)	19(15.3)	12(9.7)	11(8.8)
全く思わない	1(0.8)	7(5.7)	6(4.8)	5(4.0)
合計	119(100)	124(100)	124(100)	125(100)

　表をみると、韓国語ができることが社会的に有利であると考えている被験者が約6割と比較的高い比率を示している一方で、韓国語の影響を受けることに対しては否定的イメージを持つ被験者も一定数、存在しており（約2割）、

必ずしも韓国語、あるいは韓国への同化をプラスとは捉えていないことが窺える。こうしたことは、本国との文化の異質性に対して約半数の被験者が「普通だ」と中立的回答を示している一方で、約4割の被験者がそれを感じていることとも相通じる結果となっている。また、韓流以降における韓国への興味の増大をみると、肯定的イメージは約半数で、「韓国語を使用できることは有利である」という回答から予想されるほどには影響を受けていなかったこともわかる。

11.4. 小結

　本章では、哈爾浜市の朝鮮族中学校、高校に通う移住第4、5世代の学生125人に実施した質問紙調査の結果をもとに、黒龍江省に居住する朝鮮族の言語使用と意識を分析した。分析の結果、明らかになったことのうち主要な項目を整理すると、以下のようになる。

1. 対話者による言語使用は、親族に対しては相手の年代が下がるほど漢語の使用比率が高くなる。また、メディア使用場面における朝鮮語、韓国語使用は、アウトプットよりインプット場面において多く、典型的な受動型バイリンガルの様相を呈する。さらに咄嗟の場面においては、理性的な思考を伴う言語使用場面においては漢語を、感情的、あるいは交話的な言語使用場面においては朝鮮語や韓国語をより多く使用する。
2. 使いやすい言語（変種）への意識は、インプット、アウトプットといった差異よりは、音声領域、文字領域という因子により認識されている。また、母語だと思う言語（変種）、今後重要な言語（変種）、将来子供に習得させたい言語（変種）においては、民族意識や現実的側面など、異なる要因により異なった傾向の回答をみせる。
3. 朝鮮語の習得、あるいは継承に対しては、概ねプラスのイメージを持っている一方で、現実の社会においてはその使用にそれほどメリットを感じていない被験者も存在する。また、朝鮮語の教育が重要である

と考えている被験者は多く、家庭や学校の役割が特に重要であると認識されている。

　以上のように黒龍江省地域における朝鮮族 第 4、5 世代の言語使用は、吉林省や遼寧省など、他省の散在地域に居住する朝鮮族と同様に漢語優勢に傾きつつあるものの、意識のレベルにおいては依然として朝鮮語の重要性が認められることが確認された。このように分析地域では、世代が下るごとに朝鮮語の使用率が低下するという避けられない現実が存在する一方で、朝鮮語を母語と認識したり、その教育が重要であると考える被験者が予想以上に多く存在しており、実際の言語使用と意識において乖離現象がみられる。こうした現実と意識の相違が今後、当地域の言語継承にいかなる影響を与えていくのか注目していく必要がある。

哈爾浜 1 中 校内に書かれた教育理念。(2017 年 3 月 17 日)

하면 된다（なせばなる）
力行传统과 创意力을 바탕으로
德스럽고 睿智로운 人才를 培养하여
祖国과 人类에 贡献하자

**努力、伝統と想像力をもとに
気品高く、叡智に溢れた人材を養い
祖国と人類に貢献しよう**

第12章

在外朝鮮族の言語使用と意識
—北京市、広東省、京畿道在住者の比較から—

12.1. はじめに

第7章でも述べたように、近年、朝鮮族は伝統的な集住地域を離れ、中国内の他地域や中国外へと再移住する人々が増えつつある。こうした人口移動を誘発した要因として、1978年以降の中国の改革開放政策に伴う沿海都市の経済発展や1992年の中韓国交修交による労働力需要の増大をあげることができるが、人の移動はモノや金の移動をもたらしたのみならず、言語それ自体の存在様式にも大きな影響を与え、ひいては民族アイデンティティの存続にも少なからぬ影響を与えたであろうと予想される。本章では、こうした人の移動による言語変化という側面に注目したうえで、中国東北3省以外に居住する朝鮮族を「在外朝鮮族」と名付け、彼らの言語使用、意識の特徴を概観することにする。具体的には中国内における事例として北京市、および広東省沿海部の経済特区地域を、中国外における事例として韓国 京畿道 安山市を取り上げ、それぞれの地に暮らす在外朝鮮族の言語使用、意識がどのような共通性、特殊性をみせるかを解明することを目指す[1]。

1　北京市（북경시, 北京市［běijīngshì］）の朝鮮族人口は1982年に3,734人であったが、2000年には20,369人にまで増加をみせている（예동근 외（2008）、申慧淑（2013））。また、広東省（광동성, 广东省［guǎngdōngshěng］）の朝鮮族人口は1982年には154人であったが、2010年には18,588人となっており、120倍もの増加をみせている（国務院人口普査

12.2. 先行研究

　本章では、在外朝鮮族についての先行研究を中国国内、中国国外（韓国）に分けて概観する。なお、既存の研究においては、必ずしも言語使用という側面から分析したものが一定数、存在するわけではないので、ここでは言語に限らず中国都市部、あるいは韓国における在外朝鮮族全般を扱ったものを広範囲に取り上げることにする。

12.2.1.　中国国内

　まずは、中国国内に居住する朝鮮族を扱った論文をみる。

　김국화（2007）は、北京市に居住する朝鮮族の言語使用について、出版社や放送局、大学といった事業単位における調査をもとに分析した論文である。同論文では、北京市に居住する朝鮮族の言語共同体の分布は「大分散、小集居」という性格を有しており、事業単位における言語共同体が当地域の民族語の発展を導く役割を果たしているとしている。また、同論文の調査によると、第一言語が朝鮮語であると認識する被験者は全体の97％に達している一方で、テレビ（DVD）の視聴言語を尋ねると、主に漢語の番組を視聴する被験者が44％、漢語の他に朝鮮語の番組も視聴する被験者が25％、主に朝鮮語の番組を視聴する被験者が10％との回答を示したという[2]。

　金成子（2010）は、北京市に居住する朝鮮族の民族教育について分析した論文である。同論文によると、朝鮮族の都市進出と現地定着には戸籍問題が大きく関わっており、現地の戸籍がない場合、民族政策の享受もできないこと、北京市では公立の朝鮮族学校が限定的であること、さらには自らの意志で漢族学校を選択する家庭も多く、漢族化が進んでいることなどを明らかに

办公室 他（2012））。さらに京畿道 安山市（경기도 안산시）はソウル特別市の南西約 30 キロに位置する工業都市で、2018 年 4 月末時点における朝鮮族の人口は 46,804 人であった（안산시（2018））。なお、同市による分類では、朝鮮族は「韓国系中国人」（한국계중국인）と称される。

2　同論文では明記されていないが、ここでいう朝鮮語とは韓国語のことを指す可能性が高い。

している。

　趙貴花（2016）は、北京市 朝陽区 望京に位置するコリアタウンの形成と、そこに集う多様な人々の関係について記述した研究書である（第2章）。同書によると、望京のコリアタウンは、中国各地から移動してきた朝鮮族と韓国、北朝鮮の人々などが共同で創り上げた多文化、多国籍コミュニティであり、朝鮮族、韓国、北朝鮮の人々は、この街において従来の朝鮮半島と似て非なる形で彼らの文化を再生産しつつも経済的に緊密な関係を結んでいるという。

　南玉瓊（2016）は、朝鮮族の深圳市（広東省）への移動とエスニック・コミュニティの形成について分析した論文である。同論文では、広東省朝鮮民族連合会と世界海外韓人貿易協会（OKTA）深圳支部におけるインタビューをもとに、同地域では経済的紐帯と社会的紐帯が相互依存的に存在していること、韓国との関係が朝鮮族コミュニティの形成に大きな役割を果たしていることなどを明らかにしている。

12.2.2.　韓国国内

　次に韓国国内に居住する朝鮮族を扱った論文をみる。

　예동근（2009）は、京畿道 安山市、ソウル市 九老区の事例を通して、市民団体、地域住民、外国人としての朝鮮族の間にいかなる関係が構築されているかを分析した論文である。同論文では、朝鮮族は社会階層的には下位集団に属しており、韓民族としての同質的アイデンティティに包摂されることなく韓国に居住していること、また、そうであるがゆえに中国朝鮮族であるというアイデンティティが拡大し、コミュニティ構成に重要な役割を果たしていることを明らかにしている。

　장안리（2016）は、韓国国内に居住する中国朝鮮族の文化的アイデンティティ、社会的資本、少数民族社会について分析した論文である。同論文では、在韓朝鮮族のアイデンティティは居住年数、国籍、家族背景、年齢などによって影響を受けるとしており、中には自らを韓国人であると認識する者もいるという。

以上、在外朝鮮族に関する論考を概観したが、既存の研究をみると、北京に居住する朝鮮族については言語使用、意識を分析したものが一部存在する一方で、他の地域に居住する朝鮮族については、コミュニティや経済、アイデンティティといった側面から分析したものが多く、言語使用や意識にまで踏み込んで分析した研究はほとんどないといってよい[3]。また、このような研究史的状況と相まって、複数の在外朝鮮族を比較して論じたものは、さらに少ないことがわかる。本章では、こうした状況を踏まえ、在外朝鮮族に対し新たな知見を示すべく複数の地域の事例を言語使用、意識という観点から比較しながら、分析を行なうことにしたい。

12.3.　研究の枠組み

　本章では、中国 北京市、広東省、韓国 京畿道 安山市に居住する朝鮮族に対して、それぞれ 2018 年 4～5 月、2017 年 6～7 月、2016 年 8～9 月に実施した言語使用、意識に関する質問紙調査の結果と、調査協力機関の職員に対して実施したインタビューの結果を分析する。本調査の概要と被験者の情報は、次ページに示す【表 12-1】のとおりである[4]。

3　この他に朝鮮族のアイデンティティをグローバル化や移動という観点から捉えた論考として権香淑（2010, 2011ab）がある。

4　本調査の協力機関である北京朝鮮族企業家協会（本部：北京市 朝陽区）は、2011 年に設立された北京市居住の朝鮮族企業家の交流、親善を目的とした組織である。また、広東省朝鮮民族連合会（本部：広東省 深圳市 宝安区）は、2004 年に設立された広東省居住の朝鮮族の民族アイデンティティ再確認、後世への民族伝統継承などを目的とした組織である（傘下には老人協会、中年協会、青年集会、女性協会、サッカー協会、ゴルフ協会など多様な組織を擁する）。さらに安山市多文化支援本部（本部：京畿道 安山市）は、2016 年に設立された外国人住民の（生活）基盤造成、人権保護、安定的適応と定着、および多文化共同体の形成などを目的とした組織である（北京朝鮮族企業家協会（2016ab）、광동성 조선민족 연합회（2015（推定））、안산시 외국인주민센터（2015））。

表をみてわかるとおり、本調査では 3 地点とも 20 代から 60 代の男女を対象に調査を実施しているが、諸般の事情により男女の比率が世代ごとに均質ではないので、本章の分析においては主に調査地点による比較を中心にすることとし、必要に応じて世代による比較も取り入れることにする。

【表 12-1】調査の概要と被験者の情報

			北京市		広東省		京畿道	
調査協力機関			北京朝鮮族企業家協会		広東省朝鮮民族連合会		安山市多文化支援本部	
調査時期			2018 年 4 ～ 5 月		2017 年 6 ～ 7 月		2016 年 8 ～ 9 月	
調査人数			77 人		75 人		83 人	
被験者の属性	20 代	男性	2 人	12 人	3 人	9 人	2 人	8 人
		女性	10 人		6 人		6 人	
	30 代	男性	9 人	35 人	7 人	16 人	6 人	25 人
		女性	26 人		9 人		19 人	
	40 代	男性	8 人	21 人	6 人	22 人	13 人	30 人
		女性	13 人		16 人		17 人	
	50 代	男性	5 人	7 人	5 人	15 人	6 人	15 人
		女性	2 人		10 人		9 人	
	60 代	男性	1 人	2 人	4 人	13 人	5 人	5 人
		女性	1 人		9 人		0 人	

12.4. 分析

本章では、質問紙調査の結果を分析する。具体的には、分析の前提となる言語環境について概観した後、言語使用、言語意識について分析を行なう。

12.4.1. 言語環境

まずは、言語環境についてみてみよう。具体的には、在住年数や教育、職業についてみることにする。

260　第12章　在外朝鮮族の言語使用と意識

まず、在住年数と在住予定年数を尋ねた結果をみてみよう[5,6]。

【表12-2】在住年数、在住予定年数（平均値）

	北京市		広東省		京畿道	
	在住年数	在住予定年数	在住年数	在住予定年数	在住年数	在住予定年数
20代	3.8年	14.7年	2.4年	21.7年	3.8年	18.7年
30代	8.2年	25.4年	9.6年	20.6年	6.8年	34.6年
40代	14.6年	16.1年	15.3年	16.9年	9.9年	30.2年
50代	18.4年	9.7年	16.7年	14.0年	7.1年	21.7年
60代	26.5年	未回答	23.8年	8.1年	12.7年	2.00年
全体	10.7年	9.7年	14.3年	16.1年	7.9年	28.9年

　表をみると、在住年数の平均は広東省、北京市で比較的長く、京畿道で相対的に短いことがわかる。これは、特に各地の50代以上の在住年数を比較してみるとわかるように、北京市や広東省への移住が京畿道を初めとする韓

5　広東省調査の被験者のより詳細な居住地域は、以下のとおりである（調査票により把握できた範囲で示す。（　）は人数を表す）。
　　深圳市 宝安区（23）、深圳市 竜崗区（9）、東莞市（16）（長安鎮（9）を含む）
　　深圳市 南山区（7）、恵州市 恵城区（5）、広州市 白雲区（4）、その他（11）

6　各調査における被験者の中国内の出身地は、以下のとおりである（調査票により把握できた範囲で示す。（　）は人数を表す）。
　［北京市調査］
　　黒龍江省 哈爾浜市（19）、遼寧省 瀋陽市（15）、黒龍江省 牡丹江市（5）、黒龍江省 寧安市（5）、吉林省 延辺（4）、吉林省 長春市（4）、吉林省 吉林市（4）、吉林省 延吉市（3）、吉林省 梅河口市（2）、黒龍江省 佳木斯市（2）、河北省 廊坊市（2）、その他（10）、未回答（2）
　［広東省調査］
　　黒龍江省 哈爾浜市（53）（五常市（20）、尚志市（12）、阿城区（6）を含む）、黒龍江省 鶏西市（13）、遼寧省 大連市（4）、吉林省 延吉市（2）、その他（3）
　［京畿道調査］
　　遼寧省 瀋陽市（12）、黒龍江省 哈爾浜市（9）（五常市（2）を含む）、吉林省 延吉市（7）、吉林省 吉林市（7）、吉林省 和龍市（3）、吉林省 蛟河市（3）、吉林省 龍井市（2）、吉林省 長春市（2）、吉林省 梅河口市（2）、吉林省 舒蘭市（2）、黒龍江省 牡丹江市（2）、遼寧省 撫順市（2）、山東省 青島市（2）、その他（12）、吉林省（3）、遼寧省（3）、黒龍江省（2）［省名のみは原文ママ］、未回答（8）

国内への移住に比べ、比較的早い時期から始まっていたことを反映した結果とみてよいだろう。しかし、その一方で在住予定年数についてみると、30代、40代、50代においては、京畿道で北京市、広東省より圧倒的に長い年数を示していることがわかる。これは、北京市、広東省在住の朝鮮族は（広東省の方で若干長いとはいえ）、いずれの地域も老後の比較的早い時期に自らの出身地、あるいは他地域への再移住を計画する人が多いのに対し、京畿道在住の朝鮮族は定住志向が強く、帰郷や帰国への意志が相対的に弱いことを意味するものである[7]。

　また、自身が通っていた小学校、中学校が、それぞれ朝鮮族学校、漢族学校のいずれであったかを尋ねた結果は以下のとおりである。

【表 12-3】出身小学校、中学校

	北京市				広東省				京畿道			
	小学校		中学校		小学校		中学校		小学校		中学校	
	朝鮮族	漢族	朝鮮族	漢族	朝鮮族	漢族	朝鮮族	漢族	朝鮮族	漢族	朝鮮族	漢族
20代		12 (100)		12 (100)	6 (66.7)	3 (33.3)	4 (44.4)	5 (55.6)	4 (50.0)	4 (50.0)	3 (37.5)	5 (62.5)
30代	17 (48.6)	18 (51.4)	17 (48.6)	18 (51.4)	13 (81.3)	3 (18.8)	12 (75.0)	4 (25.0)	16 (64.0)	9 (36.0)	18 (72.0)	7 (28.0)
40代	15 (71.4)	6 (28.6)	12 (57.1)	9 (42.9)	21 (95.5)	1 (4.5)	19 (86.4)	3 (13.6)	16 (53.3)	14 (46.7)	17 (56.7)	13 (43.3)
50代	7 (100)		6 (85.7)	1 (14.3)	14 (93.3)	1 (6.7)	14 (93.3)	1 (6.7)	12 (80.0)	3 (20.0)	11 (73.3)	4 (26.7)
60代	2 (100)		2 (100)		13 (100)		13 (100)		5 (100)		5 (100)	
全体	41 (53.2)	36 (46.8)	37 (48.1)	40 (51.9)	67 (89.3)	8 (10.7)	62 (82.7)	13 (17.3)	53 (63.9)	30 (36.1)	54 (65.1)	29 (34.9)

（朝鮮族：朝鮮族学校、漢族：漢族学校）

7　안산시（2018）によると、2018 年 4 月末時点における朝鮮族人口（46,804 人）のうち、登録外国人の内訳は、訪問就業（17,623 人）、永住（5,484 人）、訪問同居（2,060 人）、結婚移民者（1,265 人）となっており、永住と結婚移民者の合計は、全体の 14.4％ を占めている。

262 第12章 在外朝鮮族の言語使用と意識

　表をみると、いずれの地域も年齢が高くなるほど朝鮮族学校に通っていた人が多いという点では共通しているものの、その比率は総じて広東省で高く、北京市で低いという結果になった。朝鮮族学校では、1990年代まで日本語教育が積極的に行なわれていたことを考えると、30代以上の在外朝鮮族の多くは、朝鮮語や韓国語に加え、漢語、日本語といった言語を解する可能性が高く、こうした言語能力が後にみる職業、言語使用にも影響を与えていることが予想される[8]。なお、北京市の20代、30代は、漢族学校に通っていた人の比率が高くなっているが、【表12-2】をみてわかるように、この年代の平均在住年数が他地域と比べて特に大きな差異をみせているわけではないため、そもそも出身地において漢族化された教育を受けた人が多いことが予想される。

　さらに現在の居住地でどのような職業に従事しているかを問うた結果は、次ページの【表12-4】のとおりである。

　表をみると、北京市では職業が比較的、分散している一方で、広東省では貿易業、京畿道では工業製造業に従事している人が多いことがわかる。調査協力機関の職員へのインタビューでは、北京市在住者は会社経営者や公務員、弁護士などが[9]、広東省在住者は韓国企業や日本企業での通訳・翻訳に従事している人が、京畿道在住者はいわゆる肉体労働に従事している人がそれぞれ多いという情報が得られており、上記の結果もこのような状況を反映したものとみることができる。

8　花井みわ（2011）によると、1980年代の延辺朝鮮族自治州内の中学校における外国語教育は、英語が0％で日本語が100％であったが、2000年以降になると日本語教育の比率は35％まで下がり、2010年台になると、ほぼ英語中心の教育に変わったという。

9　예동근 외（2008）によると、1990年代初頭に北京市に在住していた朝鮮族は主に大学生、国家公務員に限定されており、その大部分は北京の戸籍を保持していたという。

【表 12-4】職業

		警備	観光	教育	農漁業	工事建設	貿易	飲食	工業製造	販売	その他
北京市	20代		3 (25.0)		1 (8.3)			1 (8.3)			7 (58.3)
	30代		3 (8.6)	1 (2.9)		1 (2.9)	9 (25.7)	2 (5.7)	1 (2.9)	1 (2.9)	17 (48.6)
	40代		3 (14.3)	1 (4.8)				7 (33.3)	2 (9.5)		8 (38.1)
	50代					1 (14.3)	2 (28.6)		1 (14.3)		3 (42.9)
	60代							2 (100)			
	全体		9 (11.7)	2 (2.6)	1 (1.3)	2 (2.6)	11 (14.3)	12 (15.6)	4 (5.2)	1 (1.3)	35 (45.5)
広東省	20代			1 (11.1)		1 (11.1)	4 (44.4)			3 (33.3)	
	30代		1 (6.3)	2 (12.5)			8 (50.0)		1 (6.3)	4 (25.0)	
	40代		1 (4.5)	1 (4.5)			11 (50.0)	2 (9.1)	1 (4.5)	5 (22.7)	1 (4.5)
	50代	6 (40.0)				1 (6.7)	4 (26.7)			3 (20.0)	1 (6.7)
	60代	6 (46.2)							6 (46.2)	1 (7.7)	
	全体	12 (16.0)	2 (2.7)	4 (5.3)		2 (2.7)	27 (36.0)	2 (2.7)	8 (10.7)	16 (21.3)	2 (2.7)
京畿道	20代		1 (12.5)	2 (25.0)				1 (12.5)	3 (37.5)	1 (12.5)	
	30代		2 (8.0)	4 (16.0)		1 (4.0)		4 (16.0)	8 (32.0)		6 (24.0)
	40代			4 (13.3)		6 (20.0)		2 (6.7)	15 (50.0)		3 (10.0)
	50代				1 (6.7)	3 (20.0)		5 (33.3)	6 (40.0)		
	60代					2 (40.0)			2 (40.0)		1 (20.0)
	全体		3 (3.6)	10 (12.0)	1 (1.2)	11 (13.3)		12 (14.5)	34 (41.0)	1 (1.2)	10 (12.0)

12.4.2. 言語使用

　次に言語使用についてみてみよう。具体的には、対話者による使用言語（変種）やテレビの視聴状況についてみる。

【表 12-5】対話者による使用言語（変種）（単位：%）

		上司			同僚			朝鮮族の友人 （同郷）			朝鮮族の友人 （非同郷）			韓国人		
		朝	漢	韓	朝	漢	韓	朝	漢	韓	朝	漢	韓	朝	漢	韓
北京市	20代	4.6	94.6	0.8	1.7	98.3	0.0	0.8	99.2	0.0	0.8	99.2	0.0	1.7	91.6	6.7
	30代	18.7	76.8	4.5	13.9	83.7	2.4	29.7	67.2	3.1	25.9	70.7	3.4	24.5	47.9	27.6
	40代	20.0	70.9	9.1	32.7	60.2	7.1	43.2	53.6	3.2	43.5	53.0	3.5	31.2	30.0	38.8
	50代	58.0	30.0	12.0	55.0	26.7	18.3	86.2	7.0	6.8	83.0	9.0	8.0	70.0	1.7	28.3
	60代	33.3	33.3	33.3	67.0	33.0	0.0	67.0	33.0	0.0	67.0	33.0	0.0	-	-	-
	全体	26.9	61.1	11.9	34.1	60.4	5.6	45.4	52.0	2.6	44.0	53.0	3.0	31.9	42.8	25.4
広東省	20代	13.3	68.9	17.8	26.7	67.8	5.6	60.0	34.4	5.6	31.1	62.2	6.7	36.7	3.3	60.0
	30代	23.3	58.7	18.0	38.8	55.6	5.6	57.5	40.6	1.9	33.8	59.4	6.9	37.5	5.0	57.5
	40代	25.2	65.2	9.5	44.8	51.0	4.3	61.0	33.8	5.2	32.9	63.3	3.8	24.8	1.9	73.3
	50代	40.0	50.0	10.0	47.3	43.3	9.3	65.3	32.7	2.0	41.3	54.0	4.7	29.3	0.0	70.7
	60代	47.5	51.7	0.8	67.7	30.0	2.3	75.4	23.1	1.5	58.5	39.2	2.3	37.7	0.0	62.3
	全体	29.9	58.9	11.2	45.0	49.5	5.4	63.8	32.9	3.2	39.5	55.6	4.9	33.2	2.0	64.8
京畿道	20代	20.0	8.8	71.3	26.3	25.6	48.1	35.0	46.7	18.3	30.0	53.0	17.0	21.4	0.0	78.6
	30代	10.6	10.6	78.8	9.5	16.2	74.3	39.4	22.9	37.7	25.6	30.3	44.2	14.2	0.0	85.8
	40代	9.6	3.6	86.8	10.4	14.4	75.2	20.5	30.0	49.5	16.5	32.0	51.5	12.3	0.0	87.7
	50代	23.1	0.2	76.7	17.6	13.6	68.9	24.2	15.8	60.0	31.1	17.4	51.4	11.6	0.0	88.4
	60代	33.8	8.8	57.5	45.0	11.7	43.3	45.0	11.7	43.3	45.0	11.7	43.3	83.3	0.0	16.7
	全体	14.5	6.1	79.4	14.8	16.1	69.1	30.1	26.2	43.7	24.4	30.3	45.3	16.9	0.0	83.1

（朝：朝鮮語、漢：漢語、韓：韓国語）

まず、居住地において対話者（上司、同僚、朝鮮族の友人（同郷／非同郷）、韓国人）ごとにいかなる言語を使用しているかを朝鮮語、漢語、韓国語に分けて問うた結果をみてみよう。

まず、上司に対する言語使用をみると、北京市、広東省では漢語の、京畿道では韓国語の使用率が総じて高いことがわかる。これらは、いずれも当該地域における優勢言語（変種）と一致するため、対話者の言語（変種）に合わせて言語を使用していることを表すものと考えられる。

次に同僚に対する言語使用をみると、北京市、広東省では40代までの年代においては漢語が、50代以上においては朝鮮語の使用率が高く、年代差が認められる。その一方で、京畿道においては、上司への使用率よりは劣るものの、やはり韓国語の使用率が高いことがわかる[10]。

また、朝鮮族の友人（同郷）に対する言語使用をみると、広東省では朝鮮語の使用率が高い一方で、北京市、京畿道では相対的に朝鮮語の使用率が低く、それに代わってそれぞれ漢語、韓国語の使用率が高くなっていることがわかる。このうち特に京畿道については、同郷の出身であっても韓国語が優勢な環境においては、自らが言語形成期に獲得した変種よりも韓国語によるコミュニケーションが選好されるという、注目すべき結果を示したものだといえよう。

さらに朝鮮族の友人（非同郷）に対する言語使用をみると、北京市でも広東省でも（特に若年層で）漢語の使用率が高いことがわかる。これは、同じ中国朝鮮語であっても例えば、延辺朝鮮族自治州出身の話者と瀋陽市、あるいは哈爾浜市出身の話者では、その変種的乖離が大きく、コミュニケーションに支障があると判断され、共通して理解する変種である漢語にシフトするためと思われる[11]。また、京畿道でも同じようなシフトが起こるようではあるが、その際に選択される言語（変種）は多くの世代で漢語より韓国語の方が優勢であるという点で異なる。つまり非同郷の朝鮮族との対話において

10　ただし、韓国語の使用率が朝鮮族の同僚と韓国人の同僚でどのように変わるかについては、追ってより詳細な分析を行わなければならない。

11　北京市、京畿省の50代、60代において漢語の使用率が低く、朝鮮語の使用率が高いのは、この年代が若年層に比べて漢語能力が低いこととの関係が深いと考えられる。年代による言語能力への意識については、【表12-7】も参照。

は、共通変種としての当該地域の優勢言語（変種）が選好されるのである。

　最後に韓国人に対する言語使用をみると、北京市では漢語の使用率が高いのに対し、広東省、京畿道ではいずれの年代においても韓国語の使用率が高いことがわかる。これは北京市には漢語を解する駐在の韓国人が多く存在している一方で、広東省や京畿道には漢語を解する韓国人が多く存在していないこととも関係するもので、現地の朝鮮族が通訳として重要な役割を担っている可能性を示唆するものである。

　以上、対話者による言語使用の差異の分析から、在外朝鮮族は、漢語はもちろん朝鮮語と韓国語を異なる言語変種として受け入れていることが明らかになった。大きな傾向として、北京市では対話者を問わず40代以下では漢語が、50代以上では朝鮮語が優勢なのに対して、京畿道では対話者を問わず、どの年代でも韓国語が概ね優勢であることが、広東省では概ね40代以下では漢語が優勢であるが、同郷の朝鮮族には朝鮮語、韓国人には韓国語を使用するというように対話者によって使用されやすい言語に差異がみられることが確認された。

　続いて、漢語テレビ放送、韓国語テレビ放送の1日における視聴程度を「とてもよく見る」、「よく見る」、「時々見る」、「ほとんど見ない」に分けて問うた結果をみてみよう（次ページ【表12-6】）。

　表をみると、漢語テレビは北京市、広東省ではそれぞれ「よく見る」、「とてもよく見る」を選ぶ被験者が多く、京畿道では特に20代、50代を筆頭に全ての年代で「ほとんど見ない」を選ぶ被験者が多いことがわかる。また、韓国語テレビは北京市、広東省でも「よく見る」、「時々見る」を選ぶ被験者が比較的多いが[12]、京畿道では「とてもよく見る」を選ぶ被験者がより多いことがわかる。以上のデータから、在外朝鮮族のテレビ視聴は居住地域で接

12　第5章脚注28でもみたように、東北3省、および山東省 青島市に住む朝鮮族、計759人（20代前後〜61歳以上）の言語使用実態を調査した박경래 외（2012）では、吉林省では73.0%、遼寧省では80.1%、黒龍江省では67.6%、青島市でも72.2%の被験者が1日に1時間以上、韓国のテレビを視聴しているという（第12章脚注13に示すように本調査では「よく見る」、「とてもよく見る」に相当）。このような結果を踏まえると、北京市、広東省在住の朝鮮族の韓国語テレビ視聴状況は、上記の地域とは異なる傾向を示しているといえる。

12.4. 分析　267

しやすいものがより多くなるという傾向があることがわかる。

【表12-6】言語別のテレビ放送視聴程度[13,14]

		漢語テレビ				韓国語テレビ			
		とても	よく	時々	ほとんど	とても	よく	時々	ほとんど
北京市	20代	2(16.7)	6(50.0)	3(25.0)	1(8.3)			6(50.0)	6(50.0)
	30代	4(12.1)	13(39.4)	13(39.4)	3(9.1)		11(33.3)	11(33.3)	11(33.3)
	40代	5(26.3)	7(36.8)	6(31.6)	1(5.3)	1(5.3)	8(42.1)	7(36.8)	3(15.8)
	50代	1(14.3)	3(42.9)	3(42.9)		1(14.3)	5(71.4)	1(14.3)	
	60代		2(100)				2(100)		
	全体	12(16.4)	31(42.5)	25(34.2)	5(6.8)	2(2.7)	26(35.6)	25(34.2)	20(27.4)
広東省	20代	6(66.7)	3(33.3)				3(33.3)	5(55.6)	1(11.1)
	30代	14(87.5)	2(12.5)				3(18.8)	8(50.0)	5(31.3)
	40代	16(72.7)	5(22.7)	1(4.5)			10(45.5)	9(40.9)	3(13.6)
	50代	5(33.3)	7(46.7)	3(20.0)		3(20.0)	8(53.3)	3(20.0)	1(6.7)
	60代	8(61.5)	3(23.1)	2(15.4)		2(15.4)	6(46.2)	5(38.5)	
	全体	49(65.3)	20(26.7)	6(8.0)		5(6.7)	30(40.0)	30(40.0)	10(13.3)
京畿道	20代	1(12.5)	1(12.5)	1(12.5)	5(62.5)	6(75.0)	2(25.0)		
	30代	7(28.0)	2(8.0)	4(16.0)	12(48.0)	19(76.0)	5(20.0)	1(4.0)	
	40代	1(3.3)	3(10.0)	12(40.0)	14(46.7)	28(93.3)	2(6.7)		
	50代		3(20.0)	3(20.0)	9(60.0)	11(73.3)	2(13.3)		2(13.3)
	60代			5(100)		3(60.0)	2(40.0)		
	全体	9(10.8)	9(10.8)	25(30.1)	40(48.2)	67(80.7)	13(15.7)	1(1.2)	2(2.4)

(とても：とてもよく見る、よく：よく見る、時々：時々見る、ほとんど：ほとんど見ない)

13　調査においては、各選択肢に以下のような目安を提示している（いずれも1日基準）。
　　「とてもよく見る」…90分以上　　　「よく見る」…60分以上89分未満
　　「時々見る」…10分以上59分未満　　「ほとんど見ない」…9分未満

14　北京市の調査票では、未記入の4人（30代、40代で各2人）を除外している。

268 第12章 在外朝鮮族の言語使用と意識

12.4.3. 言語意識

　続いて、言語意識についてみてみよう。具体的には、言語能力への自己評価、聞いて理解するのが難しい韓国語、母語だと思う言語（変種）、今後重要な言語（変種）、子供への朝鮮語教育に関する質問への回答を分析する。

　まずは、朝鮮語、漢語、韓国語能力への自己評価を技能領域（話す、書く、聞く、読む）ごとに「4：とてもよくできる」、「3：よくできる」、「2：少しできる」、「1：全くできない」という指標により問うた結果を見てみよう。

【表12-7】領域別言語（変種）能力への自己評価（4段階の平均値）

		朝鮮語				漢語				韓国語			
		話す	書く	聞く	読む	話す	書く	聞く	読む	話す	書く	聞く	読む
北京市	20代	1.2	1.1	1.2	1.1	3.6	3.6	3.6	3.6	1.1	1.1	1.1	1.1
	30代	2.3	2.3	2.3	2.3	2.9	2.9	2.9	2.9	2.0	1.9	2.0	2.0
	40代	2.4	2.3	2.4	2.3	2.7	2.7	2.7	2.7	2.0	2.0	2.1	2.0
	50代	3.1	2.6	3.1	3.1	2.6	2.6	2.6	2.6	2.4	2.1	2.4	2.4
	60代	3.5	3.5	3.5	3.5	3.0	3.0	3.0	3.0	3.5	3.5	3.5	3.5
	全体	2.5	2.3	2.5	2.5	3.0	2.9	3.0	2.9	2.2	2.1	2.2	2.2
広東省	20代	3.9	3.9	3.9	3.9	4.0	4.0	4.0	4.0	2.9	2.9	2.9	2.9
	30代	3.6	3.6	3.6	3.6	3.8	3.8	4.0	4.0	2.8	2.8	2.8	2.8
	40代	4.0	4.0	4.0	4.0	4.0	4.0	4.0	4.0	3.0	3.0	3.0	3.0
	50代	3.9	3.9	3.9	3.9	3.8	3.8	3.8	3.8	2.9	2.9	2.9	2.9
	60代	4.0	4.0	4.0	4.0	3.5	3.5	3.5	3.5	2.8	2.7	2.7	2.7
	全体	3.9	3.9	3.9	3.9	3.8	3.8	3.9	3.9	2.9	2.9	2.9	2.9
京畿道	20代	2.6	2.6	2.8	2.8	3.3	3.3	3.3	3.3	2.5	2.9	2.6	2.8
	30代	3.0	3.1	3.1	3.1	3.1	3.0	3.2	3.1	3.0	3.0	3.0	3.0
	40代	3.4	3.2	3.4	3.5	3.3	3.1	3.3	3.3	3.3	3.3	3.3	3.3
	50代	3.1	3.0	3.1	3.5	2.8	2.5	2.7	2.7	3.1	2.9	3.1	3.1
	60代	3.3	3.5	3.5	3.5	2.7	3.0	3.0	3.0	3.0	3.0	3.0	3.0
	全体	3.1	3.1	3.2	3.3	3.0	3.0	3.1	3.1	3.0	3.0	3.0	3.0

　表をみると、広東省では朝鮮語と漢語は年代や領域を問わず、いずれも4.0にかなり近い数値を示しており、自己評価が高い一方で、韓国語は相対的に自己評価が高くないことがわかる。また、北京市、京畿道においては、

朝鮮語は年代が高くなるほど、漢語は年代が低くなるほどそれぞれ自己評価が高くなる傾向がみられるが、朝鮮語、漢語に対する自己評価自体は広東省より相対的に低く、北京市では韓国語に対する自己評価も低いことがわかる。なお、興味深いのは朝鮮語と韓国語の自己評価は、概ね関連性を持ちながらも常に朝鮮語の方が高い数値を示すということである。このように在外朝鮮族の韓国語能力は、基層になる朝鮮語能力の影響を受けざるを得ないことが特徴的である[15]。

また、聞いて理解するのが難しい韓国語があるかを尋ねた結果は以下のようであった[16]。

【表 12-8】聞いて理解するのが難しい韓国語

	広東省		京畿道	
	ある	ない	ある	ない
20 代	8(88.9)	1(11.1)	4(50.0)	4(50.0)
30 代	15(93.8)	1(6.3)	13(52.0)	12(48.0)
40 代	18(81.8)	4(18.2)	17(56.7)	13(43.3)
50 代	12(80.0)	3(20.0)	9(60.0)	6(40.0)
60 代	11(84.6)	2(15.4)	1(20.0)	4(80.0)
全体	64(85.3)	11(14.7)	44(53.0)	39(47.0)

表をみると、広東省においても京畿道においても、聞いて理解するのが難しい韓国語があると回答した被験者が総じて多かったが、その比率は広東省で高く、京畿道で低いという結果になった。これは、韓国語との接触頻度の違いを反映したものであると考えてよいだろう。

---

15 本調査では、いずれの地域においても予想に反して、技能領域による大きな違いが確認されなかった。このような要因については、今後検討を要する。

16 本項目は、広東省、京畿道で実施した調査票においては、聞いて理解するのが難しい韓国語の有無を問うもの（選択式）であったが、北京市で実施した調査票では、聞いて理解するのが難しい韓国語そのものを記すもの（記述式）であった。そのため、これらを単純に比較することは難しいと考え、ここでは広東省と京畿道による比較を行なうことにする。

270　第 12 章　在外朝鮮族の言語使用と意識

　次に、母語だと思う言語（変種）は何であるかを問うた結果をみてみよう。

【表 12-9】母語だと思う言語（変種）[17]

	北京市			広東省			京畿道		
	朝鮮語	漢語	韓国語	朝鮮語	漢語	韓国語	朝鮮語	漢語	韓国語
20 代	2 (16.7)	10 (83.3)		1 (11.1)	8 (88.9)		4 (50.0)	4 (50.0)	
30 代	16 (48.5)	17 (51.5)		4 (25.0)	12 (75.0)		7 (28.0)	9 (36.0)	9 (36.0)
40 代	10 (50.0)	10 (50.0)		8 (36.4)	14 (63.6)		9 (30.0)	8 (26.7)	13 (43.3)
50 代	6 (85.7)	1 (14.3)		14 (93.3)	1 (6.7)		9 (60.0)	2 (13.3)	4 (26.7)
60 代	1 (100)			12 (92.3)	1 (7.7)		1 (20.0)		4 (80.0)
全体	35 (47.9)	38 (52.1)		39 (52.0)	36 (48.0)		30 (36.1)	23 (27.7)	30 (36.1)

　表をみると、北京市、広東省では、おおよそ 40 代以下の年代において漢語を選ぶ人が多く、50 代以上では朝鮮語を選ぶ人が多い人が多いことがわかる。これは若年層にあっては、漢語優勢の話者が増えていることを意味するものである。なお、【表 12-3】でみたように広東省では朝鮮族学校出身者が多かったが、特に 40 代以下で漢語を選んだ人が多かった点は注目に値する。このように自己の母語（変種）への認識は、受けた学校教育（初等教育）のみならず、現在（あるいは過去）の言語環境にも影響を受けるようである[18]。ところで、京畿道では北京市や広東省のようにはっきりとした傾向をみせてはいないが、（北京市や広東省にはみられない）韓国語を母語であ

17　北京市の調査票では、未記入の 4 人（30 代で 2 人、40 代、60 代で各 1 人）を除外している。

18　例えば、居住地域、家庭教育、職場、交際相手など多様な要因が考えられよう。なお、第 9 章から第 11 章でみた東北 3 省における朝鮮族高校生の言語使用と意識の分析においては、日常生活での朝鮮語使用は少ない一方で、朝鮮語を母語と認識したり、その教育が重要であると考える被験者が一定数、存在することが確認された。ここで明らかになった在外朝鮮族のデータは、このような実態、および今後の中国朝鮮語の方向性を分析する際にも重要な視点を提供すると考える。

ると認識している被験者が一定数、存在している点が特徴的である。在韓朝鮮族の中には自らを韓国人として認識する人々が存在することは장안리（2016）でも明らかにされているが、本来、言語形成期に獲得した変種ではないにも関わらず、生活の中でそれを自己の言語として受け入れ、使っていることを表すこの調査結果は、彼らの言語適応への柔軟性を改めて示したものであるといってよいだろう。

また、今後重要な言語（変種）に対する意識は以下のとおりであった。

【表 12-10】今後重要な言語（変種）

	北京市				広東省				京畿道			
	朝鮮語	漢語	韓国語	なし	朝鮮語	漢語	韓国語	なし	朝鮮語	漢語	韓国語	なし
20代		11 (91.7)	1 (8.3)		1 (11.1)	2 (22.2)	6 (66.7)		1 (12.5)	1 (12.5)	6 (75.0)	
30代		31 (88.6)		4 (11.4)		3 (18.8)	13 (81.3)		1 (4.0)	4 (16.0)	18 (72.0)	2 (8.0)
40代	1 (4.8)	20 (95.2)				4 (18.2)	17 (77.3)	1 (4.5)		3 (10.0)	23 (76.7)	4 (13.3)
50代		7 (100)				5 (33.3)	10 (66.7)		1 (6.7)		10 (66.7)	4 (26.7)
60代	1 (50.0)	1 (50.0)				2 (15.4)	9 (69.2)	2 (15.4)		1 (20.0)	3 (60.0)	1 (20.0)
全体	2 (2.6)	70 (90.9)	1 (1.3)	4 (5.2)	1 (1.3)	16 (21.3)	55 (73.3)	3 (4.0)	3 (3.6)	9 (10.8)	60 (72.3)	11 (13.3)

表をみると、北京市では漢語を選んだ被験者が多かった一方で、広東省や京畿道では韓国語を選んだ被験者が多かったことがわかる。北京市で漢語が多いのは【表 12-5】のデータも示すように、中国の首都にあって他国籍、他民族の人々との共通言語として漢語が広く採用されていることとの関係が深いとみられる。また、広東省、京畿道において韓国語が多いのは、現在の自己の言語使用、言語能力はさておき、今後、韓国語を媒介として韓国人、韓国社会との関係がより密接になっていくと考えている被験者が多いことを意味するものであろう。なお、いずれの地域においても朝鮮語を選んだ被験者が極めて少なかったという点も注目される。これは韓国語を学ぶことで中国朝鮮族としてのアイデンティティが継承可能であると考えている人々が多い

272　第 12 章　在外朝鮮族の言語使用と意識

ことを表している可能性もあり、今後の在外朝鮮族の朝鮮語継承における 1
つの方向性ともなり得るものである。

　最後に子供への朝鮮語教育について「必ず教えたい」、「できれば教えた
い」、「あまり教えたくない」、「全く教えたくない」、「わからない」という 5
項目（選択式）により問うた結果をみてみよう。

【表 12-11】子供への朝鮮語教育[19]

		必ず	できれば	あまり	全く	わからない
北京市	20 代	2(16.7)	7(58.3)	2(16.7)	1(8.3)	
	30 代	13(38.2)	13(38.2)	5(14.7)	3(8.8)	
	40 代	4(21.1)	10(52.6)	5(26.3)		
	50 代	1(16.7)	4(66.6)		1(16.7)	
	60 代		1(50.0)	1(50.0)		
	全体	20(27.4)	35(47.9)	13(17.8)	5(6.8)	
広東省	20 代	7(77.8)	2(22.2)			
	30 代	12(75.0)	4(25.0)			
	40 代	19(86.4)	3(13.6)			
	50 代	13(86.7)	2(13.3)			
	60 代	12(92.3)	1(7.7)			
	全体	63(84.0)	12(16.0)			
京畿道	20 代		2(25.0)	3(37.5)	1(12.5)	2(25.0)
	30 代	12(48.0)	6(24.0)	1(4.0)	4(16.0)	2(8.0)
	40 代	9(30.0)	9(30.0)	3(10.0)	3(10.0)	6(20.0)
	50 代	4(26.7)	7(46.7)	3(20.0)		1(6.7)
	60 代	3(60.0)	1(20.0)			1(20.0)
	全体	28(33.7)	25(30.1)	10(12.0)	8(9.6)	12(14.5)

（必ず：必ず教えたい、できれば：できれば教えたい、あまり：あまり教えたくない、
　　　　全く：全く教えたくない、わからない：わからない）

19　北京市の調査票では、未記入の 4 人（40 代で 2 人、30 代、50 代で各 1 人）を除外し
ている。

12.5. 小結　273

　表をみると、「必ず教えたい」を選択した被験者の比率は広東省で圧倒的に高く、京畿道、北京市では相対的に低いことがわかる。なお、回答における分散をみても広東省では「必ず教えたい」、「できれば教えたい」を選択した被験者のみが確認され、いずれの年代においても「必ず教えたい」が７割を超えていることから、民族語（変種）の継承に対する意欲が極めて高いといえる。一方で、北京市では「できれば教えたい」、京畿道では「必ず教えたい」の比率が高いものの、全体としては広東省より圧倒的に低く、「あまり教えたくない」、「全く教えたくない」、「わからない」といった回答をする被験者も相対的に多くなっている。このような差をみせるのは、【表 12-5】が示すように北京市では漢語、京畿道では韓国語の影響が強いことはもちろん、【表 12-3】でみたように広東省の被験者は朝鮮族学校の出身者が多いということも１つの要因となっていると思われる[20]。

12.5.　小結

　本章では、中国 北京市、広東省、韓国 京畿道に居住する朝鮮族 235 人を対象に実施した質問紙調査の結果を通して、在外朝鮮族の言語環境、使用、意識について分析を行なった。本章において明らかになったことは、主に以下の３点に要約される。

（1）言語環境

　在住年数は広東省、北京市で長く、在住予定年数は京畿道で長い。出身の小中学校は、いずれの地域も年齢が高くなるほど朝鮮族学校に通っていた人が多いが、その比率は総じて広東省で高く、北京市で低い。職業は北京市では比較的、分散している一方、広東省では貿易業、京畿道では工業製造業に従事する人が多い。

20　なお、広東省と京畿道の比較では、【表 12-2】でみたように広東省在住の朝鮮族は、京畿道在住の朝鮮族に比べ、帰国を考えている時期が相対的に早いということとも関係がありそうである。

274 第12章 在外朝鮮族の言語使用と意識

（2）言語使用

北京市では40代以下で漢語が、50代以上で朝鮮語が優勢なのに対して、京畿道ではどの年代でも韓国語が優勢である。また、広東省では概ね40代以下では漢語が優勢であるが、対話者によって使用されやすい言語（変種）に差異がみられる。テレビの視聴については、居住地の言語による番組の視聴が多い。

（3）言語意識

言語能力への自己評価は、広東省では朝鮮語と漢語で高く、韓国語で低い。また、北京市、京畿道では朝鮮語、漢語に対する自己評価が広東省より相対的に低く、北京市では韓国語に対する自己評価も低い。母語だと思う言語（変種）は北京市、広東省は40代以下で漢語、50代以上で朝鮮語を選ぶ人が多く、京畿道では韓国語を選ぶ人も存在する。今後重要な言語（変種）は、北京市では漢語、広東省や京畿道では韓国語を選ぶ被験者が多い。子供への朝鮮語教育への意欲は広東省で圧倒的に高く、京畿道、北京市では相対的に低い。

以上の分析から、在外朝鮮族の言語使用、意識は、テレビの視聴や母語だと思う言語（変種）への意識のように、北京市、広東省（中国国内）で類似した特徴を示すものがある一方で、言語能力への自己評価や子供への朝鮮語教育への意識のように北京市、京畿道で類似した特徴を示すもの、今後重要な言語（変種）への意識のように広東省、京畿道で類似した特徴を示すものもあることが確認された。

北京市の韓国城。THAAD 問題や再開発により、現在は縮小中。
(2016 年 12 月 12 日)

広州市の朝鮮族集住地域。韓国資本のコンビニも店を構える。
(2017 年 5 月 26 日)

終　章

結　論

　本書では、中国朝鮮族の言語使用と意識について、独自に設定した調査の結果をもとに分析を行なってきた。本書で行なった調査は、調査対象者の特殊性など各種制約から必ずしも体系的でなかった部分もあったが、ここでは本書で得た知見を整理するとともに、今後の課題についても示しておくことにしたい。

　第1章から第8章では、【言語使用編】と題し、中国朝鮮族の言語使用について分析した。第1章と第2章では、延辺朝鮮語の談話における終止形語尾の使用様相について、親疎関係や話者の属性といった社会言語学的観点から分析を行なった。第1章の分析では、延辺朝鮮語では（1）待遇法等級が概ね4等級に分布していること、（2）他方言にはみられない融合、脱落により生成された形式が多いこと、（3）咸鏡道方言や六鎮方言に起源を持つ語尾、韓国語の影響も散見されること、（4）形態は同じであっても、他の多くの方言とは異なる使用域を持つ語尾が存在することなどが確認された。このうち（1）の4等級については、略待上称や略待が多用される韓国語（ソウル方言）とは異なり、下称や上称、その他にも中称という他方言では多く使用されない等級が多く出現しているという点で特徴的であった。また、このように異なる待遇法が多く現れるという事実は、延辺朝鮮語において（2）、（3）にみられるような基層方言としての咸鏡道方言や六鎮方言などを保持した形式が多く現れるという事実を反映したものでもあり、共時態としての延

辺朝鮮語が基層方言の影響を一定数、残していることを証明するものでもある（なお、第2章では、分析変種において特徴的な形式である-재について分析し、韓国語（ソウル方言）にみられる終止形語尾 -잖아とは使用域、意味機能において異なる用法をみせることも確認した）。ところで、その一方で、同調査では従前の延辺朝鮮語研究においては多く確認されなかった略待語尾の使用が確認された他、特に40代の談話において韓国語の影響が散見されること、中称語尾は10代話者の発話においては確認されず、10代においては上の世代と比べ、待遇法の分布範囲が狭くなっていること、さらには-는/(으)ㄴ매や-지무といった基層方言の記述には、みられない形式が使用されることも確認された。こうした事実は移住から4、5世代目を迎えた延辺朝鮮語が目下、基層方言からの影響を徐々に弱めながらも新たな言語体系へと変化する過程にあることを捉えたものであり、今後さらなる通時的変化を経験するであろうことを示唆するものである。

　第3章と第4章では、遼寧省朝鮮語における発話形式について、用言の終止形語尾や活用形という観点から分析を行なった。第3章では、瀋陽市を中心とする地域における談話を分析したが、その結果、分析地域における用言の活用形には、基層方言である平安道方言を保持したもの、遼寧省朝鮮語に特徴的なものが存在することが確認された。まず、平安道方言を保持した形式については、終止形語尾 -가?、-네? が幅広い世代で使用されること、その一方で、-아/어や、그러다・그렇다、듣다の特殊活用は移住第3世代（50、60代）以上で、終止形語尾 -디、-안/언?、-간? は移住第2世代（70、80代）以上でしか確認されないことがわかった。また、遼寧省朝鮮語に特徴的な形式については、略待の終止形語尾 -아/어、하다の特殊活用、終助詞の挿入などが確認されたが、いずれも比較的、幅広い年代で確認されることがわかった。このような事実は、共時態としての遼寧省朝鮮語において年代差、世代差を形成する要因となっているのは、基層方言である平安道方言を保持した諸形式であることを意味するものであるが、それだけではなく、分析変種は基層方言からの一定の影響を受けながらも年代、世代が下がるにつれ、その影響が次第に小さくなっていることを示すものでもあった。このような若

終　章　結論　279

年層における基層方言の縮小、消失は、若年層における言語の保守性の低下
（漢族との同化による）や韓国語の影響、さらには学校教育などによるとこ
ろが大きいと思われるが、それは第1章、第2章で見た延辺朝鮮語とも共通
した特徴を持つもので、共時態としての中国朝鮮語における1つの趨勢であ
るといってもよいだろう。

　また、第4章では、遼寧省朝鮮語の中でも、鴨緑江北部の農村地域に居住
する中老年層談話を取り上げ、特に終止形語尾の出現について分析した。分
析の結果、中老年層の談話においては（1）略待語尾が最も多く使用されて
いること、（2）中称（平叙形、命令形、勧誘形）、下称（疑問形）において
西北方言を保持した特徴的な形式が使用されていること、（3）瀋陽市（都市
部）に居住する話者より方言形をより高度に保存していることなどが確認さ
れた。このうち特に（3）の結果は、農村地域においては基層方言そのもの
がより色濃く保存されていることを示すものとみてよいが、調査地域におい
て朝鮮語を話す中老年層の話者自体が急速に減少していることを考えた時、
伝統的な方言が縮小、消失していくのは時間の問題であると思われる。な
お、敷衍して瀋陽市から200キロ余り離れた農村地域において（2）のよう
な（瀋陽をはじめとする都市部では用いられない）語尾が確認されること
は、都市部で使用される朝鮮語が韓国語や他変種からの影響を強く受けてい
ることを逆説的に証明するものでもあり、共時態としての中国朝鮮語が形態
的多様性を持ちながらも、その存続が極めて危機的な状況にあるという趨勢
を物語るものでもある。

　第5章、第6章では、黒龍江省朝鮮語の談話について、音韻、語彙、文法
といった観点から分析を行なった。第5章では、尚志市在住、移住第4、5
世代の談話分析をもとに黒龍江省朝鮮語の談話の特徴を分析した。ここで
は、話しことばとしての黒龍江省朝鮮語は、慶尚道方言、中国朝鮮語、韓国
語、朝鮮語の他方言、漢語などの影響を受けたハイブリッドな言語変種であ
ることが明らかになった。このうち慶尚道方言は主に移住第1世代の出身
地、中国朝鮮語は中国における言語政策、および学校教育、韓国語は近年の
韓国との人的、文化的交流の深化、朝鮮語の他方言は定着以降の繰り返され

る人口移動、漢語は地域の優勢言語の影響をそれぞれ受けたものであり、い
ずれも異なる要因、時代による影響を受けたものである。また、朝鮮語その
ものの分析においては、中国朝鮮語の規範にも現代韓国語の規範にも一致し
ない誤用が散見され、移住第4、5世代の朝鮮語能力は相対的に低下しつつ
あることが解明された他、彼らの言語使用においてはコード・スイッチング
が日常的に行なわれており、補完的に複数の言語（変種）を用いることによ
り、相互作用における多様な目的を遂行しようとしていることが確認された。

　また、第6章では黒龍江省朝鮮語の中でも、内陸部で採録した中老年層談
話の発話形式について分析を行なった。分析の結果、第5章でみた移住第
4、5世代の談話に比べて特に語彙、文法という点ではより基層方言を保存
した語形が残存していることが明らかになった。また、例えば해보래（やっ
てみて）のように基層方言である慶尚道方言では使用が減少傾向にある語形
が確認されたという点も興味深い。こうした特徴を示すのは同時代の韓国語
との接触の少なさはもちろん、調査地においては農村の朝鮮族共同体が現在
に至るまで比較的よく維持されていることの影響も大きいと思われる。ただ
し、第3章、第4章でみた遼寧省地域においてもそうであったように、近
年、分析地域でも都市化やコミュニティの縮小、韓国への渡航者の増加な
ど、朝鮮語を取り巻く状況は大きく変化しており、やはり今後の動向が注目
される。

　第7章では、第1章から第6章で重要な分析項目の1つとなった中国朝鮮
語における韓国語（ソウル方言）の影響についてより具体的に把握するため
に、韓国ソウルで実施した調査をもとに、中国朝鮮語話者と韓国語話者の接
触場面における談話の特徴について分析を行なった。この章では、中国朝鮮
語の使用、相互作用／談話展開上の特徴という観点から分析を行なったが、
その結果、中国朝鮮語の使用には、語彙的には方言語彙や漢語語彙、文法的
には助詞や活用形の使用が確認されること、相互作用／談話展開上の特徴に
は、韓国語への適応として特定表現や敬語の過剰使用、語彙、表現の修正、
外来語の不正確な使用、回避が、朝鮮語能力の欠如としてダウンシフトや単
文の羅列、繰り返し、言いよどみ、聞き返しの多用が確認されることが明ら

かになった。これらの分析では、中国朝鮮語話者が自己の母変種ではない韓国語（ソウル方言）を極めて自然に受け入れている一方で、その習得には一定の困難を伴っており、一種の中間変種（中間言語）として韓国語を使用していることが確認された。このような朝鮮族の言語における一種の適応能力の高さは、第1章から第6章でみた中国朝鮮語の変容の速さを加速化させる要因にも繋がっており、韓国語の位相が高まる中で中国朝鮮語が大きく変容する一側面を捉えたものでもあった。

　第8章では、朝鮮族高校生の朝鮮語の誤用と特徴について、書きことば資料をもとに分析を行なった。この章の分析では、誤用については変種的なものとして字母、分かち書き、語彙、助詞、活用形、文・テクストにおける誤用が、韓国語からの影響として字母、分かち書き、活用形における誤用が確認されることが、特徴については変種的なものとして中国朝鮮語の語彙、話しことばの使用における特徴が、漢語からの影響として語彙の借用、漢語の併用における特徴が確認されることがわかった。ここでの分析では、同時代の朝鮮族学生の朝鮮語使用は、同じ民族語、母語でありながらもモノリンガルとしての韓国語話者の誤用とは大きく異なることが確認されたが、このような差異が生じる要因としては、朝鮮族高校生にあっては、やはり他言語（漢語）や他変種（韓国語）からの影響が常に存在すること、彼らの多くが朝鮮語を話しことば優勢の言語として位置づけており、書きことば使用における能力が相対的に低いことなどが関わっていることが示唆された。

　第9章から第12章では、【言語意識編】と題し、中国朝鮮族の言語意識について分析した。第9章では、吉林省 延吉、長白、長春、通化、遼寧省 桓仁の朝鮮族高校に通う朝鮮族 第4、5世代の学生435人に実施した質問紙調査の結果をもとに言語使用と意識について分析した。この章の分析では、被験者群においては（1）多くの地域では対話者の年齢が上がるほど朝鮮語の使用が多くなり、下がるほど漢語の使用が多くなるが、延吉においてはいずれの話者に対しても朝鮮語の使用が多いこと、（2）朝鮮語能力への自己評価は、延吉で高く、長春、桓仁で低いなど、地域による相違点が存在すること

が明らかになった。また、その一方で（3）いずれの地域においても自己の基層方言について知識を持たず、上の世代の朝鮮語を異質なものと認識しながらも、子供にはそれを継承したい被験者が多く存在すること、（4）韓国語からの一定の影響を受けながらも、外来語に対しては理解が難しいと感じている被験者が多く存在すること、など地域による共通点も存在することがわかった。ここでは、自治州に位置する延吉は、言語の使用、意識という観点からみた場合、必ずしも朝鮮族社会全般を代表する特徴を示さないことが確認され、これまでに朝鮮族研究が延辺中心であったことが必ずしも実態の解明に貢献していなかったことが明らかになった。また、（3）、（4）のような言語意識は、移住第4、5世代に共通するものであるが、それらが（1）のような実際の言語生活にどのような影響を与えるかについては、やはり地域による社会的要因の差異が関与していることが示唆された。

　第10章では、瀋陽市の朝鮮族高校において実施した質問紙調査の結果をもとに、遼寧省に居住する朝鮮族の言語使用と意識について分析を行なった。この章の分析では、被験者群において朝鮮語は、基層方言に対する知識の欠如や上下世代の言葉に対する意識の差異の大きさなど、（第3章でもみたように）継承における不安定要素は認められるものの、読み書きや家庭内における年長者との対話など、依然として一定の優勢な使用域を持つことが明らかになった。また、その一方で漢語に対する肯定的意識の強さや韓国語との接触機会の多さ、その無意識な使用も確認されており、当面、遼寧省朝鮮語がこれらの影響を受け続けていくであろうことが再確認された。

　第11章では、哈爾浜市の朝鮮族中学校、高校において実施した質問紙調査の結果をもとに、黒龍江省に居住する朝鮮族の言語使用と意識について分析を行なった。分析の結果、言語使用においては、対話者による言語使用は、親族に対しては相手の年代が下がるほど漢語の使用比率が高くなること、メディア使用場面における朝鮮語、韓国語使用は、アウトプットよりインプット場面において多く、典型的な受動型バイリンガルの様相を呈することなどが明らかになった。また、言語意識においては、使いやすい言語（変

種）への意識はインプット、アウトプットといった差異よりは、音声領域、文字領域という因子により認識されていること、朝鮮語の習得、継承に対しては、概ねプラスのイメージを持っており、朝鮮語教育においては家庭や学校の役割が重要であると認識されていることなどが明らかになった。

　第12章では、主に東北3省以外に居住する朝鮮族の言語使用、意識について解明するために中国 北京市、広東省、韓国 京畿道に居住する人々を対象に実施した質問紙調査の結果を分析した。この章の分析では、言語環境については、在住年数は広東省、北京市で、在住予定年数は京畿道でそれぞれ長いこと、職業は北京市では比較的、分散しており、広東省では貿易業、京畿道では工業製造業に従事する人が多いことが明らかになった。また、言語使用については、北京市では40代以下で漢語が、50代以上で朝鮮語が優勢なのに対して、京畿道ではどの年代でも韓国語が優勢であること、広東省では対話者によって使用されやすい言語（変種）に差異がみられること、テレビの視聴については居住地の言語による番組の視聴が多いことが明らかになった。さらに言語意識については、言語（変種）能力への自己評価は広東省では朝鮮語と漢語で高く北京市では韓国語で低いこと、母語だと思う言語（変種）は北京市、広東省は40代以下で漢語、50代以上で朝鮮語を選ぶ人が多く、京畿道では韓国語を選ぶ人も存在すること、今後重要な言語（変種）は北京市では漢語、広東省や京畿道では韓国語を選ぶ被験者が多いこと、子供への朝鮮語教育への意欲は、広東省で圧倒的に高く、京畿道、北京市では相対的に低いことなどが明らかになった。

　ここでの結果は、第7章の韓国人との接触場面の分析で明らかになった中国朝鮮族の言語使用における適応能力の高さを意識という側面から解明したものであり、特に同時代における韓国への渡航者の多さを鑑みた時、中国朝鮮語が今後、韓国語に同化していく現象をより強くみせるであろうことを示したものでもある。

　以上、本書では中国朝鮮族の言語使用と意識について、12の観点から分析を行なってきた。本章の冒頭でも述べたように朝鮮族社会、中国朝鮮語は

変化の最中にあり、そうであるがゆえ、全体としてみた時には、必ずしも体系的な調査が行なえなかった点は、本書の限界として認めざるを得ないが、そうであるとしても共時態としての中国朝鮮語の姿、そして話者の意識を記述する点においては多少なりとも貢献ができたと考える。言語使用の面からみた時、2010年代の中国朝鮮語は基層方言である伝統的変種の影響が総じて弱くなりながらも漢語、韓国語の影響を受け、独自の変種を志向している最中にあり、それは大きな世代差、地域差を生み出す要因となっている。さらに言語意識という面からみると、特に若い世代にあっては極めて柔軟な言語観を有しており、それはともすれば民族性の低下ともみられるものであるが、その一方で民族語を継承したいと考える話者が比較的多く存在するという事実を勘案した場合には、むしろ彼らが朝鮮語を絶対的な自己表現のツールとしてではなく、あくまで選択的な言語使用形態の1つとして位置づけていることを示しているとみてもよいだろう。このように中国朝鮮語は今後も時代や社会に応じて巧みにその姿を変容させ、継承への一定の不安定要素を残しながらも、もうしばらくは使用が続いていくとものと思われる。

　なお、本書では上記のような成果が得られた一方で、いくつかの課題も残した。まず、【言語使用編】においては、主に終止形語尾の出現について分析を行なったため、その他の活用形や助詞といった文法要素に関する分析、音韻や語彙に関する分析は十分に行なえなかった。また、談話採録調査の枠組みも主に同年代の話者同士における談話を設定したうえで、話者の年代、性別、親疎関係による出現差について分析するに留まったため、年代や社会的属性の異なる対話者との談話については、十分な分析ができなかった（特に遼寧省朝鮮語、黒龍江省朝鮮語における調査では、属性に関する分析が十分にできなかった）。さらにコンサルタントの数が決して多くなかったため、本調査で得られた用例は地域方言というよりは個人方言であった可能性も排除はできない。今後は、質的、量的な側面からより詳細な分析を行なっていく必要があると考える。

　また、【言語意識編】においては、全般においてデータ分析（現状把握）が中心となり、各回答を生み出す個別の背景や要因については、踏み込んで

分析することができなかった。さらに、これらの意識が彼らのアイデンティティ形成や地域社会との関わり方に及ぼす影響、それらの東北3省内における比較についても十分な分析が行なえなかった。今後は、各地域で質問紙調査、インタビュー調査を継続しながら、特に質的側面における分析の向上を図る必要があると考える。

　加えて、【言語意識編】においては、遼寧省、黒龍江省の散在地域の話者について調査、分析ができなかったという点も今後の課題として残った。序章でも述べたように中国朝鮮語に対する記述は学界における至急の課題である[1]。今後は、本書の成果をもとにさらに分析を続けていきたい。

1　近年の新たな動きとして中国教育部傘下の国家语言文字工作委员会（국가언어문자사업위원회）では、2015年から5年間の計画で中国国内に存在する諸言語の方言について調査、保存、転写、および開発利用を行なうプロジェクト中国语言资源保护工程（중국언어자원보호공정）に着手したという（강용택（2017），김청룡（2017））。このプロジェクトでは、漢語の方言に対し935箇所、少数民族言語の方言に対し約400箇所の調査地点を設定しており、朝鮮語については吉林省5地点、遼寧省1地点、黒龍江省1地点での調査が行なわれるという。また、2019年6月に開催された韓国方言学会（於、ソウル大学）では、「북한 언어문화 연구의 현황과 과제」（北韓（北朝鮮）の言語文化研究の現況と課題）というテーマで研究発表、シンポジウムが行なわれ、平安道、咸鏡道、黄海道の各方言に関する研究成果が共有された。こうした研究、学会の新たな動向にも注目していきたい。

参考文献一覧

1. 日本語で書かれた文献

東照二（2005）『社会言語学入門―生きた言葉のおもしろさにせまる―』研究社

新井保裕、生越直樹、孫蓮花、李東哲（2017）「中国朝鮮族言語使用・意識の共通
性と多様性―延吉市と大連市のアンケート調査結果比較―」『社会言語科学会
第 40 回研究大会 発表論文集』社会言語科学会

植田晃次（2018）「中国朝鮮語の規範化方針の転換の軌跡とその可能性―『朝鮮語
規範集』（2016 年）での修正を手掛かりに」『言語文化共同プロジェクト』
2017 大阪大学大学院 言語文化研究科

宇佐美まゆみ（2007）「改訂版：基本的な文字化の原則（Basic Transcription Sys-
tem for Japanese: BTSJ）」『談話研究と日本語教育の有機的統合のための基
礎的研究とマルチメディア教材の試作』平成 15-18 年度 科学研究費補助金 基
盤研究 B（2）研究成果報告書 東京外国語大学

梅田博之（1972）「現代朝鮮語の敬語」『アジア・アフリカ文法研究』（共同研究報
告書 1）東京外国語大学アジア・アフリカ言語文化研究所

梅田博之（1993）「延辺朝鮮語の音韻」『言語文化接触に関する研究』6 東京外国語
大学 アジア・アフリカ言語文化研究所

小倉進平（1929）「平安南北道の方言」『京城帝國大學法文學部研究調査冊子』1 京
城帝國大學

小倉進平（1932）「北部朝鮮方言中活用語の語尾に存する등及び메」『文教の朝
鮮』87 朝鮮教育會

小倉進平（1944）『朝鮮語方言の研究（下）資料篇』岩波書店

生越直樹（2016）「中国朝鮮族調査の状況」第 16 回 東京移民言語フォーラム 発表
要旨

生越直樹、新井保裕、孫蓮花、李東哲（2018）「中国朝鮮族学校の生徒たちの言語

能力と影響要因について―日本の韓国学校と比較しながら―」林徹・安達真弓・新井保裕編『東京大学言語学論集 別冊 2　学校を通して見る移民コミュニティ―多言語使用と言語意識に関する報告―』東京大学大学院人文社会系研究科言語学研究室

郭銀心（2005）「帰国子女のコード・スイッチングの特徴―在日 1 世と韓国人留学生との比較を中心に―」真田信治、生越直樹、任栄哲編『在日コリアンの言語相』和泉書院

河須崎英之（2013）「黒龍江省鉄力出身朝鮮語話者のアクセント」『朝鮮語研究』5 ひつじ書房

韓成求（2018）「共和国の言語」『韓国語教育論講座 第 3 巻』くろしお出版

菅野裕臣（1982）「中国の朝鮮族とその言語」『朝鮮研究』219 日本朝鮮研究所

菅野裕臣（1988）「文法概説」菅野裕臣他編『コスモス朝和辞典』白水社

姜英淑（2017）『韓国語慶尚道諸方言のアクセント研究』勉誠出版

金英実（2009）「中朝バイリンガルの言語意識についての事例研究」『千葉大学人文社会科学研究科研究プロジェクト報告書』218 千葉大学大学院 人文社会科学研究科

金永寿（2006）「中国朝鮮語の実態と規範化についての見解（抄訳）」朝鮮族研究学会 2016 年度 全国学術大会 発表要旨

金水敏（2015）「日本語の疑問文の歴史素描」『国語研プロジェクトレビュー』5-3 国立国語研究所

金成子（2010）「中国都市部における民族教育に関する一考察―北京に住む朝鮮族を事例として」『アジア社会文化研究』11 アジア社会文化研究会

金正淑（1998）「黒龍江省朝鮮族における朝鮮人意識の受容と拒否に関する一考察―生活史調査の事例分析から―」『金城学院大学大学院文学研究科論集』4 金城学院大学

金珍娥（2004a）「韓国語と日本語の turn の展開から見たあいづち発話」『朝鮮学報』191 朝鮮学会

金珍娥（2004b）「韓国語と日本語の文, 発話単位, turn―談話分析のための文字化システムによせて」『朝鮮語研究』2 くろしお出版

金珍娥（2013）『談話論と文法論―日本語と韓国語を照らす―』くろしお出版

金美善（2001）「大阪市生野区周辺の在日コリアン一世の混用コード」『社会言語科学会 第8回研究大会 発表論文集』社会言語科学会

権香淑（2010）「グローバル化と〈朝鮮族〉」村井吉敬編『アジア学のすすめⅡ（アジア社会・文化論）』弘文堂

権香淑（2011a）「朝鮮族の移動と東北アジアの地域的ダイナミズム―エスニック・アイデンティティの逆説―」『北東アジア研究』20 島根県立大学 北東アジア地域研究センター

権香淑（2011b）『移動する朝鮮族―エスニック・マイノリティの自己統治―』彩流社

権香淑（2014）「中国朝鮮族の再移動と家族分散―生活戦略としての国籍・戸籍取得に着目して（特集 近現代朝鮮における「戸籍」と境界）」『朝鮮史研究会論文集』52 朝鮮史研究会

権成花（2016）「日本に居住する中国朝鮮族の言語使用―内的場面におけるコード・スイッチングの使用を中心に―」『千葉大学大学院人文社会科学研究科研究プロジェクト報告書』千葉大学大学院人文社会科学研究科

権寧俊（2014）「Ⅶ アンケート調査―朝鮮族の民族教育と生活実態」松本ますみ編『中国・朝鮮族と回族の過去と現在―民族としてのアイデンティティの形成をめぐって』創土社

香坂順一著、藤堂明保・香坂順一監修（1981）『中国語学の基礎知識』（中国語研究学習双書1）光生館

高全恵星監修、柏崎千佳子訳（2007）『ディアスポラとしてのコリアン 北米・東アジア・中央アジア』新幹社

黄鎮杰（1994）「在日韓国人の言語行動―コード切り替えにみられる言語体系と言語運用―」『日本学報』13 大阪大学

河野六郎（1955）「朝鮮語」服部四郎、市河三喜編『世界言語概説　下巻』研究社辞書部

河野六郎（1979）「朝鮮語」『河野六郎著作集1　朝鮮語学論文集』平凡社

国立国語研究所（1965）「共通語化の過程―北海道における親子三代のことば―」（国立国語研究所報告27）国立国語研究所

酒井幸（2007）「ハワイの日系人社会における日本語の諸相」『思言：東京外国語

大学記述言語学論集』2 東京外国語大学地域文化研究科・外国語学部記述言語学研究室

柴公也（2015）「中国延吉市の朝鮮族学生の朝鮮語—韓国語と対照した語彙的・文法的特徴について—」『韓国語学年報』11 神田外語大学 韓国語学会

千惠蘭（2005）「中国延辺朝鮮語の聞き手待遇について—「하오hao体」を中心に—」『社会言語科学』8-1 社会言語科学会

全永男（2004）「中国延辺朝鮮族方言話者のスタイル切換え」『阪大社会言語学研究ノート』6 大阪大学大学院 文学研究科 社会言語学研究室

全永男（2007a）「対韓国人接客場面における延辺朝鮮族の言語行動」『大阪産業大学論集 人文科学編』121 大阪産業大学

全永男（2007b）「対韓国人談話場面における延辺朝鮮族の言語行動」『社会言語科学』9-2 社会言語科学会

髙木丈也（2012）「日本語と韓国語の談話におけるいわゆる「中途終了発話文」の出現とその機能」『社会言語科学』15-1 社会言語科学会

髙木丈也（2013a）「日本語と韓国語の自然談話に現れる「くり返し発話」」『待遇コミュニケーション研究』10 待遇コミュニケーション学会

髙木丈也（2013b）「日本語と朝鮮語の自然談話における「情報要求」を表す「中途終了発話文」」『朝鮮語研究』5 ひつじ書房

髙木丈也（2014）「日本語と韓国語の談話における発話文生成メカニズム—「質問」を表す「中途終了発話文」を中心に—」『待遇コミュニケーション研究』11 待遇コミュニケーション学会

髙木丈也（2015a）「「日本語話者と韓国語話者の「質問」発話生成に対する意識—談話データとの比較から—」『待遇コミュニケーション研究』12 待遇コミュニケーション学会

髙木丈也（2015b）「日本語と朝鮮語の談話における発話連鎖—「質問」と「応答」の連鎖を中心に—」『朝鮮学報』235 朝鮮学会

髙木丈也（2015c）「延辺地域朝鮮語における友人談話の発話形式—文末形式におけるソウル方言との比較から—」『韓国語学年報』11 神田外国語大学 韓国語学会

髙木丈也（2016a）「遼寧省地域朝鮮語話者の言語意識—瀋陽市朝鮮族中学におけ

る質問紙調査の結果から—」『学苑』905 昭和女子大学 近代文化研究所

髙木丈也（2016b）「遼寧省地域朝鮮語における友人談話の発話形式—基層方言との関係という観点から—」『朝鮮学報』241 朝鮮学会

髙木丈也（2016c）「延辺地域朝鮮語における文末形式の社会言語学的考察」第67回 朝鮮学会大会 発表要旨

髙木丈也（2017a）「延辺地域朝鮮語の終止形語尾「-재」に関する一考察」『韓国朝鮮文化研究』16 東京大学 韓国朝鮮文化研究室

髙木丈也（2017b）「延辺地域朝鮮語の談話における文末形式—親疎関係、話者の属性による差異に注目して—」『言語研究』152 日本言語学会

髙木丈也（2018a）「延辺地域語の待遇法体系と終止形語尾」『韓国語教育論講座 第3巻』くろしお出版

髙木丈也（2018b）「Language Use and Awareness of 4th and 5th Generation Ethnic Koreans in China—A Survey Analysis—」『韓国朝鮮文化研究』17 東京大学 韓国朝鮮文化研究室

髙木丈也（2018c）「在外朝鮮族の言語使用と意識—中国 広東省と韓国 京畿道在住者の比較から—」『コミュニケーション文化』12 跡見学園女子大学 文学部コミュニケーション文化学科

髙木丈也（2018d）「中国朝鮮族高校生の朝鮮語書きことばに関する一考察」『慶應義塾 外国語教育研究』14 慶應義塾大学 外国語教育研究センター

髙木丈也（2018e）「遼寧省朝鮮語における中老年層談話の発話形式—終止形語尾の出現に注目して—」『朝鮮学報』247 朝鮮学会

髙木丈也（2018f）「中国における民族教育の現状—東北3省における朝鮮族高校の比較から—」朝鮮語教育学会 第79回例会 発表要旨

池玟京（2013）「文末表現による共通認識領域の構築—日本語の「じゃないか」と韓国語の「-잖아」を中心に—」『韓国語学年報』9 神田外語大学 韓国語学会

趙貴花（2008）「グローバル化時代の少数民族教育の実態とその変容—中国朝鮮族の事例—」『東京大学大学院 教育学研究科紀要』47 東京大学大学院 教育学研究科

趙貴花（2016）『移動する人びとの教育と言語—中国朝鮮族に関するエスノグラフ

ティー』三元社

趙義成（2007）「慶尚道方言とソウル方言」『韓国語教育論講座 第 1 巻』くろしお
　　出版

趙義成（2015）「趙家の朝鮮語」『趙義成の朝鮮語研究室』http://www.tufs.ac.jp/
　　ts/personal/choes/bibimbab/Jurijib.html（2018 年 8 月 16 日閲覧）

朝鮮族研究学会（2019）http://www.askcj.net/ 朝鮮族研究学会 ホームページ
　　（2019 年 1 月 2 日閲覧）

趙南実（2007）「中国朝鮮族の民族語に対する言語意識からみるアイデンティ
　　ティの考察―延辺大学における質問表調査を通して―」『大学院論文集』4 杏
　　林大学大学院 国際協力研究科

張麗花、坂西友秀（2018a）「海外に見る「過疎化」がもたらす影響（Ⅰ）―中国・
　　延辺朝鮮族自治州延吉市―「留守児童」の事例研究（研究 1）・調査研究（研
　　究 2）―」『埼玉大学紀要 教育学部』67-1 埼玉大学教育学部

張麗花、坂西友秀（2018b）「海外に見る「過疎化」がもたらす影響（Ⅱ）研究 2
　　―延吉市における「出稼ぎ」の実態と「留守児童」への影響―」『埼玉大学紀
　　要 教育学部』67-1 埼玉大学教育学部

都恩珍（2001）「事例研究―日本語 - 韓国語混合文における在日コリアンのコード
　　切り替え」『日本文化學報』10 韓国日本文化学会

冨田久枝、睦蓮淑（2017）「中国延辺地区の留守家族が子どもの学校適応に及ぼす
　　影響について―児童期・思春期の愛着（安心感・親密性）に着目して」『千葉
　　大学教育学部研究紀要』65 千葉大学教育学部

中田敏夫（2012）「中国朝鮮族の母語・国家語に関する言語意識調査―瀋陽市在住
　　朝鮮族を対象に（その 1）―」『愛知教育大学大学院国語研究』20 愛知教育大
　　学大学院 国語教育専攻

南玉瓊（2016）「朝鮮族の深圳市への移動とエスニック・コミュニティの形成」
　　『立命館国際研究』29-1 立命館大学 国際関係学会

新田哲夫（2016）「石川県輪島市海士町方言の調査研究」『科学研究費助成事業 研
　　究成果報告書』

任榮哲（2005）「在外韓国人の言語生活」真田信治、生越直樹、任栄哲編『在日コ
　　リアンの言語相』和泉書院

花井みわ（2011）「中国朝鮮族の人口移動と教育―1990年以後の延辺朝鮮族自治州を中心として―」『早稲田社会科学総合研究』11-3 早稲田大学 社会科学学会

文銀実（2017）「中国朝鮮族の経済発展にともなう国内外への移動と民族社会の再形成―黒龍江省綏化地区の散居型朝鮮族を研究対象として―」名古屋大学大学院 国際開発研究科 博士学位論文

朴浩烈（2014）「言語学からマイノリティ言語への視座」『経営・情報研究 多摩大学研究紀要』18 多摩大学経営情報学部

宮下尚子（2007）『言語接触と中国朝鮮語の成立』九州大学出版会

矢頭典枝（2014）「シンガポールの言語状況と言語教育について―現地調査から―」科学研究費助成事業 基盤研究（B）研究プロジェクト『アジア諸語を主たる対象にした言語教育法と通言語的学習達成度評価法の総合的研究―成果報告書（2014）―』

李文淑（2008）「全羅道方言から見た韓国語のアクセント変化について」東京大学大学院 人文社会系研究科 博士学位論文

劉京宰（2001）「中国朝鮮族のエスニック・アイデンティティに関する研究」『国際開発研究フォーラム』17 名古屋大学

李翊燮、李相億、蔡琬著、前田真彦訳（2004）『韓国語概説』大修館書店

林成虎（1988）「在中国朝鮮民族のバイリンガリズム」『月刊言語』17-9 大修館書店

2. 朝鮮語で書かれた文献

강미화, 김광수, 김명남 (2015) 『현대조선어』 연변대학출판사

강용택 (2017) 「중국 조선어 방언 연구 검토―《중국조선어문》방언 연구를 중심으로―」 『중국조선어문』 2017-6 길림성민족사무위원회

강은국 (2009) 「남과 북의 품사론 연구」 『세계 속의 한국(조선)학 연구 국제학술토론회 논문집』 민족출판사

강현화 (2009) 「코퍼스에 기반한 '-잖다'의 화행적 특성 고찰」 『한국어의미학』 28 한국어의미학회

고영근 (1974) 「현대국어의 존비법에 관한 연구」 『어학연구』 10-2 서울대학교 어학연구소

고홍희 (2011)『연변지역 조선어 의문법 연구』(산동대학교 외국어대학 조선 (한국) 학연구총서4) 료녕민족출판사

과학백과사전종합출판사 (1979)『조선문화어문법』과학백과사전종합출판사

곽충구 (1998)「동북, 서북방언」서태룡, 민현식, 안명철, 김창섭, 이지양, 임동훈『문법 연구와 자료―이익섭선생 회갑기념논총―』태학사

곽충구 (2014)「육진방언의 종결어미와 청자높임법」『방언학』20 한국방언학회

곽충구, 박진혁, 소신애 (2008)『중국 이주 한민족 의 언어 와 생활―길림성 회룡봉―』태학사

광동성 조선민족 연합회 (2015 (推定))『광동성 조선민족 연합회』광동성 조선민족 연합회

국립국어원 (2019)「우리말샘」(한국) 국립국어원 홈페이지 (2019 年 1 月 7 日 閲覧) https://opendict.korean.go.kr/main

국제고려학회 (2019) http://www.isks.org/ 국제고려학회 홈페이지 (2019 年 1 月 2 日 閲覧)

김광수 (2014a)「중국조선어의 특징, 사용실태와 규범화에 대한 소견」연변대학 조선언어문학학과편『조선-한국 언어문학연구』10 흑룡강 조선민족출판사

김광수 (2014b)「중국에서의 조선어 방언분포 과정과 그 양상 고찰」연변대학 조선언어문학학과편『조선-한국 언어문학연구』11 흑룡강 조선민족출판사

김광수, 강미화, 황혜영 (2013)『현대조선어문법론』연변대학출판사

김국화 (2007)「북경조선족언어공동체의 언어사용상황에 대한 약간한 고찰―사업단위 로 중심으로―」『중국조선어문』2007-2 중국조선어문잡지사

김기종 (1990)「중국에서의 조선어 어휘규범화작업」『어학연구』26-1 서울대학교 언어교육원

김덕모 (1994a)「조선말계칭에 대한 사회언어학적연구 (1)―동북3성 6개 촌을 중심으로―」『중국조선어문』1994-2 중국조선어문잡지사

김덕모 (1994b)「조선말계칭에 대한 사회언어학적연구 (2)―동북3성 6개 촌을 중심으로―」『중국조선어문』1994-3 중국조선어문잡지사

김병제 (1959)『조선어방언학개요(상)』과학원출판사

김병제 (1965)『조선어방언학개요(중)』과학원출판사

김병제 (1975)『조선어방언학개요(하)』과학원출판사

김병제 (1988)『조선언어지리학시고』과학백과사전종합출판사

김선희 (2013)「연변 방언 연구―조사와 종결어미를 중심으로―」『한민족어문학』 64 한민족어문학회

김성희 (2009)「북남 조선 및 중국조선어 문법술어 사용의 차이에 대한 고찰」연변대학 조선언어문학학과편『조선-한국 언어문학연구』7 민족출판사

김송월 (2009)「연변조선족 언어사용실태 연구―연변대학 조선족 본과생들을 중심으로―」『중국에서의 조선어연구』1 연변언어연구소, 중국조선어학회

김수경 (1955)『조선어문법』연변교육출판사

김순희 (2014)『중국 현대조선어의 문장종결법』역락

김영배 (1969)「평안방언과 구개음화」『동악어문논집』6 동국대학교

김영배 (1979)「평안방언의 형태론적 고찰」『성곡논총』10 성곡학술재단

김영배 (1984)『평안방언연구』동국대출판부

김영배 (1987)「평안방언의 몇몇 어휘에 대하여」『논문집』24 부산대학교

김영배 (1989)「평안방언의 주격 /-레/에 대하여」『송하 이종출박사 화갑기념논문집』송하이종출박사 화갑기념논문집 간행위원회

김영배 (1998)「서북 방언」『새국어생활』8-4 국립국어연구원

김영수 (2009)「오류현상으로 본 한국어교육에서의 문제점과 대안연구」연변대학 조선언어문학학과편『조선-한국 언어문학연구』7 민족출판사

김영황 (1982)『조선어방언학』김일성종합대학출판사

김영황 (1998)『조선어방언학』(조선어학과용) 김일성종합대학출판사

김영황 (2013)『조선어방언학(개정)』(이화다문화총서 북한어1) 태학사

김이협 (1981)『평북방언사전』한국정신문화연구원

김일성종합대학 (1961, 1962)『현대조선어』김일성종합대학

김일성종합대학출판사 (1977)『조선문화어문법규범』김일성종합대학출판사

김철준 (2017)「새로 편찬된《조선말규범집》의 일부 내용변화에 대한 고찰」『중국조선어문』2017-3 중국조선어문잡지사

김청룡 (2017)「중국 조선어의 영상 및 음성 커퍼스 구축 실행방법에 대한 고찰」『중국조선어문』2017-5 중국조선어문잡지사

김태엽 (1999)「국어 통용 종결어미에 대하여」『현대문법연구』18 현대문법학회

김형규 (1974)「平安道方言」『韓國方言研究 (下)』서울대학교 출판부

김홍실 (2007a) 「중국 유하지역 평안도방언의 평서형 종결어미 연구」『방언학』 5 한국방언학회

김홍실 (2007b) 「평안도 방언의 의문법 종결어미 연구」『한말연구』 21 한말연구학회

김홍실 (2009) 「평북 초산지역어의 종결어미 연구」 서울대학교 대학원 국어국문학과 국어학전공 문학박사 학위논문

남명옥 (2014) 『함경북도 육진방언의 종결어미』 역락

다까기 다께야 [髙木丈也] (2018g) 「중국조선어 화자와 한국어 화자의 접촉 장면 담화의 특징」『중국조선어문』 2018-4 중국조선어문잡지사

다까기 다께야 [髙木丈也] (2018h) 「재외조선족의 언어사용과 의식—북경시, 광동성, 경기도 거주자의 비교를 중심으로—」 2018년 중국한국(조선)어교육연구학회 발표요지

동북3성《조선어문법》편찬소조 (1983) 『조선어문법』 연변인민출판사

동북조선민족교육과학연구소 (1997) 『중국조선족학교지』 동북조선민족교육출판사

렴광호 (1990) 「연변의 이중언어사회에 대한 분석」『이중언어학』 7-1 이중언어학회

리세룡, 최윤갑, 김학련 (1956) 『조선어문법(등사본)』 연변대학

리윤규, 심희섭, 안운 (1992) 『조선어방언사전』 연변인민출판사

리윤규 (2017a) 「우리 나라에서의 조선어병언토의 사용실태」 강보유편 『중국조선어문 총서25 의미론, 방언 연구』 민족출판사

리윤규 (2017b) 「우리 나라 조선어병언토에 대하여」 강보유편 『중국조선어문 총서25 의미론, 방언 연구』 민족출판사

리춘희 (2015) 「한국어 표기법이 조선어문교육에 주는 영향」 중국조선어학회편 『중국에서의 조선어연구』 흑룡강 조선민족출판사

문교부 (1988) 『표준어규정』

문창덕 (1990) 「연변의 이중언어제에 관한 몇가지 고찰」『이중언어학』 7-1이중언어학회

박경래 (2003) 「중국 연변 정암촌 방언의 상대경어법」『이중언어학』 23 이중언어학회

박경래, 곽충구, 정인호, 한성우, 위진 (2012)『재중 동포 언어 실태 조사』국립국
　　어원
박련옥 (2013)「흑룡강성 동남부지역 조선어 사용실태 고찰」『흑룡강조선어연
　　구』흑룡강 조선민족출판사
방장춘, 김상원 (1963, 1964)『현대조선어』연변대학
방채암 (2008)「연변지역의 한국어 종결어미 연구」대구대학교 석사학위논문
북경대학 조선문화연구소 (1995)『언어사』(중국조선민족문화사대계1) 민족출판
　　사
사회과학출판사 (2007)『조선말대사전(증보판)』사회과학출판사
상지시 조선민족사 편집위원회, 한득수 주필 (2009)『상지시 조선민족사』민족출
　　판사
서병국 (1983)「경상도방언의 단모음 음소에 대하여」『국어교육연구』15 국어교
　　육학회
손세모돌 (1999)「'-잖-'의 의미, 전제, 함축」『국어학』33 국어학회
손영 (2013)「中國 丹東 居住 朝鮮族의 言語에 대한 社會言語學的 研究」인하대학
　　교 박사학위논문
신지영, 차재은 (2003)『우리말 소리의 체계―국어 음운론 연구의 기초를 위하
　　여』한국문화사
신현숙 (2013)「한국어 어휘 정보―{모양/모양이다}」『한국어의미학』42 한국어
　　의미학회
안명철 (1990)「국어의 융합 현상」『국어국문학』103 국어국문학회
안산시 (2018)「2018년 4월말 외국인주민 인구 현황」安山市 ホームページ https://
　　iansan.net/stat/new/Population.jsp?menuId=20002001&id=53&mode=S&arti
　　cleId=1131922&currentPage=1 (2018 年 6 月 15 日閲覧)
안산시 외국인주민센터 (2015)『Life in Ansan』
연변대학 조선어계 조선어교연조,연변교육출판사 조선어문조 (1972)『조선어문법
　　(형태론)』연변교육출판사
연변사회과학원 언어연구소 (2009)『조선말소사전』(2009년3차 개정판) 흑룡강
　　조선민족출판사
예동근 (2009)「공생을 만드는 주체로서의 조선족―'제3의 정체성' 형성에 대한

논의:재한조선족의 현실과 전망—」『在外韓人硏究』19 在外韓人學會

예동근, 윤인진 (2008)「글로벌시대 중국의 체제전환과 도시종족공동체 재형성—북경 왕징코리아타운의 조선족공동체를 중심으로」『한국사회학회 사회학대회 논문집』한국사회학회

오선화 (2015)『연변방언 연구』박문사

오춘희 (2015)「延邊方言의〈하오체〉」『한국문화』69 서울대학교 규장각 한국학연구원

왕한석 (1996)「제7장 언어생활」한국문화인류학회, 국립민속박물관편『중국 길림성 한인동포의 생활문화』(국립민속박물관 학술총서19) 국립민속박물관

왕한석 (1997)「제7장 언어생활」한국문화인류학회, 국립민속박물관편『중국 요녕성 한인동포의 생활문화』(국립민속박물관 학술총서20) 국립민속박물관

외교부 (2017)『2017 재외동포현황』외교부 재외동포영사국 재외동포과

원해영 (2011)「한국어교육을 위한 구어체 종결어미 '-잖아(요)'」연구『한국언어문학』79 한국언어문학회

World Korean (2013)「중국동북3성조선족인구감소… 조선족학교80% 폐교」World Korean (2013 年 10 月 26 日付)

유창돈 (1957)「평북어 산고」『일석 이희승선생송수기념논총』일조각

이금화 (2014)『의주(심양)지역어 텍스트 평안북도①』(중국 조선어 방언 텍스트 총서1) 역락

이금화 (2015)『초산(집안)지역어 텍스트 평안북도②』(중국 조선어 방언 텍스트 총서2) 역락

이기갑 (1997)「한국의 방언들 사이의 상대높임법 비교 연구」『언어학』21 한국언어학회

이기갑 (2003)『국어 방언 문법』태학사

이병근, 정인호 (2003)「중국 심양 조선어의 특징—문법・음운상의 몇몇 특징을 중심으로—」『한반도와 만주의 역사 문화』서울대학교출판부

이상규 (1998)「동남 방언」『새국어생활』9-4 국립국어연구원

이상규 (1999)『경북방언 문법연구』박이정

이장송 (2004)「중국 조선족의 언어사용 양상에 관한 연구—흑룡강성 하얼빈시의 조선족 공동체를 중심으로—」『인문언어』6 한국과학기술정보연구원

이장송, 신경식 (2004)「중국 조선족의 언어전환에 관한 연구—흑룡강성 하얼빈시 성고자진의 조선족 공동체를 중심으로」『사회언어학』12-1 한국사회언어학회

이재현 (1999)「부정축약형 '-잖/찮-'의 형성과 기능에 대하여」『한국의 민속과 문화』2 경희대학교 민속학연구소

이지양 (1998)『국어의 융합현상』태학사

이현희 (1982)「국어의 의문법에 대한 통시적 연구」서울대학교 석사학위논문

이현희 (2003)「'-잖-'은 단지 '-지 않-'의 음운론적 축약형인가?」『한국어학』23 한국 어학회

장성일 (2004)「평북 철산지방말의 음운론적특성에 대한 간단한 고찰」연변언어 연구소편『조선어연구』4 흑룡강 조선민족출판사

재외한인학회 (2019) http://homepy.korean.net/~aska/www/ 在外韓人学会 ホームページ (2019 年 1 月 2 日閲覧)

전학석 (1996)『조선어방언학』연변대학출판사

전학석 (1998)「연변 방언」『새국어생활』8-4 국립국어연구원

전학석 (2005)「중국에서의 우리말 방언의 실태 및 특성」『방언학』2 한국방언학 회

정명숙, 최은지 (2013)「한국인과 외국인의 발화에 나타난 `-잖아´의 기능과 억양 실현 양상」『한국어학』60 한국어학회

정원수 (1988)「부정형태 '잖(찮)'에 대하여」『국어국문학』100 국어국문학회

정의향 (2008a)「평북 철산지역어 어미의 공시형태론—어미의 기저형 설정을 중심으로—」『한국언어문학』65 한국언어문학회

정의향 (2008b)「서북방언의 어미 '-아/어(Y)'교체의 실현양상에 대하여—철산지역어 자료를 중심으로—」『방언학』7 한국방언학회

정인호 (2011)「의문형 종결어미의 방언 분화」『방언학』14 한국방언학회

정인호 (2014)「평북방언 종결어미의 방언음운사적 검토」『방언학』20 한국방언학회

정향란 (2010)『연변병언의 곡용과 활용』한국학술정보

조선닷컴 (2016)「대림동 개벽...'중국인들의 강남' 되다」『조선닷컴』(전국뉴스) 2016년 8월30일

조선사회과학원 (1960)『조선어문법 (1) 』조선사회과학원

조선어문연구회 (1949) 『조선어문법』 조선어문연구회

중국조선어사정위원회 (2007) 『조선말규범집』 연변인민출판사

중국조선어사정위원회 (2016) 『조선말규범집』 연변교육출판사

중국조선어실태조사보고 집필조 (1985) 『중국조선어실태조사보고』 민족출판사, 료녕민 족출판사

차지현 (2010) 「운율과 담화 기능의 상호 작용—문장 뒤에서 나타나는 한국어 담화 표지 "뭐"를 중심으로—」『언어사실과 관점』 25 연세대학교 언어정보연구원

채경애 (2016) 『재한 조선족 가정 초등학생의 쓰기 분석 및 개선 방안 연구』 숭실대학교 교육대학원

최명옥 (1975) 「서남경남방언의 부사화접사 '아'의 음운현상」『국어학』 4 국어학회

최명옥 (1980) 『경북 동해안 방언 연구』 영남대학교 민족문화연구소

최명옥 (1985a) 「19세기 후기 서북방언의 음운론—평북 의주지방어를 중심으로—」『인문연구』 7-4 영남대학교 인문과학연구소

최명옥 (1985b) 「서북 방언의 문서술어에 대한 형태론적 연구」『방언』 8 한국정신문화연구원

최명옥 (1987) 「평북 의주지역어의 통시음운론—모음체계의 재구와 변화를 중심으로—」『어학연구』 23-1 서울대학교 어학연구소

최명옥 (2000) 「중국 연변지역의 한국어연구」『한국문화』 25 한국문화연구소

최명옥 (2011) 「평안북도 운전 지역어의 서법에 대하여」『방언학』 11 한국방언학회

최명옥 (2015) 『한국어의 방언』 세창출판사

최명옥, 곽충구, 배주채, 전학석 (2002) 『함북 북부지역어 연구』 태학사

최순희 (2007) 「중국인 한국어 학습자의 어휘 오류 분석과 교재 개발」『조선-한국언어문학연구』 4 연변대학 조선언어문학학과 민족출판사

최윤갑 주필 (1992) 『중국에서의 조선어의 발전과 연구』 연변대학출판사

최윤갑, 전학석 (1994) 『중국 조선 한국 조선어차이연구』 (해외우리어문학 연구총서25) 한국문화사 (영인)

최학근 (1982) 「평안도 방언연구」『학국방언학』 태학사

최화 (2012)「기획주제―중국 연변 지역어 반말에 대한 연구」『배달말』51 배달말학회

출입국·외국인정책본부 (2019)『2019년 2월호 출입국·외국인정책 통계월보』

KBS (2009)「마음의 거리 600km―연해주 고려인 마을72시간」『다큐멘터리3일』 KBS 2TV、2009년8월22일

한국방언학회 (2019) http://sokodia.or.kr/ 한국방언학회 홈페이지 (2019 年 1 月 2 日閲覧)

한영순 (1956a)「평안북도 의주 피현 지방 방언의 어음론적 특성(상)」『조선어문』4

한영순 (1956b)「평안북도 의주 피현 지방 방언의 어음론적 특성(하)」『조선어문』5

한영순 (1967)『조선어방언학』김일성종합대학출판사

한영순 (1974)『조선어방언학』김일성종합대학출판사

한인국 (1964)『조선어방언학』김일성종합대학출판사

한진건 (2003)『륙진 방언연구』역락

허덕행, 박태수 (1990)「흑룡강성 조선족들의 이중언어사용실태」『중국조선어문』1990-1길림성민족사무위원회

허웅 (1992)『15·16세기 우리 옛말본의 역사』(연세대학교 국학연구원 다산기념강좌, 3) 탑출판사

호취월 (2007)「중국어가 중국 학생들의 한국어 학습에 대한 부작용」연변대학 조선언어문학학과편『조선-한국 언어문학연구』6 민족출판사

황대화 (1998)『조선어 동서방언 비교연구』한국문화사 (영인)

황대화 (2008)「平安道西海岸方言의 指稱語, 呼稱語研究」『語文研究』36-2 한국어문교육연구회

흑룡강신문 (2019) http://www.hljxinwen.cn/ 黒龍江新聞ホームページ (2019 年 4 月 11 日閲覧)

3. 漢語で書かれた文献

北京朝鮮族企業家協会 (2016a)『朝企聯』18 北京市朝鮮族企業家協会

北京朝鮮族企業家協会 (2016b)『朝企聯』19 北京市朝鮮族企業家協会

国务院人口普查办公室, 国家统计局人口和社会科技统计司（2012）『中国 2010 年人口普查资料』中国统计出版社

黄有福（2012）『朝鲜族』（走近中国少数民族丛书）辽宁民族出版社

金光洙（2015）『中国朝鲜语发展历史研究』（延边大学跨文化研究丛书 5）延边大学出版社

《尚志市朝鲜族学校史》委编会（2017）『走过七十年 尚志市朝鲜族学校史』

尚志市人民政府, 尚志市政府办公室（2017）「2016 年尚志市国民经济和社会发展统计公报」

尚志市人民政府 ホームページ（2018 年 12 月 31 日閲覧）http://shangzhi.gov.cn/gkml/zdly/gyqyxx/2018/0903/21478.html

尚志市人民政府, 尚志市政府办公室（2018）「哈尔滨尚志市人民政府」尚志市人民政府 ホームページ http://www.shangzhi.gov.cn/（2018 年 7 月 15 日閲覧）

申慧淑（2013）『城市朝鲜族语言适应研究—以北京市朝鲜族流动人口为例—』（中央民族大学"985 工程"三期重点学科语言学及应用语言学建设项目北京市共建项目专项资助）民族出版社

沈阳市民委民族志编纂办公室（1989）『沈阳朝鲜族志』辽宁民族出版社

齐齐哈尔市人民政府（2018）「齐齐哈尔概览」齐齐哈爾市人民政府 ホームページ http://www.qqhr.gov.cn/zjhc/html/hcgk457.jsp（2018 年 12 月 19 日閲覧）

宣德五, 金祥元, 赵习编（1985）『朝鲜语简志』（国家民委民族问题五种丛书 1, 中国少数民族语言简志丛书）民族出版社

延边州政府（2016）「延边概况」延边州政府 ホームページ http://www.yanbian.gov.cn（2016 年 7 月 20 日閲覧）

延吉市人民政府（2018）「延吉概况」延吉市人民政府 ホームページ http://www.yanji.gov.cn/user/index.xhtml?menu_id=166（2018 年 12 月 19 日閲覧）

郑信哲 主编（2015）『中国民族地区 经济社会调查报告 长白朝鲜族自治县卷』中国社会科学出版社

4. 英語で書かれた文献

Ellman, Y.（1997）「The ethnic awakcfening in the U.S. and its influence on Jews」『Ethnicity』4

Gumperz, J. J. (1982)「Conversational code-switching」『Discourse Strategies』
Cambridge University Press

장안리 (2016)「Cultural identity, social capital and immigrant enclave—Meaning making process of the Korean Chinese (Joseonjok) Diaspora in Korea」
『한국문화연구』31 이화여자대학교 한국문화연구원 (Korea Cultural Research Institute Ewha Womans University, Seoul, Korea)

Nishimura, M. (1997)『Japanese/English Code-switching—syntax and pragmatics』Peter Lang

小倉進平 (1940)「The Outline of the Korean Dialects」『Memoirs of the Research Department of the Toyo Bunko』12 東洋文庫

Ross, R. J. (1877)『Corean Primer』American Presbyterian Mission Press. (歴代韓國文法大系 2-2／金敏洙 他編、탑출판사に再収録)

初出一覧

（全て単著）

【言語使用編】

第1章　延辺朝鮮語における終止形語尾の社会言語学的考察

投稿論文：「延辺地域朝鮮語の談話における文末形式—親疎関係、話者の属性による差異に注目して—」『言語研究』第 152 号 pp. 117–128、日本言語学会、2017 年 9 月

第2章　延辺朝鮮語の終止形語尾「-재」に関する一考察

投稿論文：「延辺地域朝鮮語の終止形語尾「-재」に関する一考察」『韓国朝鮮文化研究』第 16 号 pp. 85–99、東京大学 韓国朝鮮文化研究室、2017 年 3 月

第3章　遼寧省朝鮮語における友人談話の発話形式
——基層方言との関係という観点から——

投稿論文：「遼寧省地域朝鮮語における友人談話の発話形式—基層方言との関係という観点から—」『朝鮮学報』第 241 輯 pp. 29–66、朝鮮学会、2016 年 10 月

第4章　遼寧省朝鮮語における中老年層談話の発話形式
——終止形語尾の出現に注目して——

投稿論文：「遼寧省朝鮮語における中老年層談話の発話形式—終止形語尾の出現に注目して—」『朝鮮学報』第 247 輯 pp. 45–74、朝鮮学会、2018 年 4 月

第5章　ハイブリッド言語としての黒龍江省朝鮮語

投稿論文：「ハイブリッド言語としての黒龍江省朝鮮語—尚志市在住、移住 4、5 世の談話分析から—」『朝鮮学報』第 253 輯 pp. 71–114、朝鮮学会、2019 年 10 月

第 6 章　黒龍江省朝鮮語における中老年層談話の発話形式
──基層方言の出現に注目して──

発表論文：「흑룡강성 조선어의 발화형식의 특징」(黒龍江省朝鮮語の発話形式の特徴) The 14th ISKS (International Society for Korean Studies) conference (Charles University)、2019 年 8 月

第 7 章　中国朝鮮語話者と韓国語話者の接触場面における談話の特徴

投稿論文：「중국조선어 화자와 한국어 화자의 접촉 장면 담화의 특징」(邦題：中国朝鮮語話者と韓国語話者の接触場面談話の特徴) 『중국조선어문』(中国朝鮮語文) 2018 年 4 号 pp. 10–18、동북3성조선어문협의령도소조 (東北 3 省朝鮮語文協議領導小組)、2018 年 7 月

第 8 章　中国朝鮮族高校生の朝鮮語書きことばに関する一考察

投稿論文：「中国朝鮮族高校生の朝鮮語書きことばに関する一考察」『慶應義塾外国語教育研究』第 14 号 pp. 27–41、慶應義塾大学 外国語教育研究センター、2018 年 3 月

【言語意識編】

第 9 章　中国朝鮮族 第 4、5 世代の言語使用と意識
──主に吉林省の高校における質問紙調査の結果から──

投稿論文：「Language Use and Awareness of 4th and 5th Generation Ethnic Koreans in China: A Survey Analysis」『韓国朝鮮文化研究』第 17 号 pp. 101–121、東京大学 韓国朝鮮文化研究室、2018 年 3 月

第 10 章　遼寧省朝鮮語話者の言語使用と意識
──瀋陽市朝鮮族高校における質問紙調査の結果から──

投稿論文：「遼寧省地域朝鮮語話者の言語意識─瀋陽市朝鮮族中学における質問紙調査の結果から─」『学苑』第 905 号 pp. 32–40、昭和女子大学、2016 年 3 月

第 11 章　黒龍江省朝鮮語話者の言語使用と意識
　　　　——哈爾浜市朝鮮族中学校、高校における質問紙調査の結果から——

投稿論文：「黒龍江省朝鮮語話者の言語使用と意識—哈爾浜市朝鮮族中学校、高
　　校における質問紙調査の結果から—」『韓国朝鮮文化研究』第 18 号 pp. 61-
　　78、東京大学 韓国朝鮮文化研究室、2019 年 3 月

第 12 章　在外朝鮮族の言語使用と意識
　　　　——北京市、広東省、京畿道在住者の比較から——

投稿論文：「在外朝鮮族の言語使用と意識—中国 広東省と韓国 京畿道在住者の
　　比較から—」『コミュニケーション文化』第 12 号 pp. 10-22、跡見学園女子大
　　学、2018 年 3 月

終わりに

2014年1月に「日本語と朝鮮語の談話における形式と機能の関係」と題する博士論文を提出した。博士論文を書いている時は、それが人生の全てと言っても過言ではなかったため、他のことなど考えている余裕がなかったが、いざ提出してしまうと、何とも言えない不安感に襲われた。これから先、研究者として何をどうやって研究していけばいいのか、全く指針が立たなかったからだ。幸い翌月には無事に審査を終え、4月には博士号が授与された。そして新学期を迎え、非常勤講師としていくつかの大学で授業を担当することになったのだが、その後も逡巡は続くばかりだった。そして、気が付いた時にはもう既に前期の授業が終わろうとしていた。その間、出来たことといえば、せいぜい博士論文の一部を学会誌に投稿するぐらいであった。このままではいけない——そう考えた私は、2014年の8月に中国行きの飛行機に乗り込んだ。向かった先は吉林省 延吉市だった。なぜ中国だったのか、なぜ延吉だったのかはわからない。でも、中国語は学部の第2外国語で勉強したことがあるし、そこに行けば、何か新しいインスピレーションが得られるような気がしたのだ。全くのノープランだったが、行けばなんとかなる。そう思っていた。

延吉空港に着いた瞬間、真っ先に耳に飛び込んできたのは中国朝鮮語（延辺朝鮮語）だった。今まで慣れ親しんでいたソウル方言とは全く異なるアクセント、イントネーション。でも、どこか懐かしさすら覚えるその言葉に私はすぐに惚れ込んでしまった。そして「これだ！」と思った。今まで参考文献などろくに読んだことがなかったが、何かの場合に使うかもしれないと考えてICレコーダーを持って行ったのが幸いした。人脈などなかったけれど、延辺大学、延辺第一中学など、最後の日まで行けそうなところには全て

行って手当たり次第に談話を録音した。そして、帰国後、当時、非常勤講師として勤務していた神田外語大学 韓国語学科の学科長 浜之上幸先生のところに行って、興奮気味に「先生、これからは中国朝鮮語をやります！」と報告した。すると、先生はいつも通りの穏やかな口調で「いいテーマを選んだ。この分野を研究している人は少ないから、これを極めたら、将来はエキスパートになれる」と私を激励して下さった。単純な私は、この言葉にすっかりいい気になり、それからというもの片っ端から文献を収集しては読み始めた。そして、翌年には夏に延吉で採録した談話をもとに厚かましくも1本の論文まで書いた。中国朝鮮語の研究は私にとって驚きと楽しさの連続だった。「あぁ、これが研究なのだ」と充実感に浸る瞬間がやっと私にも訪れたのだと思った。そして、翌年には瀋陽に1か月ほど調査滞在し、その年の後期には科研費の採択を受ける機会にも恵まれた。研究を続けていくうちに、いつしか私の生活は、すっかり中国朝鮮語を中心に回っていくようになっていった。

　もちろん、研究をするのだから、楽なことばかりではなかった。中国朝鮮語が基層とする方言は北朝鮮のものが多く、正直よくわからないことも多い。そして、伝統方言を保持した1、2世の話者は減る一方なので、調査は時間との闘いだ。しかし、そんな困難をも乗り越える魅力がこの世界にはあった。何と言っても人との出会い。遼寧省 鴨緑江沿いの調査地域は、外国人が来ることなどほとんどない過疎地域であった。普通、海外からの急な来客に警戒してもおかしくないだろうに、1世、2世の人達は、私が持参した朝鮮半島の地図（北朝鮮で発行されたもの）を嬉しそうに眺め、「来てくれてありがとう」と繰り返した。また、この研究を始めて中国内の様々な大学や高校を訪問したが、行く先々で多くの先生方が温かく迎え入れて下さった。皆が自らの民族と言語、文化に誇りを持っていることがよくわかった。こうした方々のご協力がなければ、本書は完成しえなかったことは言うまでもない。それから、中国朝鮮語を研究することで、視野が世界中に広がったということも私にとっては意義が大きい。今、慶應義塾大学 湘南藤沢キャンパス（SFC）で「韓国地域論」という講義を担当しているが、Koreanという民族を韓国だけでなく、北朝鮮、中国、日本、ロシア、中央アジア、ア

終わりに　311

メリカ…と多様な地域からマクロに捉えられるようになったのも、この研究
をしていることとの関係が深い。

　本書は、こうしてここ数年、書きためてきた 12 本の論文を整理、発展さ
せ 1 冊の本にしたものである。調査上の制約などから、必ずしも体系的な分
析ができたとは言いにくいし、まだまだ分析が不十分な点があることも承知
している。しかし、かつて浜之上幸先生が言って下さったようにこの分野の
研究が少ないという現状を考えた時、本書出版の意義は少なからずあると考
える。まだ発展途上の研究であるがゆえ、さらなる議論が必要な部分につい
ては、是非、読者諸氏の忌憚なきご意見をお聞かせいただければ幸いであ
る。

　最後になったが、本研究を行なうにあたり、多くの方にご協力をいただい
た。延辺大学の金永壽（김영수）先生、金光洙（김광수）先生、張成日（장
성일）先生、復旦大学の姜宝有（강보유）先生、広東外語外貿大学の全永根
（전영근）先生、中央民族大学の姜鎔澤（강용택）先生、吉林省 延辺第一中
学の金英浩（김영호）先生、哈爾浜市 朝鮮族第一中学の姜慧淑（강혜숙）
校長、朴春梅（박춘매）先生、玄太石（현태석）先生、尚志市 朝鮮族中学
の安永奎（안영규）校長、李成根（리성근）先生、瀋陽市 朝鮮族第一中学
の廉明（렴명）先生、瀋陽市 朝鮮族第六中学の石銀山（석은산）先生、通
化市 朝鮮族学校の李林淑（리림숙）先生、瀋陽市和平区 満融村委員会の崔
恩華（최은화）委員、遼寧民族出版社の権春哲（권춘철）氏には母語話者の
立場から多くのことをご教示いただいたほか、東京大学の生越直樹先生には
研究全般に関するご助言を随時いただき、本書の出版に際しては、身に余る
推薦のお言葉までいただいた。また、慶應義塾大学 総合政策学部の河添健
先生、柳町功先生には、度重なる調査出張にも寛容にご対応いただき、本書
執筆を全面的にサポートしていただいた。私が SFC に奉職していなかった
ら、この研究をすることは間違いなく不可能だっただろう。さらに調査に際
しては、対外経済貿易大学の郝君峰先生、和風の崔花（최화）氏、広東省朝
鮮民族連合会の馬学哲（마학철）先生、北京朝鮮族企業家協会の李海英（리

해영) 氏、京畿道 安山市の宋バウナ（송바우나）議員、安山市多文化支援本部の鄭純美（정순미）課長、ソウルメトロの呂上薫（여상훈）氏にお世話になったほか、分析に際しては、東京大学の呉春姫（오춘희）氏、朴美花（박미화）氏、許秦（허진）氏、ソウル大学の李賢熙（이현희）先生、鄭承喆（정승철）先生、金周祥（김주상）先生、金泰仁（김태인）先生、白采媛（백채원）氏、金多美（김다미）氏、任紅蓮（임홍연）氏、韓国国際交流財団の石少花（석소화）氏、レインボー通商の宮川淳氏に格別なご協力を賜った。心より御礼申し上げる。最後に何より調査にご協力いただいた 1,100 人にも及ぶ皆様がいなかったら、本書は存在しえなかった。心より御礼申し上げたい。なお、本研究は、平成 27 年度 科学研究費助成事業（科学研究費補助金）（研究活動スタート支援、研究課題番号：15H06116「朝鮮語延辺方言における発話文生成の研究」）、および平成 30 年度 科学研究費助成事業（科学研究費補助金）（若手研究、研究課題番号：18K12376「在外朝鮮民族の言語使用と意識—集居地域の比較から—」）、慶應義塾大学 平成 29 年度 学事振興資金（個人）、平成 30 年度 福澤基金の交付を受けて行なわれたもので、本書の刊行は、新村出記念財団による平成 30 年度 刊行助成金の採択を受け、くろしお出版の池上達昭氏、薮本祐子氏の全面的なサポートのもとで行なわれた。多くの方々に支えられてこの研究を行なえたことに心から感謝申し上げたい。

　本書は、まだまだ駆け出しの研究者が書いた小さな 1 冊であるが、これが朝鮮語、そして朝鮮民族の広い世界に繋がる入り口となれば幸いである。

2019 年 3 月 21 日
フラッシングにて　　髙木丈也

【付　録】

1 調査地域の地図

［凡例］①は第1章の調査地区であることを示す。
また、①〜⑧は言語使用、❾〜⓬は言語意識に
関する調査を行なったことを示す。

〈吉林省〉

D：長春市（⑧❾）
E：通化市（⑧❾）
B：集安市 涼水朝鮮族郷（④）
C：白山市 長白朝鮮族自治県（⑧❾）
A：延辺朝鮮族自治州 延吉市（①②⑧❾）

〈遼寧省〉

K：瀋陽市（❿）
F：瀋陽市
　　和平区
　　満融村（③）
J：桓仁満族自治県
　　（⑧❾）
H：本渓市
　　桓仁満族自治県
　　雅河朝鮮族郷
　　（④）
G：丹東市
　　寛甸満族自治県
　　長甸鎮 拉古哨村
　　（③④）
I：丹東市
　　寛甸満族自治県
　　下露河朝鮮族郷
　　（④）

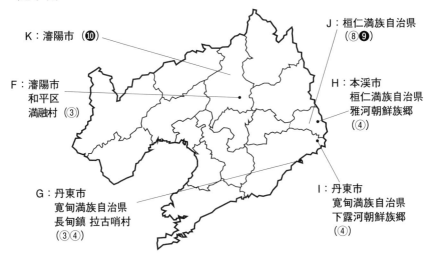

〈黒龍江省〉

M：斉斉哈爾市（⑥）
L：尚志市（⑤）
N：哈爾浜市（⓫）

〈広東省〉

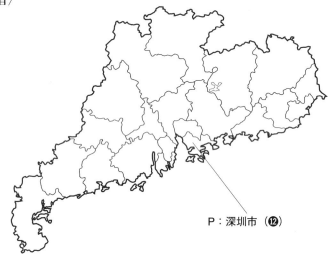

P：深圳市（⓬）

1 調査地域の地図

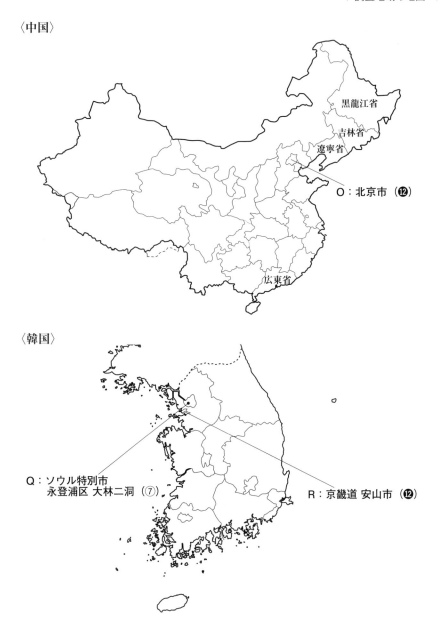

〈中国〉

黒龍江省
吉林省
遼寧省
O：北京市 (⑫)
広東省

〈韓国〉

Q：ソウル特別市
　　永登浦区 大林二洞 (⑦)

R：京畿道 安山市 (⑫)

2 質問紙調査票

以下は、【言語意識編】(第9章〜第12章) で分析した調査票である (ただし、実際の分析における配列は必ずしもこの調査票の通りではない)。なお、本書ではこの調査票の全ての項目を分析することができなかったので、本書で扱えなかった部分に関しては、稿を改めて分析することにする。

언어사용과 의식에 관한 조사

조사에 협조해주셔서 감사합니다. 본조사는 세계에 거주하고있는 조선민족의 다양성을 기술하는 목적으로 진행하므로, 중국외에도 한국, 미국, 러시아, 카자흐스탄, 우즈베키스탄에서 실시되고있습니다. 개인적인 얘기에 관한 질문도 있지만 답변하신 내용은 연구이외의 다른 용도로는 절대 사용하지 않을것임을 약속드립니다. 부담없이 가벼운 마음으로 답변해주십시오.

연구인대표:경응의숙대학(庆応义塾大学)

다까기 다께야(高木 丈也)

① 먼저 본인에 대해 알려주십시오.

1. **성별** : ㄱ. 남성   ㄴ. 녀성
2. **나이** : 만_____세
3. **민족** : ㄱ. 조선족   ㄴ. 한족   ㄷ. 기타_____
4. **15세까지 제일 오래 살았던곳** : _____성_____시
5. **현재 살고있는 지역과 거주기간** : _____성_____시에 약 ___년 ___개월
6. **10년 뒤에 살고있을것 같은 나라** : ㄱ. 중국 ㄴ. 한국 ㄷ. 북조선

ㄹ. 기타_____

7. **직업** : ㄱ. 경영자 ㄴ. 회사원 ㄷ. 공무원 ㄹ. 자영업 ㅁ. 아르바이트
　　　　 ㅂ. 학생 ㅅ. 전업주부 ㅇ. 무직

※**직종** : (직업을 갖고계신분들만)

　ㄱ. 사무 ㄴ. 교육 ㄷ. 관광 ㄹ. 무역 ㅁ. 통역 ㅂ. 판매

　ㅅ. 음식점 ㅇ. 금융 ㅈ. 운수 ㅊ. 통신 ㅋ. 의료 ㅌ. 오락

　ㅍ. 경비 ㅎ. 제조업, 공장 ㄲ. 공사, 건설 ㄸ. 농업, 림업, 어업, 광업

　ㅃ. 토목업 ㅆ. 기타 _____

8. **최종학력** : ㄱ. 소학교 ㄴ. 중학교 ㄷ. 고중 ㄹ. 대학 ㅁ. 석사, 박사

9. **학교** : (제일 오래 다닌곳을 **하나만 선택**)

　(소학교) ㄱ. 조선족학교 ㄴ. 한족학교 ㄷ. 기타_____

　(중학교) ㄱ. 조선족학교 ㄴ. 한족학교 ㄷ. 기타 _____

　(고중)　ㄱ. 조선족학교 ㄴ. 한족학교 ㄷ. 기타 _____

　　　　　ㄹ. 다니지 않음

10. **결혼** : ㄱ. 기혼 ㄴ. 미혼

※**결혼상대**(기혼자만 답변) : ㄱ. 조선족 ㄴ. 한족 ㄷ. 기타_____

11. **부모님의 민족** : (아버지) ㄱ. 조선족 ㄴ. 한족 ㄷ. 기타_____

　　　　　　　　 (어머니) ㄱ. 조선족 ㄴ. 한족 ㄷ. 기타_____

12. **부모님의 출생지** : (아버지) _____성 _____시

　　　　　　　　　　 또는 _____도 _____군/시・알수없음

　　　　　　　　　　 (어머니) _____성 _____시

　　　　　　　　　　 또는 _____도 _____군/시・알수없음

13. **조부모님의 출생지** : (할아버지)_____성 _____시

　　　　　　　　　　 또는 _____도 _____군/시・알수없음

　　　　　　　　　　 (할머니)_____성 _____시

　　　　　　　　　　 또는 _____도 _____군/시・알수없음

2 이번에는 언어에 관한 질문입니다. 아래중 자신의 상황, 생각에 제일 근접한것을 **하나만 선택**해주십시오. 질문에 사용된 **"조선어"**는 조선족이 사용하고있는 언어를 가리키며, **"한국어"**는 한국에서 사용되는 언어를 가리키고있습니다.

		조선어	한국어	한어	기타
례	**xxx 한** 언어는 ○○어 이다.	✓			
1	제일 **말하기 편한** 언어는 00어 이다.				
2	제일 **듣기 편하고 이해하기 쉬운** 언어는 00어 이다.				
3	제일 **쓰기(写) 편한** 언어는 00어 이다.				
4	제일 **읽기 편한** 언어는 00어 이다.				
5	**자주 보는 텔레비죤 방송**은 ○○어 방송이다.				
6	**자주 보는 잡지/책**은 ○○어의 잡지/책 이다.				
7	**자신의 모어**는 ○○어라고 생각한다.				
8	자신에게 있어서 장래 **제일 중요한 언어**는 ○○어이다.				
9	자신의 **자녀에게 제일 가르치고 싶은 언어**는 ○○어 이다 (아이가 없을경우 있다는 가정하에).				
10	어딘가에 발을 부딪혀서 **"아파!"하고 말할때** 순간적으로 나오는 언어는 ○○어 이다.				
11	과일이나 야채를 **소리내어 셀때** 나오는 언어는 ○○어 이다.				
12	**필기를 할때** 순간적으로 사용하는 언어는 ○○어 이다.				
13	길에서 조선족 지인을 만났을때 **부르거나 인사를 할때** 사용하는 언어는 ○○어 이다.				

	매우 그렇다	대체로 그렇다	보통 이다	별로 그렇지 않다	전혀 그렇지 않다
1	중국사회는 **언어의 다양성에 너그럽다**고 생각한다.					
2A	지금 살고있는 사회에서 **조선어**를 할수 있는것은 **사회적, 경제적으로 유리**하다고 생각한다.				
2B	지금 살고있는 사회에서 **한국어**를 할수 있는것은 **사회적, 경제적으로 유리**하다고 생각한다.				
3	조선어를 사용하는 조선족이 **줄어들고있는것을 유감**스럽게 생각한다.				
4	민족의 문화를 계승하기 위해서 **조선어 교육이 중요**하다고 생각한다.				
5	조선어는 억지로 사용하는것이 아니라 **사회나 경제상황에 맞춰서 필요할때 사용하는것이 현실적**이라고 생각한다.				
6	조선족의 조선어 학습은 **학교의 역할이 크다**고 생각한다.				
7	조선족의 조선어 학습은 **지역의 역할이 크다**고 생각한다.				
8	조선족의 조선어 학습은 **가정의 역할이 크다**고 생각한다.				
9	조선어를 **더욱 공부해뒀으면 좋았을걸** 이라고 생각한다.				
10	조선어를 **계승하기 위해서 노력하고 싶다**고 생각한다.				
11	한국, 북조선의 사람들의 문화와 **중국 조선족의 문화는 많이 다르다**고 생각한다.				
12	한류발전이후 **한국에 대해 전보다 많은 흥미**를 가지게 됐다고 생각한다.				
13	조선족의 언어가 **한국어의 영향을 받는것은 좋다**고 생각한다.				
14	한어를 **말하기**를 잘한다.				
15	한어를 **듣기**를 잘한다.				
16	한어를 **쓰기**를 잘한다.				
17	한어를 **읽기**를 잘한다.				

③ 계속해서 일상생활에서의 언어사용에 관한 질문입니다. 아래와 같은 상황 에서는 **어떤 언어를 사용**하는지 (했는지)를 례와 같이 **합쳐서 100이 되는 비율**로 답변해주십시오. 해당하는 상황이 없는경우 "해당없음"에 ✔표시를 해 주십시오.

		조선어	한국어	한어	기타	해당없음
례	○○와의 대화	50	25	25		—
1	할아버지와의 대화					
2	할머니와의 대화					
3	아버지와의 대화					
4	어머니와의 대화					
5	형(오빠), 누나(언니)와의 대화					
6	남동생, 여동생과의 대화					
7	**친한 조선족** 친구와의 대화					
8	**별로 친하지 않은 조선족** 지인과의 대화					
9	비교적 최근에 한국에서 온 한국인과의 대화					
10	휴대폰 메시지 혹은 어플리케이션(APP)으로 지인, 친구와의 연락					
11	인터넷 검색					
12	텔레비죤 방송 시청					

다음은 **기혼자**에 대한 질문입니다. 해당하는 항목을 답변해주십시오.

		조선어	한국어	한어	기타	해당없음
13	배우자와의 대화					
14	자녀와의 대화					
15	손주와의 대화					

④ 다음 질문에 해당하는것을 **하나만 선택**해주십시오.

1. 한어보다 **조선어가 표현하기 쉬울때**가 있습니까? 있으면 어떤때입니까?
   ㄱ. 있다 (구체적으로 :   ).
   ㄴ. 없다

2-A. **조선어가 능숙한 조선족**에 대해 어떻게 생각합니까?
   ㄱ. 친근감을 느낀다   ㄴ. 당연하다고 생각한다
   ㄷ. 부럽다고 생각한다   ㄹ.민족의식이 강한 사람이라고 생각한다
   ㅁ. 좋은 느낌이 안든다   ㅂ. 아무런 느낌이 없다

2-B. **한국어가 능숙한 조선족**에 대해 어떻게 생각합니까?
   ㄱ. 친근감을 느낀다   ㄴ. 당연하다고 생각한다
   ㄷ. 부럽다고 생각한다   ㄹ.민족의식이 강한 사람이라고 생각한다
   ㅁ. 좋은 느낌이 안든다   ㅂ. 아무런 느낌이 없다

3. 평소에 **조선족과 한족** 중 어느쪽과 교류하는 기회가 많습니까?
   ㄱ. 조선족   ㄴ. 군이 고르자면 조선족   ㄷ. 한족   ㄹ. 군이 고르자면 한족

4. **외국어라고 하면 떠오르는 언어**는 무엇입니까?
   ㄱ. 조선어   ㄴ. 한국어   ㄷ. 한어   ㄹ. 기타_____

5. 가장 **친근감을 느끼는 나라**는 어디입니까?
   ㄱ. 중국   ㄴ. 한국   ㄷ. 북조선   ㄹ. 기타_____

6. 자신의 생활중 어떤 부분에 한국, 조선민족의 문화가 **가장 강하게 남아있
   다**고 생각합니까?
   ㄱ. 음식   ㄴ. 식사례절   ㄷ. 주거   ㄹ. 의류   ㅁ. 언어   ㅂ. 사고방식
   ㅅ. 대인관계   ㅇ. 관혼상제   ㅈ. 교육   ㅊ. 기타_____

5 **조선족과 조선어**로 말할때 다음과 같은 말을 사용하는경우 어떤 표현을 사용합니까? **친한 사람과 말할때**와 **친하지 않은 사람과 말할때를 나누어서** ☐ 에 **하나만 선택**해주십시오.

1. **아니, ( ).** (누군가 미안하다고 했을때)
   ㄱ. 일없습니다/일없다   ㄴ. 필요없습니다/필요없다
   ㄷ. 괘않습니다/괘않다   ㄹ. 괜찮습니다/괜찮다   ㅁ. 기타_____
2. **어제 ( ) 봤슴까/봤습니까/봤소/봤어/봤니?**
   ㄱ. 티비   ㄴ. 뗀스   ㄷ. 电视diàn shì   ㄹ. 텔레비죤   ㅁ. 텔레비
   ㅂ. 기타_____
3. **( ) 있슴까/있습니까/있소/있어/있니?**
   ㄱ. 원주필   ㄴ. 圆珠笔 yuán zhū bǐ   ㄷ. 볼펜   ㄹ. 기타_____
4. **( ) 가겠슴다/가겠습니다/가겠소/가겠어/가겠다.**
   ㄱ. 인차   ㄴ. 가지/가즈   ㄷ. 제깍(제까닥)/떼깍(떼까닥)
   ㄹ. 빨 ('빨리'가 아니라 '빨')   ㅁ. 금방   ㅂ. 기타_____
5. **( ) 안왔슴까/안왔습니까/안왔소/안왔어/안왔니?**
   ㄱ. 어쩨   ㄴ. 왜서   ㄷ. 와   ㄹ. 왜   ㅁ. 기타_____

	1	2	3	4	5
친한 사람					
친하지 않은 사람					

　질문은 이상입니다. 바쁘신 와중에 협조해주셔서 감사합니다. 차후 세계의 한국·조선민족에 대해 보다 깊이 배우기위해 각나라에서 인터뷰도 진행할 예정입니다. 만약 협조해주실수 있으면 아래에 연락처를 남겨주시면 감사하겠습니다. 잘 부탁드립니다.
　전화번호/ 메일주소: _____

日本語索引

あ

あいづち　21, 58

間の入　194

アイデンティティ　2, 3, 5, 147, 203, 204, 205, 206, 238, 241, 255, 257, 258, 271

アウトプット　247, 249

イェイェ体　17

異形態　27, 35, 53, 87

依存名詞　193

嫌味　39

言いよどみ　179

インターネット　247

イントネーション　25, 28, 31, 41, 42, 50, 102, 107, 108, 112

インプット　216, 247, 249

引用節　149

引用文　55, 81, 111

ウムラウト　35, 53, 126, 155, 157

ウンウン体　17

沿岸都市　255

円唇化　137

延辺大学　18

延辺朝鮮族自治州　2, 11, 19, 138, 206, 235, 262, 265

延辺テレビジョン放送局　213, 236

音借　122, 123, 139, 140, 141, 170, 196, 198

音節数　26, 84, 173, 175

音訳　122, 139, 140, 141, 169, 196, 197, 198

か

改革開放　205, 255

階称　13

蓋然性　55

回想　26, 31, 109

回避　127, 139, 155, 178

外来語　134, 178, 193, 224, 225, 237

格表示マーカー　190

下降調　63, 110,

下称　19, 23, 33, 36, 38, 44, 45, 54, 56, 79, 81, 87, 101, 103, 105, 106, 107, 109, 115, 165, 179, 191, 192

過剰一般化　133, 175

過剰使用　175, 190

化石化　142

活用語尾　74

咸鏡道方言　5, 6, 7, 8, 12, 13, 16, 25, 27, 41, 56, 91, 115, 120, 122, 136, 137, 166, 220

韓国系中国人　256

漢字語　127, 131, 169,

干渉　139

漢族学校　178, 205, 207, 208, 244, 256, 262

感嘆　13

韓民族　257

勧誘（請誘）　12, 13, 15, 18, 69, 70, 71, 72,
　　73, 77, 87, 102, 115

韓流　253

聞き返し　179

聞き取り　237

帰郷　261

帰国　261, 273

規範　5, 6, 18, 122, 131, 134, 141, 184, 196

基本文体　86, 178

疑問　12, 13, 14, 15, 18, 25, 26, 29, 35, 36,
　　38, 50, 51, 62, 69, 70, 71, 72, 73, 78,
　　80, 87, 108, 109, 115, 172

疑問詞疑問文　78, 79, 110, 129, 158

逆行同化　89, 126, 139

矯正　176

恭遜（謙譲）　26, 27, 32, 104, 105

強調　27, 51, 52, 78, 104, 114, 143, 144

共通成分増加論　197

居住年数　257

繰り返し　179

形式名詞　142, 193, 194

継承　138, 205, 221, 250, 251, 258, 271,
　　272, 273

慶尚道方言　5, 6, 8, 67, 78, 87, 121, 125,
　　126, 127, 128, 129, 130, 132, 135, 137,
　　153, 157, 159, 166

携帯電話　247

激音（化）　127, 155, 169, 186

言語混交　150

言語政策　122

言語接触　8, 113, 122

『現代朝鮮語』　18

『現代朝鮮語文法論』　18

口音　187

口蓋音化　77, 107, 113, 130

交感的　58

交替　79, 89, 126, 127, 130, 132, 135, 138,
　　158, 159, 173, 174, 175, 179

肯否疑問文　78, 79, 110, 129, 158

交話的　248

呼応　192

コード・スイッチング　6, 143, 144, 146,
　　147, 148, 149

コード・ミクシング　6

国立国語院（韓国）　127, 137

『黒龍江新聞』　225

個人方言　73, 151, 174, 284

戸籍　256, 262

コミュニケーション・スタイル　164

コミュニティ　2, 234, 257

固有語　122

固有名詞　79, 145

誤用　142, 174, 178, 186, 188, 189, 190,
　　191, 192, 193, 196

コリアタウン　74, 257

混合言語　150

混合語　6, 209, 211, 212

さ

再移住　7, 53, 255, 261

在外朝鮮族　255

日本語索引 | 327

在住年数　260, 262

在日韓国人　79, 204

在日コリアン　18, 90, 145

散在地域　4, 217, 250

子音体言　171, 189

子音同化　186, 187

子音連続　139

時間吐　69

自己評価　214, 215, 216, 217, 218, 219,
　　225, 249

時制マーカー　87

親しさ　27, 41, 91, 104, 105, 114, 116

字母　186, 187, 192

借用　122, 143, 196

借用語　197

終結語尾　11, 12, 13, 51, 52, 69, 70

終結吐　11, 70, 121

終止形（語尾）　11, 13, 16, 22, 23, 39, 43,
　　52, 53, 71, 73, 77, 84, 89, 90, 94, 97,
　　101, 113, 157, 165, 194

集住地域　1, 4, 74, 153, 218, 220, 255

終助詞　78, 91, 104, 174

終声　84, 127, 171, 186, 187

修正　176, 177

従属節　90

縮約　26, 31, 35, 38, 39, 51, 52, 53, 83, 109

述部　148

受動型バイリンガル　247

順行同化　25, 32, 103, 105, 127, 187

上称　19, 23, 29, 31, 32, 44, 45, 101, 105,
　　114, 172, 178, 192

上昇調　25, 63, 110

職業　262

初声　57, 128, 131, 155, 186, 192

初声化　187

人口移動　2, 121, 205, 255

随意的交替　89, 90

スピーチレベル　191, 192

正格　85, 86, 159

正書法　21, 131, 193, 194

西北方言　7, 8, 12, 38, 68, 69, 76, 81, 82,
　　91, 105, 116

接触場面　164, 180, 236

接続形（語尾）　61, 74, 82, 83, 84, 85, 89,
　　90, 91, 94, 157, 173

接続吐　70, 121

接尾辞　12, 29, 30, 32, 35, 36, 37, 46, 53,
　　54, 55, 56, 80, 87, 173

先語末語尾　50, 51, 70

前舌化　126, 130

相互作用　74, 145, 175, 249

挿入　41, 53, 78, 91, 144, 159, 171, 190

ソウル方言　6, 41, 135, 164, 165, 166,
　　175, 178, 220, 268, 269

尊敬　30, 55, 106, 107, 115

た

大過去　55, 69, 173

待遇法　12, 13, 15, 16, 17, 18, 23, 43, 45,
　　71, 73, 94

ダウンシフト　178

他言語　4, 183, 203

脱落　25, 27, 32, 35, 36, 37, 38, 39, 53, 54,

55, 78, 80, 84, 88, 103, 105, 110, 121, 139, 141, 155, 171, 172, 174

他変種　4, 129, 136, 183, 184, 203

ターン　179

単語結合　170

単純化　30, 121, 150

単文　179

単母音化　121, 133

談話標識　36, 60

○○地域語　7

(高級)中学　184

中韓国交修交　41, 135, 163, 255

中国漢字音　88

『中国 第6回人口センサス』　1

中称　19, 28, 29, 30, 31, 44, 45, 101, 113, 114, 115, 165

中声　83, 84, 186, 187

中舌化　126

中部方言　8, 50, 52, 53, 55, 59, 60, 63, 68, 77, 82, 83, 84, 85, 87, 88, 89, 133

朝鮮漢字音　140, 169, 197, 198

『朝鮮語規範集』　5, 184, 186, 194

『朝鮮語文法』　18

朝鮮族学校　123, 131, 132, 205, 207, 208, 221, 237, 240, 244, 249, 250, 256, 262, 270, 273

長母音(化)　32

直訳調　170

ディアスポラ　5

定住　28, 261

適応　175, 177, 258, 271

出稼ぎ　163, 164, 212

デュアル・アイデンティティ　145

テレビ　132, 135, 213, 224, 236, 238, 247, 256, 266

転成　88, 90, 108, 140

伝聞　114

吐　11, 12, 69, 70, 121, 188

頭音法則　131, 132, 193, 224

同郷　265, 266

等称　30, 41

東南方言　8, 78, 116, 120, 121

東北3省朝鮮語文事業協議小組　131

東北方言　8, 12, 13, 25, 27, 40, 41, 53, 87, 91

な

内破音　139

日韓併合　7, 74

日本語教育　262

ねじれ　192

濃音(化)　26, 128, 169, 186

農村　2, 97, 98, 109, 113, 120, 121, 153

は

媒介母音　32, 36, 71

ハイブリッド　120, 150

バイリンガル　204

パンマル(体)　13

鼻音(化)　88, 105, 187

非規範的　184

否定形　191

一人っ子政策　212

皮肉　39

標準語規定　6, 131, 132

平壌文化語　40, 80, 89, 106, 123, 135, 136

平壌方言　18, 127

不完全名詞　193

不満　51, 52, 82

文終止マーカー　88

分析的な形　82, 157, 159

文法化　30, 78, 80, 104, 109

平安道方言　5, 6, 8, 14, 68, 69, 73, 77, 80, 82, 83, 85, 86, 87, 89, 91, 97, 110, 129, 136, 138, 220

平安南道　85, 98, 110, 114

平安北道　38, 68, 74, 83, 85, 98, 110

平音　128, 186

平叙（叙述）　12, 13, 14, 18, 25, 28, 29, 51, 69, 70, 71, 72, 73, 77, 87, 105, 113, 195

母音交替　121, 133, 155

母音体言　38, 55, 88, 110, 171, 189

母音調和　82, 83, 87

法　12

○○方言　7

方言区画　7, 8, 68, 219

方言の島　8

母語　190, 232, 250, 270

保守性　93

ま

間　108

無駄なもの　91

無関心　39, 82

命令　12, 13, 15, 18, 30, 31, 62, 69, 70, 71, 72, 73, 77, 81, 82, 87, 102, 111, 114, 115, 158

メディア　220, 238, 247

目撃　14, 26, 27, 32, 55,

や

ヤヤ体　17

融合　12, 26, 32, 35, 36, 38, 39, 42, 53, 54, 56, 80, 87, 109

優勢（な）言語　120, 138, 214, 218, 239, 265, 266

揺れ　21, 127, 134, 184, 194

抑揚　52, 121

ら

離合詞　141

略待　19, 23, 30, 38, 39, 40, 41, 44, 45, 81, 86, 101, 111, 114, 165, 179

略待上称　19, 23, 32, 33, 101, 106, 173, 175, 178

流音化　127, 136

流行語　224, 225

連体形（語尾）　39, 74, 79, 89, 90, 95, 142, 174, 180, 190, 191, 193

連用形　174, 194

老後　261

六鎮方言　7, 12, 17, 27, 28, 29, 41, 45, 116

わ

分かち書き　184, 188, 193, 194

その他

ㄴ挿入　127, 136

ㄴ脱落形　26, 36, 37, 38

ㄴ脱落形　25

ㄷ変格　85, 86, 191

-다脱落形　32

ㄹ語幹　29, 37, 103, 174

ㅂ変格　159

여変格　194

요統合可能形　19

우脱落形　81

ㅎ変格　37, 54

朝鮮語索引

ㄱ

-가?　71, 72, 78, 79, 80, 110, 116, 129, 158

-간?　69, 71, 72, 73, 80, 81, 109, 116

-갓-　69, 70, 80, 109

-개?　33, 36, 49

-갯-　36, 49, 55

-갯네(니)?　80

-거든요　175

-게　73, 84, 129

-고　61, 84, 89

-고?　78, 158

-구마　26, 27, 121, 130, 158

-구만　26, 27, 121

그러다　84

그렇다　84

-그려　104

-기쇼　24

-꺼지　129

-꾸마/스꾸마　14, 24, 26, 27, 28

ㄴ

-ㄴ?　71, 109

-ㄴ/은(군더더기)　91

-ㄴ다/는다　73, 89, 90

-나(군더더기)　174

-나?　41, 71, 72, 89, 121, 129, 158

-냐?　36, 37, 38, 80, 109, 116

-네　73, 89

-네?　38, 71, 72, 73, 79, 80, 109, 110, 116

-노?　121, 158

-(으)느　137

-는/(으)ㄴ가?　15, 16, 40

-는/(으)ㄴ데　61, 89

-는/(으)ㄴ매　33, 39

-는구나/구나　33, 72, 84, 89

-니(군더더기)　91

-니?　15, 33, 37, 38, 51, 71, 72, 73, 79, 80, 109, 110, 116

-니?、-야?(類)　35, 36, 37, 38, 47, 49, 54, 56, 80, 87

-(으)니까　69, 70, 89, 90, 91, 174, 196

朝鮮語索引 | 331

ㄷ

-다　14, 32, 33, 34, 44, 45, 71, 72, 84, 86,
　　103, 104, 105, 108, 189
-다가　89
-다레　108
-다우　103, 114
-대?　33, 36, 49
-댓-、-드랫-　69, 70, 173
-더-　4, 26, 32, 36, 49, 55, 109
-더군요　31
-더라　14, 33, 72, 84, 89
-더라고요　31
-던?　72, 109
-던가?　40
-던가요?　31
-던데　84
-던지　84
-데　32
-든가　89
듣다　85, 86, 191
-디, -지　71, 72, 73, 77, 84, 87, 89, 112,
　　113
-디만　70
-디요, 지요　107

ㄹ

-(으)ㄹ가?　41, 121, 194
-(으)ㄹ게　41, 129
-(으)ㄹ게요　139
-(으)라　72, 73, 81, 106, 111
-(으)라고　81, 111
-(으)라마　72, 82

-(으)라요　72, 106, 114
-라우 (中称)　103
-(으)라우 (下称)　71, 72, 111
-래?　36, 49
-(으)래　158
-레　104, 105, 108, 114
-르/으　135, 137
-리(군더더기)　174

ㅁ

-ㅁ/슴-　14, 105
-ㅁ가/슴가?　15, 24, 25, 29, 45, 172
-ㅁ네/슴네-　14
-ㅁ니다(가)/슴니다(가)　25
-ㅁ다/슴다(?)　14, 15, 24, 25, 29, 45, 196
-ㅁ두/슴두?　15, 24, 27
-ㅁ마/슴마　14, 72, 73
-ㅁ메/슴메-　14
-ㅁ메/슴메　72, 73
-ㅁ무다/슴무다　105
-머다　105
-(으)면　69, 70, 84, 85, 89, 90, 91, 121,
　　129, 137, 158
-(으)면서　69, 89, 174
-(으)무　158
-무다/스무다　72, 105, 113, 114
-무다레/스무다레　105
-문, 멘, 믄　70, 121
-(으)므　61, 137
-(으)믄　129
-미다　105

ㅂ

-ㅂ/습- 14, 41

-ㅂ구마/습구마 26

-ㅂ네/습네(?) 14, 15

-ㅂ니/습니- 14

-ㅂ니다/습니다 105, 114, 137, 196

-ㅂ니다까/습니까? 15, 51, 172

-ㅂ더구마/습더구마 14, 26, 27

-ㅂ던두/습던두? 15, 27

-ㅂ데/습데(?) 14, 15, 31, 32

-ㅂ데가/습데가? 15, 26

-ㅂ데다/습데다 14, 24, 26, 27, 32

-ㅂ디/습디 41

-ㅂ디까/습디까? 31

-ㅂ디다/습디다 31

-ㅂ메/습메- 14

-ㅂ수다/읍수다 72, 115

-ㅂ시다/읍시다 115

-ㅂ지/습지(?) 14, 15, 16, 41

ㅅ

-ㅅ- 107

-(으)쇼 31

-쉐다/웨다 104

-쉬다/쉐다 104

-스머다 105

-스미다 105

-습네다 14, 105

-(으)시- 50, 55, 106, 107, 115

-(으)시라요 106, 114

-(으)시오 31, 114, 115

-(으)십시오 31, 114

ㅇ

-아/어 (下称) 33, 36, 38, 49, 87

-아/어(?) (主に略待) 18, 40, 42, 51, 71,
72, 73, 86, 87, 88, 90, 112, 135, 158

-아/어- 82, 83, 130, 158, 159, 174, 194

-아/어 가지고 83, 86

-아/어 보다 82

-아라/어라 15, 33, 71, 72

-아서/어서 61, 83, 90, 158

-아요/어요 33, 51, 107, 173, 175

-아/어 있다 82

-안/언? 69, 71, 72, 80, 81, 109

-앗/엇- 36, 38, 49, 50, 55, 70, 80, 109

-앗댓/엇댓- 55, 69

-앗드랫/엇드랫- 69

-았는/었는 ~ 129

-야? 15, 33, 36, 37, 38, 54

-오/소(?) 14, 15, 28, 29, 30, 31, 44, 45,
72, 102, 103, 114, 115

-오이다/소이다 104

-옵- 27

-우/수(?) 72, 73, 102, 104

-우다/수다 72, 104, 105, 114

-우다레/수다레 104

-으시 (終止形) 71, 72

-을래- 70

-읍데 32, 72

-이(군더더기) 91, 108

-이요(中称) 103

-이요(略待) 107

잇- 35, 59, 107

-잉 91, 104

ㅈ

-자 15, 33, 71, 72, 73, 105

-자꾸나 71, 73

-자요 105, 106, 115

-자우 71, 72

-잖- 51, 52, 53, 55

-잖아 51, 52, 55, 63

-잖아요 51, 52, 59, 63, 175

-재 33, 35, 36, 45, 49, 50, 52, 53, 54, 55,
　　56, 58, 59, 63

-재이- 35

-쟁/재- 29, 35, 37, 49, 53, 54, 56, 103,
　　173

-죠(?) 107

-지(?) 14, 15, 16, 40, 41, 43, 44, 56, 58,
　　59, 71, 77, 87, 137

-지무 40, 42, 43, 44, 78

-지 뭐 42, 78, 138

-지비(?) 14, 15, 41

-지 아니- 35, 53

-지요(?) 33

ㅎ

～하다 88, 90, 140, 197

-ᄂ냐? 80

-ᄂ니? 80

-습- 26, 27, 32

-이- 26

［著者紹介］
髙木 丈也（たかぎ　たけや）

慶應義塾大学 総合政策学部 専任講師。東京外国語大学 外国語学部卒業、東京大学大学院 人文社会系研究科 博士課程 修了（博士（文学））。
専門は朝鮮語学、方言学、談話分析。
著書に『日本語と朝鮮語の談話における文末形式と機能の関係―中途終了発話文の出現を中心に―』（単著、三元社）、『ハングルビビンバⅠ』（共著、朝日出版社（近刊））など。
2016 年 10 月 朝鮮学会研究奨励賞 受賞、2018 年 9 月より韓国方言学会 理事。
ホームページ：https://t-takagi.jimdo.com/

中国朝鮮族の言語使用と意識
ちゅうごくちょうせんぞく　げんごしよう　いしき

初版第 1 刷 ―――2019年 11 月 30 日

著　者―――髙木丈也

発行人―――岡野秀夫

発行所―――株式会社 くろしお出版

〒102-0084　東京都千代田区二番町4-3
［電話］03-6261-2867　［WEB］www.9640.jp

印刷・製本　株式会社三秀舎　装丁　折原カズヒロ

©Takeya Takagi, 2019
Printed in Japan

ISBN978-4-87424-819-5 C3087

乱丁・落丁はお取りかえいたします．本書の無断転載・複製を禁じます．